Tattvabodha IV

Tattvabodha

Essays from the Lecture Series of
the National Mission for Manuscripts

Volume IV

Edited by

Dipti S. Tripathi

राष्ट्रीय पाण्डुलिपि मिशन
॥ विज्ञानमुपास्व ॥
National Mission for Manuscripts

NATIONAL MISSION FOR MANUSCRIPTS
Indira Gandhi National Centre for the Arts

and

DK
PRINTWORLD
Publishers of Indian Traditions

Cataloguing in Publication Data — DK
[Courtesy: D.K. Agencies (P) Ltd. <docinfo@dkagencies.com>]

Tattvabodha IV : essays from the lecture series of the National Mission for Manuscripts / editor, Dipti S. Tripathi.
p. cm.
English and Hindi.
Includes bibliographical references.
ISBN 9789380829098

1. Manuscripts, Indic — History. I. Sharma, Dipti, 1950- II. National Mission for Manuscripts (India).

DDC 091 23

ISBN 13: 978-93-80829-09-8 (vol. IV)
ISBN 13: 978-81-904029-4-1 (series)
First published in India in 2013

Published by:
National Mission for Manuscripts
No. 11 Mansingh Road
New Delhi - 110 001
Phone: (011) 2338 3894; *Fax:* 2307 3340
E-mail: director.namami@nic.in
Website: www.namami.nic.in

Co-published by:
D.K. Printworld (P) Ltd
Regd. Office: 'Vedaśrī', F-395, Sudarshan Park
(Metro Station: Ramesh Nagar), New Delhi-110 015
Phones: (011) 2545 3975; 2546 6019; *Fax:* (011) 2546 5926
E-mail: indology@dkprintworld.com
Website: www.dkprintworld.com

Printed by: D.K. Printworld (P) Ltd., New Delhi.

Foreword

The National Mission for Manuscripts has, through the Tattvabodha lecture series, tried to provide an interface among experts and scholars as well as academically inclined general public. Over the years this programme has undergone some changes. Initially the lectures used to be held in Delhi only. Though it was easy to organize the lectures at the headquarters, the rest of the country was left out. It was felt that the pan-Indian character of the National Mission for Manuscripts would be truly represented in holding these lectures all over the country. Another important factor that influenced this decision was that through such interactive programmes the Mission would be able to get a wider section of scholars, researchers and students involved in working on manuscripts. It is a matter of satisfaction that this exercise has been able to generate interest and enthusiasm among scholars. Since 2010 the Mission has been organizing these lectures in collaboration with academic institutions as well as its own Manuscript Resource Centres and Manuscript Conservation Centres in almost all the states. It is planned to continue the Tattvabodha series in its present form for the benefit of students, scholars and interested people.

The present volume contains twelve papers presented by scholars under Tattvabodha programme. Six of the papers are in Hindi and six are in English. The paper by Prof. Ashok Kumar Kalia is a deeply researched and lucidly presented exposition on the lost texts of Viśiṣṭādvaita philosophy. He has established that the word Pūrvācārya has been used in a specific context which means the Ācāryas of the Vedānta School who came before Śaṅkarācārya. Thus according to Prof. Kalia's proposition Pūrvācārya and Arvācīna Ācārya are specific terms used to refer to pre-Śaṅkara and post-Śaṅkara scholars respectively. In this paper, Prof. Kalia deals with a lost text of Pūrvācārya. Prof. Braj Bihari Chaubey is an acknowledged expert on Vedic texts. In his paper he has given scholarly presentation on the *Kalpāgamasaṁgraha* written by Āryadāsa which is a commentary on Vedic text. Dr. Mohan Gupta is a former bureaucrat who served in various capacities in the State of Madhya Pradesh as an Indian Administrative Services officer. He brought to the services the rare combination of administrative efficiency with an academic flair. Not many people know that Dr. Gupta is a very well-read scholar of Sanskrit, besides his interest in literature he has the unique distinction of being deeply involved in scientific research in the field of Vedic astrology. In his paper, which is based on his long association with texts in this field, he discusses the problems of editing texts on astrology. Prof. Ganga Prasad Vimal is a well-known literator and has taught in Jawaharlal Nehru University, New Delhi. Besides creative literature, Prof. Vimal is also known for his critical writings. His paper is a survey presented in a very lucid and literary style of the manuscripts available in the Himalayan region. Prof. Vasantkumar. M. Bhatt who is at present Head of the School of Languages, Gujarat University, has that distinction of critically editing several Sanskrit texts. Basically a grammarian by training, Prof. Bhat has effectively utilized his training in the work of presenting critical editions. In the paper included in this volume, he talks about the textual criticism as well as the critical reading of *Abhijñānaśākuntalam*. Prof. Bhagawatsharan Shukla is attached to the Centre of Oriental Learning at Banaras Hindu University. He has a wide range of interests and experience, including music. He is himself a trained and practising musician. His paper on the manuscripts on music in Sanskrit reflects his knowledge as well as experience. Prof. G.C. Tripathi in his paper on the Concept of *Vāk* in Bhartṛhari has given a detailed and scholarly presentation right from the Vedas down to Bhartṛhari. Prof. Radha Vallabh Tripathi is a well-known name in the field of Nāṭyaśāstra. His paper on the text of and the manuscripts on Nāṭyaśāstra reflect his lifelong research and dedication to this encyclopaedic work. Prof. N. Veezhinathan, a very respected name in the field of philosophy, has elaborately presented the tenets of Advaita as available in Vedic hymns. Prof. Kapil Kapoor embodies the healthy confluence of the Eastern and Western knowledge systems. A professor of English, he has been actively involved in research in the tradition of philosophy of grammar in Sanskrit. His paper is a presentation on styles of commentary in the Indian tradition. Prof. K.C. Dash has chosen to expound on *Arṇava-vihāra-vilasa* in the context of cultural scene of Odisha. The paper by Dr. Mansura Hyder is an area which has not received the attention of scholars it deserves. She has gone to the original Persian sources in the form of manuscripts to create a true picture of India as reflected therein. We have long depended on secondary sources to write history in this country. It is high time we started to consult original sources to present Indian history in its correct perspective, free from biases. Dr. Hyder's paper is a pointer in this direction as to how this can be done.

It gives me great pleasure in presenting before the discerning readers, a collection of papers on such wide-ranging subject areas, penned by experts in respective fields. I am thankful to all the scholars for having spared their time to write these papers and also to be a part of the Tattvabodha lecture programme.

My thanks are also due to M/s D.K. Printworld for having elegantly brought out this volume. It would not be out of place to mention that these papers represent the view point of their respective authors and might not necessarily be that of the Mission. However, comments and feedback from readers are always most welcome.

Janmāṣṭamī
10 August 2012

Dipti S. Tripathi
Director, NMM

Contents

Foreword v
– *Dipti S. Tripathi*

Scheme of Transliteration xi

1. विशिष्टाद्वैत-दर्शन के पूर्वाचार्य और उनके विलुप्त ग्रन्थ 1
– अशोक कुमार कालिया

2. अप्रकाशित प्राचीन वैदिक भाष्य-ग्रन्थ 27
– व्रजबिहारी चौबे

3. ज्योतिर्विज्ञान के ग्रन्थों में पाठशोधन की समस्या 38
– मोहन गुप्त

4. हिमालय ज्ञान और पाण्डुलिपियाँ 45
– गंगा प्रसाद विमल

5. अभिज्ञानशा(श)कुन्तल 58
– वसन्तकुमार म. भट्ट

6. संगीत के संस्कृत ग्रन्थों की पाण्डुलिपियाँ महत्त्व एवं प्रासङ्गिकता 91
– भगवत्शरण शुक्ल

7. The Concept of Vāk in the Vedas and Bhartr̥hari 110
– *G.C. Tripathi*

8. Nāṭyaśāstra: Text and Manuscripts 127
– Radhavallabh Tripathi

9. Doctrines of Advaita in the Vedic Hymns 155
– N. Veezhinathan

10. Ṭīkā Paramparā : The Tradition of Interpretation 173
– Kapil Kapoor

11. Importance of Arṇava-vihāra-vilāsa 204
– Keshab Chandra Dash

12. India as Depicted through the Persian Sources 216
– Mansura Haidar

Scheme of Transliteration

Vowels

अ (a)	आ (ā)	इ (i)	ई (ī)	उ (u)	ऊ (ū)	
ऋ (ṛ)	ॠ (ṝ)	ऌ (ḷ)	ए (e)	ऐ (ai)	ओ (o)	औ (au)

Consonants

क (ka)	ख (kha)	ग (ga)	घ (gha)	ङ (ṅa)
च (ca)	छ (cha)	ज (ja)	झ (jha)	ञ (ña)
ट (ṭa)	ठ (ṭha)	ड (ḍa)	ढ (ḍha)	ण (ṇa)
त (ta)	थ (tha)	द (da)	ध (dha)	न (na)
प (pa)	फ (pha)	ब (ba)	भ (bha)	म (ma)

Semi Vowels

य (ya)	र (ra)	ल (la)	व (va)	ळ (ḻa)

Sibilants

श (śa) ष (ṣa) स (sa)

Aspirate

ह (ha)

Anusvāra and Visarga

ं (ṁ/ṃ) : (ḥ)

Ānunāsika

ँ (~) e.g. अँ (ã) आँ (ā̃)

1

विशिष्टाद्वैत-दर्शन के पूर्वाचार्य और उनके विलुप्त ग्रन्थ

अशोक कुमार कालिया

नाथमुनि को विशिष्टाद्वैत-दर्शन का प्रथम आचार्य माना जाता है। तदनन्तर यामुनाचार्य और रामानुज इस दर्शन के प्रधानतम आचार्य हुए हैं। वेदान्तदेशिक के शब्दों में –

> नाथोपज्ञं प्रवृत्तं बहुभिरुपचितं यामुनेयैः प्रबन्धैस्
> त्रातं सम्यग् यतीन्द्रैरिदमखिलतमःकर्शनं दर्शनं नः।[1]

गुरु-परम्परा के इस क्रम में कहीं कोई सन्देह और विवाद नहीं है। रामानुज ने, बादरायण की वेदान्त-परम्परा जिन आचार्यों के माध्यम से उनके पास तक पहुँची, उनके लिए पूर्वाचार्य शब्द का प्रयोग किया है।[2] पूर्वाचार्य शब्द का अभिप्राय शङ्कराचार्य से पूर्व के वेदान्ताचार्यों से है। सुदर्शन सूरि ने श्रीभाष्य की टीका *श्रुतप्रकाशिका* में शङ्कराचार्य और उनके बाद के आचार्यों को अर्वाचीन आचार्य कहा है।[3] यहाँ पर भी विशिष्टाद्वैत-दर्शन के आचार्यों और उनकी कृतियों के विवेचनार्थ 1. पूर्वाचार्य और 2. अर्वाचीन आचार्य, इस शब्दावली को ही स्वीकार किया गया है।

विशिष्टाद्वैत-दर्शन के पूर्वाचार्य

सर्वविदित है कि आलवार-भक्तों के भक्ति-आन्दोलन ने धार्मिक-जगत् में अपूर्व क्रान्ति उत्पन्न की। उनके उत्तराधिकारी आचार्यों ने तदनुरूप व्यवस्थित दर्शन की आवश्यकता का अनुभव किया। इन आचार्यों ने पूर्वाचार्यों से दिशा-निर्देश प्राप्त करते हुए जिस दर्शन को मूर्तरूप प्रदान किया, उसका नाम है विशिष्टाद्वैत-दर्शन।

जिन पूर्वाचार्यों से दिशा-निर्देश प्राप्त किया उनकी नामावली पश्चाद्वर्ती आचार्यों ने अपने ग्रन्थों में प्रस्तुत की है। यामुनाचार्य ने अपने ग्रन्थ *आत्मसिद्धि* में इस प्रकार पूर्ववर्ती आचार्यों का उल्लेख किया है -

> यद्यपि भगवता बादरायणेन इदमर्थान्येव सूत्राणि प्रणीतानि। विवृतानि च तानि परिमितगम्भीरभाषिणा द्रमिडभाष्यकृता। विस्तृतानि च तानि गम्भीरसागरभाषिणा भगवता वत्साटमिश्रेणापि - तथापि आचार्यटङ्क-भर्तृप्रपञ्च-भर्तृमित्र-ब्रह्मदत्त-शङ्कर-श्रीवत्साङ्क-भास्करादि-विरचित-सितासितविविधनिबन्धनश्रद्धाविप्रलब्धबुद्धयः, न यथावत्, अयथा च प्रतिपद्यन्ते इति तत्प्रतिपत्तये च युक्तः प्रकरणप्रक्रमः।[4]

एतदनुसार भगवान् बादरायण ने (ब्रह्म/शारीरक) सूत्रों की रचना की। इन शारीरक सूत्रों पर द्रमिडाचार्य ने विवृत्ति की रचना की, जिसकी विस्तृत और विशद व्याख्या भगवान् वत्साङ्कमिश्र ने की। इन (प्रामाणिक) आचार्यों के होने पर भी अन्य आचार्यों, यथा टङ्क, भर्तृप्रपञ्च, भर्तृमित्र, भर्तृहरि, ब्रह्मदत्त, शङ्कर, श्रीवत्साङ्क, भास्कर आदि की सितासित अथवा शुद्धाशुद्ध व्याख्याओं के प्रति श्रद्धा के कारण विप्रलब्ध बुद्धि वाले अयथार्थ अर्थ को ग्रहण कर लेते हैं, उनके बोध के लिए (आत्मसिद्धि नामक प्रस्तुत) प्रकरण का उपक्रम युक्तिसङ्गत है।

यहाँ यामुनाचार्य ने अपने इष्ट दर्शन की दृष्टि से प्रामाणिकतया जिन आचार्यों का उल्लेख किया, वे हैं - 1. बादरायण, 2. द्रमिडाचार्य, तथा वत्साट मिश्र।

यामुनाचार्य आचार्य रामानुज के परम गुरु थे। रामानुज उन्हें अत्यन्त आदरपूर्वक इसी रूप में सम्बोधित करते हैं। यथा -

> तदुक्तं परमगुरुभिः भगवद्यामुनाचार्यपादैः[5]

अपने परम गुरु के समान ही आचार्य रामानुज ने भी अपने विशिष्टाद्वैत-दर्शन के मार्गदर्शक आचार्यों की एक सूची अपने ग्रन्थ *वेदार्थसंग्रह* में दी है। यथा -

> भगवद्बोधायनटङ्कद्रमिडगुहदेवकपर्दिभारुचिप्रभृत्यविगीतशिष्ट-परिगृहीतपुरातनवेदवेदान्तव्याख्यानसुव्यक्तार्थश्रुतिनिकरनिदर्शितोऽयं पन्थाः।[6]

इस प्रकार इस क्रम में आचार्य रामानुज ने इन आचार्यों का अत्यन्त श्रद्धापूर्वक नामोल्लेख किया है - 1. बोधायन, 2. टङ्क, 3. द्रमिड, 4. गुहदेव, 5. कपर्दि, और 6. भारुचि। यामुनाचार्य और रामानुजाचार्य द्वारा प्रस्तुत की गई सूचियों में कुछ विचारणीय बिन्दु इस प्रकार हैं -

1. आचार्य रामानुज ने अपनी सूची में सर्वप्रथम भगवद्बोधायन का नामोल्लेख किया है। यामुनाचार्य की सूची में कहीं भी बोधायन का उल्लेख नहीं किया गया है। यह विसङ्गति नहीं है, क्योंकि यामुनाचार्य बोधायन और उनके वृत्तिग्रन्थ से परिचित नहीं थे। *बोधायन-वृत्ति* यामुनाचार्य को उपलब्ध नहीं थी। वस्तुतः यामुनाचार्य की मृत्यु के समय श्रीरङ्गम् में रामानुजाचार्य ने *श्रीभाष्य* की रचना की प्रतिज्ञा की थी। इस प्रतिज्ञा की पूर्ति के लिए उन्हें *बोधायन-वृत्ति* के अवलोकन की आवश्यकता का अनुभव हुआ। एतदर्थ वे वत्साङ्क मिश्र अपर नाम वाले श्री कूरेश के साथ काश्मीर के शारदापीठ गए। वहाँ उन्हें *बोधायन-वृत्ति* की पाण्डुलिपि प्राप्त हुई। उस पाण्डुलिपि को लेकर रामानुज ने वहाँ से प्रस्थान किया। किन्तु एक मास में ही वहाँ के विद्वान् रामानुज को ढूँढते हुए उनके पीछे-पीछे आए और वह ग्रन्थ वापस ले गए। किन्तु इस अवधि में विलक्षण स्मरण शक्ति सम्पन्न कूरेश ने उस ग्रन्थ का पर्याप्त अध्ययन और उपयोग कर लिया था जिससे बाद में *श्रीभाष्य* की रचना में अत्यधिक सौकर्य हुआ और उपयोगी दृष्टि प्राप्त हुई।[7] इस प्रकार रामानुज इस ग्रन्थ से परिचित थे और यामुनाचार्य नहीं। यही कारण है कि रामानुज ने अपनी सूची में बोधायन का नामोल्लेख किया है और यामुनाचार्य ने नहीं।

2. यामुनाचार्य ने *द्रमिडभाष्य* विवरण करने वाले वत्साङ्क मिश्र का नामोल्लेख किया है। इसके साथ ही सितासित रचनाकारों की श्रेणी में श्रीवत्साङ्क का उल्लेख किया है। निश्चित रूप से ये दोनों पृथक्-पृथक् व्यक्तित्व हैं। रामानुज ने इनका उल्लेख अपनी सूची में नहीं किया है। यामुनाचार्य ने जिन वत्साङ्क मिश्र का उल्लेख किया है उनके विषय में किसी भी स्रोत से कोई विशेष सूचना प्राप्त नहीं हो सकी है। विशिष्टाद्वैत परम्परा में एक अन्य वत्साङ्क मिश्र नामक आचार्य हुए हैं, जिनका कूरेश नाम भी था। किन्तु ये रामानुज के शिष्य थे। अतः यामुनाचार्य द्वारा उल्लिखित वत्साङ्क मिश्र कोई और ही आचार्य थे जिनके विषय में अभी तक कुछ भी ज्ञात नहीं हो सका है।

3. आचार्य रामानुज ने बोधायन के बाद वेदान्ताचार्य के रूप में आचार्य टङ्क का नामोल्लेख श्रद्धापूर्वक किया है। यामुनाचार्य ने विशिष्टाद्वैत-समर्थक आचार्यों में टङ्क का उल्लेख न करके उन आचार्यों के साथ किया है,

जो अद्वैतवादी या भेदाभेदवादी हैं अथवा विशिष्टाद्वैत-दर्शन विरोधी हैं। यही विसङ्गति है कि जो आचार्य टङ्क रामानुज की दृष्टि में विशिष्टाद्वैत के समर्थक हैं वही यामुनाचार्य की दृष्टि में विशिष्टाद्वैत-दर्शन के विरोधी कैसे हो सकते हैं। इस प्रश्न का उत्तर देने का प्रयास इस प्रकार किया गया है कि यामुनाचार्य की उक्त सूची में केवल विरोधी आचार्यों का ही परिगणन नहीं किया गया है। उसी सूची में यामुनाचार्य ने 'सितासित' शब्द का प्रयोग किया है जिससे स्पष्ट हो जाता है कि इस सूची में 'सित' अर्थात् समीचीन तथा 'असित' अर्थात् असमीचीन या अयथार्थ भाष्यकर्ता सम्मिलित हैं –

> अत्राप्याचार्येति विशेषणेन टङ्कस्यांशतः प्रशंसाऽपि स्यात्। अत्र सित-निबन्धकारिणः केचित्, असितनिबन्धकारिणश्चान्ये इत्यप्यभिप्रयन्ति।[8]

यतीन्द्रमतदीपिका में भी विशिष्टाद्वैताचार्यों की एक सूची प्राप्त होती है। इसके रचनाकार श्रीनिवासाचार्य का समय सोलहवीं शताब्दी का उत्तरार्द्ध अथवा सत्रहवीं का पूर्वार्द्ध माना गया है। इन्होंने विशिष्टाद्वैत आचार्यों की सूची इस प्रकार प्रस्तुत की है –

> . . . .व्यास-बोधायन-गुहदेव-भारुचि-ब्रह्मनन्दि-द्रमिडाचार्य-श्रीपराङ्कुश-नाथ-यामुनमुनियतीश्वरप्रभृतीनां मतानुसारेण. . . .।[9]

इस सूची में रामानुज द्वारा परिगणित कपर्दि को छोड़कर अन्य सभी आचार्यों का उल्लेख है। इसमें रामानुज की सूची में अपरिगणित श्रीपराङ्कुश, नाथमुनि, यामुन तथा रामानुज के नाम भी संगृहीत किए गए हैं। पराङ्कुश की गणना द्वादश आलवारों में होती है तथा नाथ, यामुन और रामानुज पूवाचार्यों में न आकर अर्वाचीन आचार्यों की कोटि में आते हैं। अतएव रामानुज द्वारा परिगणित आचार्य का ही पूर्वाचार्यों में परिगणन समुचित है। रामानुज ने अपनी उपर्युक्त सूची में इन छह आचार्यों के नाम परिगणित किए हैं – 1. बोधायन, 2. टङ्क, 3. द्रमिड, 4. गुहदेव, 5. कपर्दि, तथा 6. भारुचि। यहाँ प्रथम दो आचार्यों तथा उनकी रचनाओं का यथोपलब्ध परिचय यहाँ अभीष्ट है।

1. भगवान् बोधायन

आचार्य रामानुज के अनुसार बादरायण व्यास की वेदान्त-सिद्धान्त की परम्परा को पूर्वाचार्यों ने सुरक्षित रखा है –

पाराशर्यवचःसुधामुपनिषद्दुग्धाब्धिमध्योद्धृतां
पूर्वाचार्यसुरक्षिताम्..........।[10]

इन पूर्वाचार्यों में सबसे महत्त्वपूर्ण और श्रद्धेय आचार्य बोधायन हैं। इनके नाम के साथ विशेषण के रूप में 'भगवद्' शब्द के प्रयोग के कारण उनकी दृष्टि में आचार्य बोधायन का महत्त्व नितरां स्पष्ट हो जाता है। इस सन्दर्भ में *श्रीभाष्य* के आरम्भ में उनका प्रतिज्ञा-वाक्य उल्लेखनीय है –

भगवद्बोधायनकृतां विस्तीर्णां ब्रह्मसूत्रवृत्तिं पूर्वाचार्याः सञ्चिक्षिपुः।
तन्मतानुसारेण सूत्राक्षराणि व्याख्यास्यन्ते।[11]

आचार्य बोधायन के विषय में आज कुछ ज्ञात नहीं है और न उनकी रचना *ब्रह्मसूत्रवृत्ति* ही उपलब्ध है। रामानुज ने उपर्युल्लिखित उद्धरण में स्पष्ट कहा है कि *ब्रह्मसूत्रवृत्ति* भगवान् बोधायन की रचना है जो कि आकार में अतिविस्तीर्ण है। अब वृत्तिकार बोधायन के विषय में विशेष जानकारी की अपेक्षा होना स्वाभाविक है।

बोधायन और *बोधायनवृत्ति* के सम्बन्ध में प्राप्त होने वाली समस्त सूचनाओं के स्रोत रामानुज हैं। जैसाकि पहले उल्लेख किया जा चुका है कि अपने परम गुरु यामुनाचार्य की मृत्यु के समय रामानुज ने *श्रीभाष्य* की रचना की प्रतिज्ञा की थी। एतदर्थ रामानुज ने अपने शिष्य कूरेश (वत्साङ्क मिश्र) के साथ काश्मीर यात्रा की। वहाँ शारदापीठ में उन्हें भगवती शारदा की कृपा से *बोधायन-वृत्ति* नामक ग्रन्थ की प्राप्ति हुई। रामानुज ने उस ग्रन्थ को लेकर दक्षिण की ओर प्रस्थान किया। शारदापीठ के विद्वानों को जब यह ग्रन्थ वहाँ नहीं दिखाई दिया तो उन्होंने रामानुज का अनुगमन किया और एक महीने बाद रामानुज से मिलकर उनसे वह ग्रन्थ वापस माँग लिया। रामानुज दुःखी हुए किन्तु इतने दिनों में कूरेश (वत्साङ्क मिश्र) ने इस ग्रन्थ का सम्यक् अध्ययन कर लिया था। इन्हीं कूरेश की सहायता से रामानुज ने *बोधायनवृत्ति* का अपने ग्रन्थों में प्रामाणिक और भरपूर उपयोग किया है।[12] इस विवरण से स्पष्ट है कि रामानुज से पूर्ववर्ती और परवर्ती विशिष्टाद्वैती आचार्यों की *बोधायनवृत्ति* तक सीधी पहुँच नहीं थी। परवर्ती आचार्यों ने *बोधायनवृत्ति* को अपने ग्रन्थों में असकृत् उदाहृत किया है किन्तु इस कार्य के लिए वे रामानुज के ही ऋणी और आभारी हैं।

बोधायन और उपवर्ष

अब प्रश्न यह उठता है कि रामानुज द्वारा उल्लिखित वृत्तिकार बोधायन तथा

शङ्कर द्वारा उल्लिखित वृत्तिकार उपवर्ष एक ही हैं अथवा अलग-अलग व्यक्तित्व हैं। इस विषय में कोई भी सूचना प्रामाणिकतया उपलब्ध नहीं है। उपवर्ष के विषय में कुछ उल्लेख यत्र-तत्र अव्यवस्थित रूप में प्राप्त होते हैं। राजशेखर ने अपने ग्रन्थ *काव्यमीमांसा* में पाटलिपुत्र में सम्पन्न हुई शास्त्रकारपरीक्षा का उल्लेख किया है। इस परीक्षा में अन्य शास्त्रकारों के साथ ही उपवर्ष की परीक्षा की बात कही गई है। राजशेखर के ही शब्दों में –

> श्रूयते च पाटलिपुत्रे शास्त्रकारपरीक्षा – अत्रोपवर्षवर्षाविह पाणिनिपिङ्गलाविह व्याडिः। वररुचिपतञ्जली इह परीक्षिताः ख्यातिमुपजग्मुः।।[13]

यहाँ उपवर्ष, वर्ष, पाणिनि, पिङ्गल, व्याडि, वररुचि और पतञ्जलि की पाटलिपुत्र में परीक्षा का कथन किया गया है। सोमदेव-भट्ट विरचित *कथासरित्सागर* तथा क्षेमेन्द्र-विरचित *बृहत्कथामञ्जरी* में उपवर्ष के विषय में कथाएँ प्राप्त होती हैं। तदनुसार पाटलिपुत्र नगर में शङ्करस्वामी नामक ब्राह्मण के वर्ष और उपवर्ष नामक दो पुत्र थे।[14] इन दोनों में वर्ष ज्येष्ठ और उपवर्ष कनिष्ठ भ्राता थे। पाणिनि ने ज्येष्ठ भाई वर्ष से ही व्याकरण की शिक्षा प्राप्त की थी। यह वृत्तान्त *बृहत्कथामञ्जरी* के कथापीठ तथा *कथासरित्सागर* के प्रथम लम्बक में प्राप्त होती है। इनके अनुसार नन्दवंश के राज्य-काल में ये सभी पाटलिपुत्र में ही निवास करते थे। यह वृत्तान्त कथा की दृष्टि से रोचक तथा महत्त्वपूर्ण हो सकता है किन्तु ऐतिहासिकता की दृष्टि से इसकी सत्यता परीक्षा-सापेक्ष है और सन्दिग्ध है।

प्राप्त होने वाले सन्दर्भों से ज्ञात होता है कि उपवर्ष ने मीमांसा-भाष्यकार शबर से भी पूर्व जैमिनि के मीमांसा-सूत्रों तथा बादरायण के ब्रह्मसूत्रों पर विस्तृत वृत्ति-ग्रन्थ की रचना की थी। शबर स्वामी ने कहीं वृत्तिकार के नाम से और कहीं स्पष्ट रूप से भगवान् विशेषण पूर्वक उपवर्ष के नाम से इनका, इनके ग्रन्थ और इनके मत का उल्लेख किया है। यथा –

1. वृत्तिकारस्तु-अन्यथेमं ग्रन्थं वर्णयाञ्चकार।[15]
2. अथ गौरित्यत्र कः शब्दः। गकारौकारविसर्जनीया इति भगवानुपवर्षः।[16]

'भगवान्' इस विशेषण से स्पष्ट हो जाता है कि सहमत हों या असहमत शबर की दृष्टि में उपवर्ष भगवान् अर्थात् पूजनीय अथवा माननीय हैं।

इसी प्रकार शङ्कराचार्य ने अपने *ब्रह्मसूत्र-भाष्य* में उपवर्ष का सादर उल्लेख किया है। चार्वाक दर्शन में शरीर से व्यतिरिक्त आत्मा की सत्ता को स्वीकार नहीं किया गया है। उनके अनुसार जिसे आत्मा कहते हैं उसकी शरीर के रहने पर

ही उपलब्धि होती है, और नहीं होने पर नहीं होती है। इस प्रकार अन्वय और व्यतिरेक दोनों ही प्रकार से वह उपलब्धि शरीर के धर्म के रूप में ही होती है। अतः शरीर से भिन्न आत्मा की सिद्धि नहीं होती है। इस कथन का निराकरण करने के लिए ब्रह्मसूत्र का "शरीरे भावाधिकरण" की प्रवृत्ति होती है। इसी अवसर पर शङ्कराचार्य ने उपवर्ष का उल्लेख किया है। यथा –

> अतएव च भगवतोपवर्षेण प्रथमे तन्त्रे आत्मास्तित्वाभिधानप्रसक्तौ शारीरके वक्ष्याम इत्युद्धारः कृतः।[17]

अर्थात् इसलिए भगवान् उपवर्ष ने पूर्वमीमांसा में आत्मा के अस्तित्व के अभिधान का प्रसङ्ग आने पर कहा कि "इस विषय में शारीरिक (*ब्रह्मसूत्र* पर वृत्ति) में कहेंगे।" जिस प्रकार शबर स्वामी में उपवर्ष के लिए "भगवान्" विशेषण के प्रयोग से उनके प्रति श्रद्धा व्यक्त की थी, उसी प्रकार शङ्कराचार्य ने यहाँ उनके प्रति अपना सम्मान प्रदर्शित किया है। इसी कथन से यह भी ज्ञात होता है कि उपवर्ष ने पूर्वमीमांसा के साथ उत्तरमीमांसा पर भी वृत्ति लिखी है क्योंकि शङ्कराचार्य के उक्त वाक्य से ही स्पष्ट है कि पूर्वमीमांसा-वृत्ति में ही उन्होंने अपनी शारीरिक-वृत्ति का स्पष्ट उल्लेख किया है। उपवर्ष की रचना वृत्ति नाम से प्रसिद्ध थी, ऐसा अनेक स्थलों पर प्रकट होता है, साथ ही उपर्युल्लिखित शङ्कराचार्य के कथन की व्याख्या करते हुए उनके व्याख्याकार गोविन्दानन्द ने अपनी *रत्नप्रभा* व्याख्या में तथा आनन्दगिरि ने अपनी व्याख्या *न्यायनिर्णय* में उपवर्ष को वृत्तिकार के नाम से सम्बोधित किया है। यथा –

> – . . . . इत्यत्र वृत्तिकारवचनं लिङ्गमाह-अतएवेति।[18]
> – . . . . इत्यत्र वृत्तिकारवचनं गमकमित्याह-अतइति।[19]

प्रसिद्ध-विशिष्टाद्वैती आचार्य वेदान्तदेशिक भी उपवर्ष को वृत्तिकार ही मानते हैं।[20]

भगवान् उपवर्ष की *वृत्ति* नामक यह कृति कतिपय उद्धरणों के अतिरिक्त सम्प्रति उपलब्ध नहीं है। इसी प्रकार रामानुज द्वारा उदाहृत किए गए अंशों को छोड़कर *बोधायनवृत्ति* भी उपलब्ध नहीं है किन्तु यह बात निश्चयपूर्वक कही जा सकती है कि इनकी वेदान्त-सम्प्रदाय में महती प्रतिष्ठा और सम्मान था। बोधायन और उपवर्ष दोनों को तत्तत् स्थलों पर वृत्तिकार के रूप में सम्बोधित किया गया है। विशेष विवरण उपलब्ध न होने के कारण इस सम्भावना के लिए भी अवकाश है कि उपवर्ष ही बोधायन हैं और बोधायन ही उपवर्ष। और *वृत्ति* इनकी कृति का नाम है। विशिष्टाद्वैत के मूर्धन्य आचार्य वेङ्कटनाथ वेदान्तदेशिक ने इस सम्बन्ध में इस प्रकार की प्रबल सम्भावना इन शब्दों में व्यक्त की है –

वृत्तिकारस्य बोधायनस्यैव ह्युपवर्ष इति स्यान्नाम।[21]

विचारणीय यह भी है कि रामानुज ने *श्रीभाष्य* के आरम्भ के कहा है –

भगवद्बोधायनकृतां विस्तीर्णां ब्रह्मसूत्रवृत्तिं पूर्वाचार्याः सञ्चिक्षिपुः।[22]

अर्थात् भगवान् बोधायन की विस्तीर्ण *ब्रह्मसूत्रवृत्ति* को पूर्वाचार्यों ने संक्षिप्त किया, यह कथन समस्या उत्पन्न करता है कि वह कौन पूर्वाचार्य हैं जिन्होंने बोधायन-कृत *ब्रह्मसूत्रवृत्ति* को संक्षिप्त किया। टङ्क या ब्रह्मनन्दी छान्दोग्यवाक्यकार हैं और द्रमिडाचार्य उसके भाष्यकार हैं। अतः इनके अतिरिक्त संक्षेप करने वाला कौन है? इसका उत्तर *प्रपञ्चहृदय* नामक ग्रन्थ के चतुर्थ उपाङ्ग प्रकरण में इस प्रकार प्राप्त होता है –

तत्र षोडशाध्यायनिबद्धं पूर्वमीमांसाशास्त्रं पूर्वकाण्डस्य धर्मविचारपरायणं जैमितिकृतम्। तदन्यदध्यायचतुष्कमुत्तरमीमांसाशास्त्रमुत्तरकाण्डस्य ब्रह्मविचारपरायणं व्यासकृतम्। तस्य विंशत्यध्यायनिबद्धस्य मीमांसाशास्त्रस्य कृतकोटि-नामधेयं भाष्यं बोधायनेन कृतम्। तद्ग्रन्थबाहुल्यभयादुपेक्ष्य किञ्चित् संक्षिप्तमुपवर्षेण कृतम्।[23]

अर्थात् बोधायन ने बीस अध्यायों में निबद्ध मीमांसाशास्त्र का *कृतकोटि* नामक भाष्य किया। विस्तीर्ण होने के कारण उपवर्ष ने उसे संक्षिप्त किया। यदि यह कथन रामानुज को अभिप्रेत होता तो वह अपने आचार्यों की सूची में उपवर्ष का उल्लेख करते। उन्होंने कहीं भी उपवर्ष का नाम नहीं लिया है। अतः यह कहना नितान्त कठिन है कि बोधायन और उपवर्ष एक ही हैं अथवा दोनों अलग-अलग व्यक्तित्व हैं।

विशिष्टाद्वैत-परम्परा और आचार्य बोधायन

पूर्व में यह चर्चा की जा चुकी है कि विशिष्टाद्वैत-दर्शन के प्रतिष्ठापक आचार्य रामानुज ने अपने *श्रीभाष्य* के आरम्भ में ही स्पष्ट कर दिया है कि वह पूर्वाचार्यों द्वारा प्रदर्शित मार्ग से ही ब्रह्मसूत्रों की व्याख्या कर रहे हैं स्वोत्प्रेक्षित वर्त्म से नहीं –

भगवद्बोधायनकृतां विस्तीर्णां ब्रह्मसूत्रवृत्तिं पूर्वाचार्याः सञ्चिक्षिपुः।
तन्मतानुसारेण सूत्राक्षराणि व्याख्यास्यन्ते।[24]

यहाँ रामानुज ने स्पष्ट कहा है कि भगवान् बोधायन ने (अत्यन्त) विस्तृत *ब्रह्मसूत्रवृत्ति* की रचना की थी जिसे पूर्वाचार्यों ने संक्षिप्त किया। उन्हीं के मतानुसार (*श्रीभाष्य* में) सूत्राक्षरों की व्याख्या की जा रही है।

श्रुतप्रकाशिकाकार सुदर्शनसूरि ने इसकी व्याख्या करते हुए कहा है कि *बोधायनवृत्ति* अतिविस्तृत थी तथा उन पर लिखे गये ग्रन्थ अतिसंकुचित थे, जिससे परमत का निराकरण आदि सम्भव नहीं था। अतएव रामानुज ने उन्हीं के मत के अनुसार सूत्रों की व्याख्या की। सुदर्शनसूरि के ही शब्दों में –

> बोधायनेन ह्यतिविस्तीर्णा वृत्तिः कृता। द्रमिडभाष्यकारादयो हि परपक्ष-प्रतिक्षेपाद्य-नादरेणातिसंक्षिप्तान् ग्रन्थानरचयन्। अतिविस्तीर्णातिसङ्कुचितग्रन्थानां साफल्यमायुष्मद्बुद्धिमज्जनप्रचुरेषु देशकालान्तरेषु भवति।. . . .
> तस्मात् परमतनिरासाद्यर्थम्, अनतिविस्तरतया सुग्रहत्वार्थञ्च सूत्रं व्याख्यातव्यमिति यावत्।[25]

रामानुज ने बोधायनवृत्ति के कुछ वाक्य यत्र-तत्र उदाहृत किए हैं। उन पर भी दृष्टिपात प्रासङ्गिक है –

> 1. तदाह वृत्तिकार – वृत्तात्कर्माधिगमादनन्तरं ब्रह्मविविदिषा।[26]

अर्थात् जैसाकि वृत्तिकार का कथन है – पहले होने वाले कर्मज्ञान के अनन्तर ब्रह्म को जानने की इच्छा होती है। "अथातो ब्रह्मजिज्ञासा" *ब्रह्मसूत्र* का आदिम सूत्र है। यहाँ विचारणीय प्रश्न यह है कि ब्रह्मजिज्ञासा का पूर्ववृत्त क्या है। अद्वैत-सिद्धान्त के अनुसार वह पूर्ववृत्त साधन-चतुष्टय है और उसी के बाद ब्रह्मजिज्ञासा होती है। रामानुज ने "अथातो ब्रह्मजिज्ञासा"[27] सूत्र का अर्थ एक वाक्य में इस प्रकार स्पष्ट किया है –

> मीमांसापूर्वभागज्ञातस्य कर्मणोऽल्पाऽस्थिरफलत्वाद् उपरितनभागावसेयस्य ब्रह्मज्ञानस्याऽनन्ताऽक्षयफलत्वाच्च पूर्ववृत्तात्कर्मज्ञानादनन्तरं तत एव हेतोर्ब्रह्म ज्ञातव्यमित्युक्तं भवति।[28]

अर्थात् विंशतिलक्षणी (बीस अध्यायों वाली) मीमांसा के पूर्वभाग में प्रतिपादित कर्म के अल्प और अस्थिर फल वाला होने के कारण तथा उत्तर भाग में प्रतिपादित ब्रह्मज्ञान के अनन्त और अक्षय फल वाला होने के कारण पूर्ववृत्त कर्मज्ञान के अनन्तर ब्रह्म की जिज्ञासा होती है। यह सिद्धान्त शङ्कराचार्य के साधनचतुष्टयात्मक पूर्ववृत्त के सिद्धान्त से नितान्त भिन्न है। यहीं रामानुज अपने सिद्धान्त के समर्थन में प्रमाण के रूप में 'तदाह वृत्तिकार. . . .' के द्वारा *बोधायनवृत्ति* को उदाहृत करते हैं।

> 2. वक्ष्यति च कर्मब्रह्ममीमांसयोरैकशाख्यम्-संहितमेतच्छारीरकं जैमिनीयेन षोडशलक्षणेनेति शास्त्रैकत्वसिद्धिः।[29]

वृत्तिकार बोधायन कर्ममीमांसा और ब्रह्ममीमांसा की एकशास्त्रता की स्थापना करेंगे भी, – यह *शारीरिकशास्त्र* (चार अध्यायों वाली ब्रह्ममीमांसा) जैमिनि विरचित *षोडशलक्षणी* (सोलह अध्यायों वाली पूर्वमीमांसा) से (नियत पौर्वापर्य के साथ) सङ्गत है, इस कारण दोनों की एकशास्त्रता सिद्ध होती है। विशिष्टाद्वैत-सिद्धान्त में मीमांसा को बीस अध्यायों वाला एक शास्त्र माना गया है। इसमें प्रथम बारह अध्याय जैमिनि-विरचित हैं। इसमें कर्म का प्रतिपादन होने के कारण इसे कर्ममीमांसा कहते हैं। तेरह से सोलह अध्यायों तक चार अध्याय भी जैमिनि-विरचित हैं। इसे देवमीमांसा कहते हैं। इन्हीं सोलह अध्यायों को बोधायन ने षोडशलक्षणी मीमांसा कही है। इस मीमांसाशास्त्र के अन्तिम चार अध्याय बादरायण-प्रणीत हैं। ब्रह्म का प्रतिपादन होने के कारण इसे ब्रह्ममीमांसा (अथवा उत्तरमीमांसा) कहते हैं। इस प्रकार विशिष्टाद्वैत-परम्परा में मीमांसा एक शास्त्र है जो तीन भागों अथवा काण्डों में विभक्त है – 1. कर्मकाण्ड (द्वादशलक्षणी), 2. सङ्कर्षकाण्ड (चतुर्लक्षणी) तथा 3. ब्रह्मकाण्ड या ज्ञानकाण्ड (चतुर्लक्षणी)। रामानुज ने इसी सिद्धान्त की स्थापना के लिए उपरिलिखित *बोधायनवृत्ति* का उद्धरण प्रमाणतया प्रस्तुत किया है।

3. वृत्तिरपि - जगद्व्यापारवर्जं समानो ज्योतिषा।[30]

वृत्तिकार का कथन है कि जगद्व्यापार (सम्पूर्ण जगत् की सृष्टि, स्थिति, और प्रलयरूपी कार्य) के अतिरिक्त जीवात्मा परं ज्योति परमात्मा के समान हो जाता है। अद्वैत-दर्शन के अनुसार मुक्तावस्था में जीवात्मा ब्रह्मस्वरूप हो जाता है। दोनों में भेद न रहने के कारण दोनों में स्वरूपैक्य हो जाता है। जीव अपने यथार्थ स्वरूप को प्राप्त हो जाता है अर्थात् जीव ब्रह्म हो जाता है। विशिष्टाद्वैत-सिद्धान्त की इस विषय में नितान्त भिन्न अवधारणा है। इसके अनुसार जीव और ब्रह्म में स्वरूप-भेद है। जीव और ब्रह्म पृथक्-पृथक् तत्त्व हैं। मुक्तावस्था में जीव ब्रह्म के समान हो जाता है। किन्तु जगत् के सृष्टि, स्थिति, और प्रलय से सम्बद्ध कार्य उस समानता के अन्तर्गत नहीं आते। इन कार्यों को छोड़कर वह ब्रह्म के समान हो जाता है। इसी सिद्धान्त की पुष्टि हेतु रामानुज ने उक्त *बोधायनवृत्ति* उदाहृत की है।

4. तदाह वृत्तिकार - सतासोम्य तदा सम्पन्नो भवतीति, सम्पत्त्यसम्पत्तिभ्याम् एतदध्यवसीयते; प्राज्ञेनाऽऽत्मना सम्परिष्वक्त इति चाह।[31]

वृत्तिकार कहते हैं – हे सौम्य! सुषुप्ति-काल में जीव "सत्" शब्द वाच्य अपने कारण तत्त्व में विलीन हो जाता है – इस (श्रुतिवचन) के द्वारा (ब्रह्म की) प्राप्ति और अप्राप्ति के द्वारा पूर्वोक्त अर्थ का निश्चय हो जाता है। (श्रुति ने कहा

है कि सुषुप्ति काल में) जीव प्राज्ञ परमात्मा से आलिङ्गित होता है। *ब्रह्मसूत्र* के 'ईक्षत्यधिकरण'[32] के अन्तर्गत 'स्वाप्ययात्'[33] सूत्र का भाष्य करते हुए रामानुज ने बोधायनवृत्ति को उदाहृत किया है। इस अधिकरण में विचारणीय विषय यह है कि 'सदेव सोम्येदमग्र आसीद्, एकमेवाऽद्वितीयम्, तदैक्षत बहु स्यां प्रजायेय तत्तेजोऽसृजत्'[34] इस श्रुति-वचन में कहा गया है कि सृष्टि के पूर्व यह जगत् "सत" रूप में ही था, एक ही था और अद्वितीय था। उसने ईक्षण किया कि मैं बहुत हो जाऊँ, प्रकष्ट रूप से उत्पन्न होऊँ, उसने तेजस की सृष्टि की। यहाँ प्रश्न यह है कि कारणभूत सत् शब्द का क्या अर्थ है? सांख्योक्त प्रधान अथवा ब्रह्म? इसी प्रश्न का ही इस अधिकरण में विचार किया गया है तथा तर्कपूर्वक सिद्ध किया गया है कि सत् शब्द-वाच्य ब्रह्म ही है। अनेक हेतुओं में एक हेतु इस अधिकरण मे आने वाले 'स्वाप्ययात्'[35] सूत्र में भी प्रदर्शित किया गया है जिसका अर्थ है कि जीव सुषुप्ति-काल में सत् शब्द-वाच्य स्वकारण में लीन हो जाता है ऐसा श्रुति में कथन होने के कारण भी सत् शब्द-वाच्य बह्म ही है, प्रधान नहीं। कार्य का अपने कारण में लय हो जाने को ही स्वाप्यय कहते हैं। प्रधान जीव का कारण नहीं, इस कारण उसमें जीव का लय नहीं हो सकता। ऐसा न मानने पर श्रुति के साथ विरोध हो जाएगा। रामानुज ने इस प्रकार सूत्र का तात्पर्य बतलाते हुए प्रमाण के रूप में ऊपरिलिखित *बोधायनवृत्ति* को उदाहृत किया है।[36]

5. यथाह वृत्तिकार – सर्वंखल्विति सर्वात्मा ब्रह्मेशः।[37]

अर्थात् जैसाकि वृत्तिकार ने कहा है कि 'सर्वं खल्विदं ब्रह्म'[38] इस श्रुति के द्वारा ब्रह्म शब्द-वाच्य सबके अन्तर्यामी परमात्मा का ही कथन किया गया है।

ब्रह्मसूत्र के सर्वत्रप्रसिद्धयधिकरण का प्रथम सूत्र है 'सर्वत्र प्रसिद्धोपदेशात्।'[39] यहाँ विचारणीय विषय यह है कि *छान्दोग्य उपनिषद्* में कहा गया है – सर्वं खल्विदं ब्रह्म तज्जलानिति शान्त उपासीत। अथ खलुक्रतुमयः पुरुषः, यथाक्रतुरस्मिंल्लोके पुरुषो भवति तथेतः प्रेत्य भवति, स क्रतुं कुर्वीत; मनोमयः प्राणशरीरो भारूपः।'[40] इसका अर्थ है कि यह सम्पूर्ण जगत् निश्चय ही ब्रह्मात्मक है। यह जगत् उसी से उत्पन्न होता है, उसी में लीन होता है, और उसी से अनुप्राणित है; इस कारण शान्त होकर उपासना करें। यह पुरुष क्रुतमय अर्थात् उपासनामय है। इस लोक में पुरुष जिस प्रकार से ब्रह्म की उपासना करता है, मृत्यु के बाद उसी प्रकार के ब्रह्म को प्राप्त करता है। वह पुरुष मनोमय, प्राणशरीरक, तथा प्रकाशरूप है। संशय यह है कि यहाँ ब्रह्म-शब्दाभिधेय

प्रत्यगात्मा है या परमात्मा। रामानुज ने प्रत्यगात्मक अर्थ का निराकरण करते हुए हेतु प्रदर्शित किया है कि "ब्रह्म" शब्द का अर्थ परमात्मा ही है। इस प्रकार के अपने अर्थ को पुष्ट करते हुए रामानुज ने उपर्युलिखित *बोधायनवृत्ति* उदाहृत की है।

6. तदाह वृत्तिकार – भूमा त्वेवेति भूमा ब्रह्म, नामादिपरम्परया आत्मन ऊर्ध्वमस्यो - पदेशाद् इति।[41]

अर्थात् वृत्तिकार का कथन है कि 'भूमा त्वेव विजिज्ञासितव्यः'[42] - भूमा की ही विशेष रूप से जिज्ञासा करनी चाहिए। भूमा ब्रह्म ही है, क्योंकि नाम आदि (नाम, वाक्, मन, सङ्कल्प आदि) की परम्परा के द्वारा इसका जीवात्मा की अपेक्षा अतिशय का उपदेश श्रुति करती है। यहाँ "भूम" शब्द से अतिशय उत्कर्ष-सम्पन्न सुख-रूपी तत्त्व का कथन किया गया है। विचारणीय यह है कि वह भूमा अथवा सुख-रूपी तत्त्व जीव है अथवा परमात्मा है।

इस विषय पर विचार हेतु शारीरिक शास्त्र का 'भूमा सम्प्रसादादध्युपेदशात्'[43] सूत्र प्रवृत्त होता है। इस सूत्र का अर्थ है कि भूम (वैपुल्य, सर्वोत्कर्ष) गुण से विशिष्ट जीवात्मा न होकर परमात्मा है क्योंकि श्रुति ने उसका जीवात्मा की अपेक्षा श्रेष्ठ या उत्कृष्ट रूप से उपदेश किया है। सनत्कुमार ने नारद को पूर्व-पूर्व उपासनाओं की अपेक्षा श्रेष्ठ फल प्रदान करने वाली उत्तर-उत्तर उपासनाओं का उपदेश किया है। इस क्रम में अन्त में उन्होंने प्राणोपासना का उपदेश किया। प्राणोपासना की प्रशंसा करते हुए उन्होंने कहा – 'स वा एष एवं पश्यन् एवं मन्वान एवं विजानन् अतिवादी भवति।'[44] जो इस प्रकार देखता, मनन करता, जानता और उपासना करता है वह अतिवादी होता है, अर्थात् पूर्व-पूर्वोपासनाओं की अपेक्षा श्रेष्ठ उपासना करने वाला होता है। अन्त में कहा है कि – 'एष तु वा अतिवदति यः सत्येनातिवदति।'[45] जो उपास्य सत्य के कारण अतिवदन करता है, वही अतिवादी है। अर्थात् जो सत्य ब्रह्म को सर्वश्रेष्ठ तत्त्व कहता है वही अतिवादी है। इससे सिद्ध होता है कि प्राणोपासक से सत्योपासक श्रेष्ठ होता है, तथा जीवात्मा (प्राण) से सत्य (परब्रह्म) श्रेष्ठ होता है। यही सत्य (परब्रह्म) भूमा है, अर्थात् सर्वोत्कृष्ट सुख-स्वरूप है। अतः भूमा परमात्मा ही है।[46] रामानुज ने इसी अर्थ के समर्थन में उपर्युल्लिखित *बोधायनवृत्ति* का उद्धरण प्रस्तुत किया है।

7. तदाह वृत्तिकार - अस्ति हि मध्वादिषु सम्भवो ब्रह्मण एव सर्वत्र निचाय्यत्वात्।[47]

अर्थात् यथा वृत्तिकार का कथन है कि मधु आदि विद्याओं की उपासना में देवताओं का अधिकार सम्भव है, क्योंकि उन मधु आदि विद्याओं में भी (आदित्यादि वसु-शरीरक) ब्रह्म को ही ध्येय कहा गया है।

ब्रह्मसूत्र के मध्वधिकरण में पूर्व-पक्ष का निराकरण करते हुए सिद्धान्त-पक्ष की स्थापना बादरायण ने 'भावं तु बादरायणः; अस्ति हि'[48] इस सूत्र के द्वारा की है। इस अधिकरण में तीन सूत्र हैं –

1. मध्वादिष्वसम्भवादनधिकारं जैमिनिः[49]
2. ज्योतिषि भावाच्च[50]
3. भावं तु बादरायणः, अस्ति हि[51]

इस अधिकरण के प्रथम दो सूत्र पूर्वपक्ष की स्थापना करते हैं, यथा – 1. मधु आदि विद्याओं में उपास्य वसु आदित्यादि देवताओं का सम्भव न होने के कारण अधिकार नहीं है – ऐसा जैमिनि का मत है, 2. और इस कारण भी श्रुतियों में देवताओं के द्वारा ब्रह्म की उपासना का कथन किया गया है, अतः वसु आदित्यादि देवताओं का मधु आदि विद्याओं में अधिकार नहीं है। इस प्रकार दो सूत्रों के द्वारा पूर्व-पक्ष की प्राप्ति होने पर तृतीय सूत्र में बादरायण ने सिद्धान्त प्रस्तुत किया है। यथा – बादरायण का मत है कि आदित्य वसु आदि देवताओं का भी मधु आदि विद्याओं में आदित्य, वसु आदि शरीरक ब्रह्म की उपासना का अधिकार है क्योंकि उनके द्वारा भी अपने अन्तर्यामी परब्रह्म की उपासना से आगे भी वसुत्व आदित्यत्व की प्राप्ति सम्भव है। इस प्रकार व्याख्या करते हुए रामानुज ने उपर्युक्त *बोधायनवृत्ति* की सूक्ति उदाहृत की है।

श्रीभाष्य में *बोधायनवृत्ति* उदाहृत *बोधायनवृत्ति* की सूक्तियों की संख्या का परिमित होना स्वाभाविक ही है। तथापि इनके द्वारा इस महत्त्वपूर्ण ग्रन्थ के स्वरूप और उसके प्रतिपाद्य विषय की ओर संकेत अवश्य प्राप्त हो जाता है। आज यह ग्रन्थ अनुपलब्ध है, और सम्भवतः शताब्दियों पूर्व ही अनुपलब्ध हो गया था। यह विद्या-जगत् की महती क्षति है।

2. आचार्य टंक अथवा ब्रह्मनन्दी

रामानुज द्वारा प्रस्तुत की गई पूर्वाचार्यों की सूची में बोधायन के बाद आचार्य टङ्क का नामोल्लेख किया गया है। यामुनाचार्य ने भी अपनी सूची में आचार्य टङ्क का उल्लेख किया है। दोनों सूचियों द्वारा आचार्य टङ्क को परिगणित करने के ढंग पर

कुछ महत्त्वपूर्ण शङ्काएँ मन में उठती हैं जिसकी चर्चा आरम्भ में की जा चुकी है। रामानुज ने टङ्क को जो विशिष्ट स्थान प्रदान किया उससे विशिष्टाद्वैत परम्परा के साथ उनका नाम सदा के लिए अभिन्नतया सम्बद्ध हो गया। *यतिराजसप्तति* में वेदान्तदेशिक उनका अन्य आचार्यों के साथ सादर स्मरण करते हैं –

निशाम्यन्तां यद्वा निजमतितिरस्कारविगमान्
निरातङ्काष्टङ्कद्रमिडगुहदेवप्रभृतय:।।[52]

विशिष्टाद्वैत-परम्परा के अनुसार आचार्य टङ्क का ही दूसरा नाम *ब्रह्मनन्दी* है। सुदर्शन सूरि ने स्पष्ट रूप से कहा है कि आचार्य टङ्क और ब्रह्मनन्दी एक ही हैं – 'वाक्यकार – टङ्कापरपर्याय: आत्रेयवंश्य: ब्रह्मनन्दी छान्दोग्यव्याख्यानकृत् इति प्राचां ग्रन्थेषु दृश्यते।'[53]

वेदान्तदेशिक ने *श्रीभाष्य* के आरम्भ में प्रयुक्त पूर्वाचार्य शब्द की व्याख्या करते हुए *तत्त्वटीका* में कहा है कि इसका अभिप्राय ब्रह्मनन्दी आदि आचार्य हैं –

पूर्वाचार्या: ब्रह्मनन्द्यादय:[54]

उपर्युक्त उद्धरणों से ही स्पष्ट हो जाता है कि आचार्य ब्रह्मनन्दी अथवा टङ्क ने *छान्दोग्योपनिषद्* पर व्याख्या लिखी थी; इसी कारण इन्हें छान्दोग्यवाक्यकार अथवा केवल वाक्यकार नाम से सम्बोधित किया जाता है। द्रमिडाचार्य ने इसी पर भाष्य की रचना की थी, इसी कारण इन्हें भाष्यकार नाम से श्रीवैष्णव-परम्परा में सम्बोधित किया जाता है। यह तथ्य वेदान्तदेशिक की इस उक्ति से स्पष्ट हो जाता है –

अत्र भाष्यकर: ब्रह्मनन्दिव्याख्याता द्रमिडाचार्य:।[55]

ब्रह्मनन्दी की *छान्दोग्यवाक्य*, अथवा *वाक्य*, अथवा *वार्तिक* नामक कृति उपलब्ध नहीं है; इस कारण इसके स्वरूप तथा दार्शनिक सिद्धान्तों के विषय में निश्चित रूप से कुछ कह सकना सम्भव नहीं है। इसका एक कारण यह भी है कि आचार्य ब्रह्मनन्दी का उल्लेख विशिष्टाद्वैती आचार्यों के अतिरिक्त वेदान्त सम्प्रदाय के कुछ अन्य आचार्यों ने भी किया है। भास्कर ने अपने *ब्रह्मसूत्र-भाष्य* में और कुछ अद्वैतवादी आचार्यों ने अपने ग्रन्थों में ब्रह्मनन्दी की अपने सिद्धान्तों के अनुकूल व्याख्या की है। भास्कराचार्य ने ब्रह्मनन्दी को परिणामवादी घोषित किया और तदर्थ उनके इस वाक्य को उदाहृत किया –

परिणामस्तु स्याद् दध्यादिवत्[56]

अद्वैत-सिद्धान्त में कहा गया है कि भास्कराचार्य ने ब्रह्मनन्दी के वाक्य को उदाहृत करते हुए जो उसे परिणामवादी घोषित किया है, वह वस्तुतः उसका (भास्कर का) भ्रम है। यथा 'योनिश्च हि गीयते' सूत्र की व्याख्या करते हुए *वेदान्तकल्पतरु* में कहा गया है –

> भास्करस्त्विह बभ्राम योनिरिति परिणामादिति च सूत्रनिर्देशाच्छान्दोग्य-वाक्यकारेण ब्रह्मनन्दिना परिणामस्तु स्यादित्यभिधानाच्च परिणामवादो वृद्धसम्मत इति, तं प्रतिबोधयति ब्रह्मनन्दिना हि नाऽसतोऽनिष्पाद्यत्वात् प्रवृत्त्यानर्थक्यम् . . . .।[57]

सक्षेपशारीरक नामक ग्रन्थ में सर्वज्ञात्ममुनि का कथन है –

> अन्तर्गुणा भगवती परदेवतेति प्रत्यग्गुणेति भगवानपि भाष्यकारः।
> आह स्म यत्तदिह निर्गुणवस्तुवादे सङ्गच्छते न तु पुनः सगुणप्रवादे।।[58]

यहाँ प्रथम चरण "अन्तर्गुणा भगवती परदेवतेति" को ब्रह्मनन्दी का वचन कहा गया है। इसमें प्रयुक्त अन्तर्गुणा का अर्थ भगवान् भाष्यकर अर्थात् द्रमिडाचार्य ने प्रत्यग्गुणा किया है – ऐसा द्वितीय चरण स्पष्ट किया गया है। इसकी व्याख्या करते हुए *अन्वयार्थप्रकाशिका टीका* में रामतीर्थ का कथन है कि ब्रह्मनन्दी को अद्वैत-सिद्धान्त ही विवक्षित है, परिणाम आदि नहीं। उन्हीं के शब्दों में –

> अद्वैतमेव ब्रह्मनन्दिग्रन्थे विवक्षितं परिणामादीत्येतत् तद्भाष्यकृद्-द्रमिडाचार्यवचनादवसीयत इत्यत आह–अन्तर्गुणेति।[59]

इस प्रकार हम देखते हैं कि तत्तत् सम्प्रदायाचार्यों ने ब्रह्मनन्दी के उपलब्ध वचनों की व्याख्या अपने-अपने सिद्धान्तों के अनुसार कर ली है। किन्तु उन्हें कौन-सी दार्शनिक व्याख्या अभीष्ट है इस विषय में निश्चित रूप से कुछ कह सकना सम्भव नहीं है।

विशिष्टाद्वैत-परम्परा और आचार्य ब्रह्मनन्दी

यद्यपि यामुनाचार्य ने आचार्य टङ्क (ब्रह्मनन्दी) को विरोधी आचार्यों की सूची में रखा था तथापि रामानुज आदि आचार्यों ने उनके प्रति प्रगाढ़ श्रद्धा व्यक्त की है तथा उन्हें पथ-प्रदर्शक आचार्यों की सूची में प्रमुख स्थान प्रदान किया है।[60] अन्य दार्शनिक आचार्यों ने केवल एक या दो स्थलों पर उनकी चर्चा की है किन्तु विशिष्टाद्वैती आचार्य, विशेष रूप से रामानुज अनेक स्थलों पर उनकी चर्चा करते हैं और उनकी सूक्तियों को प्रमाणतया उदाहृत करते हैं। विशिष्टाद्वैती आचार्य

बोधायन, टङ्क (ब्रह्मनन्दी), द्रमिड आदि आचार्यों पर अपना एकाधिकार-सा मानते हुए प्रतीत होते हैं।

रामानुज ने अपने *श्रीभाष्य* में छान्दोग्यवाक्यकार ब्रह्मनन्दी को वाक्यकार कहकर सम्बोधित किया है। रामानुज ने ब्रह्मनन्दी की जिन सूक्तियों को प्रमुखता के साथ उदाहृत किया है उनका क्रमशः निरूपण प्रस्तुत किया जा रहा है –

1. वाक्यकारेणैतत्सर्वं प्रपञ्चितम् – 'वेदनमुपासनं स्यात्तद्विषये श्रवणात्।'[61]

अर्थात् वाक्यकार ने यह सब विस्तार से कहा है – (मोक्ष के साधन के रूप में विधित्सित) वेदन अर्थात् ज्ञान उपासना ही है, क्योंकि ऐसा श्रुति में कहा गया है। अर्थात् "उपासन" शब्द के स्थान पर "वेदन" शब्द का अनेक स्थानों पर प्रयोग हुआ है।

अद्वैतवादियों की ऐसी मान्यता है कि अविद्या-निवृत्ति ही मोक्ष है और वह अविद्या-निवृत्ति ब्रह्म-ज्ञान द्वारा होती है। इतना तो रामानुज को स्वीकार्य है किन्तु अविद्यानिवृत्ति के साधनभूत उस ज्ञान अथवा विज्ञान के स्वरूप के विषय में उनका मत शङ्कराचार्य से नितान्त भिन्न है। उनका कहना है कि वेदान्त वाक्यों के द्वारा वाक्यार्थज्ञान से भिन्न ध्यान, उपासना आदि शब्दों से वाच्य ज्ञान का विधान किया गया है। अपने इसी मत की पुष्टि हेतु रामानुज ने वाक्यकार का उपर्युक्त वचन उदाहृत किया है।

2. सकृत् प्रत्ययं कुर्याच्छब्दार्थस्य कृतत्वात् प्रयाजादिवत्।[62]

इस एक वाक्य में वाक्यकार ने पूर्वपक्ष प्रस्तुत करते हुए कहा है – मोक्ष के साधन-भूत ज्ञान को प्रयाज आदि के समान एक बार करना चाहिए। अगले वाक्य में वाक्यकार अपना सिद्धान्त प्रस्तुत करते हैं –

3. सिद्धं तूपासनशब्दात्[63]

अर्थात् उपासना ही वेदन (ज्ञान) है – ऐसा श्रुतियों से सिद्ध होता है।

4. उपासनं स्याद् ध्रुवानुस्मृतिर्दर्शनान्निर्वचनाच्च।[64]

अर्थात् ध्रुवानुस्मृति ही उपासना है, ऐसा लोक में देखा जाता है साथ ही श्रुति वचनों से भी सिद्ध होता है। रामानुज ने ध्रुवानुस्मृति का अर्थ बताते हुए कहा है –

तस्यैव वेदनस्योपासनरूपस्यासकृदावृत्तस्य ध्रुवानुस्मृतित्वमुपवर्णितम्।[65]

अर्थात् असकृत (बार-बार) आवृत्त उपासन-स्वरूप वेदन (ज्ञान) को ही

ध्रुवानुस्मृति कहते हैं। इस प्रकार हम देखते हैं मोक्ष के साधन के रूप में ज्ञान के विषय में ब्रह्मनन्दी के मत का ही रामानुज अनुसरण करते हैं।

इस प्रकार वेदन, उपासन, ध्रुवास्मृति तथा भक्ति, ये सभी पर्याय-भूत हैं। इसके पश्चात् प्रश्न उठता है कि इस भक्ति की निष्पत्ति के क्या साधन हैं। रामानुज ने इस सन्दर्भ में वाक्यकार को उदाहृत किया है। यथा –

5. वाक्यकारश्च ध्रुवास्मृतेर्विवेकादिभ्य एव निष्पत्तिमाह–
'तल्लब्धिर्विवेकमोकाभ्यासक्रियाकल्यणानवसादानुद्धर्षेभ्यः सम्भवान्निर्वचनाच्च।'[66]

अर्थात् वाक्यकार ने ध्रुवानुस्मृति की निष्पत्ति विवेक आदि के द्वारा ही कही है, यथा – 1. विवेक, 2. विमोक, 3. अभ्यास, 4. क्रिया, 5. कल्याण, 6. अनवसाद, तथा 7. अनुद्धर्ष से उस (ध्रुवानुस्मृति) की उपलब्धि होती है – ऐसा प्रमाणों तथा उपपत्तियों से सिद्ध होता है। यही वाक्यकार के अनुसार भक्ति की निष्पत्ति के सात साधन हैं। इन्हें साधनसप्तक भी कहते हैं। अब प्रश्न उठता है कि यह विवेक, विमोक इत्यादि हैं क्या? रामानुज ने वाक्यकार द्वारा दिए गए इनके लक्षण भी उदाहृत किए हैं; यथा –

6. विवेकादीनां स्वरूपं चाह – 'जात्याश्रयनिमित्ताददुष्टादन्नात् कायशुद्धिर्विवेकः।'[67]

अर्थात् विवेक आदि का स्वरूप बतलाते हुए आचार्य ब्रह्मनन्दी का कथन है कि जाति (जन्म), आश्रय और निमित्त के दोष रहित अन्न से शरीर की शुद्धि को विवेक कहते हैं। इस विषय में *छान्दोग्य उपनिषद्* का यह वचन प्रमाण है –

आहारशुद्धौ सत्त्वशुद्धिः, सत्त्वशुद्धौ ध्रुवास्मृतिः[68]

अर्थात् आहार की शुद्धता से अन्तःकरण शुद्ध होता है और अन्तःकरण के शुद्ध होने से ध्रुवास्मृति (भक्ति) होती है। दूसरा भक्ति की निष्पत्ति का साधन है – विमोक। विमोक का स्वरूप बताते हुए वाक्यकार कहते हैं –

7. विमोकः कामानभिष्वङ्गः[69]

अर्थात् भक्ति के दूसरे साधन विमोक के स्वरूप वाक्यकार ने इस प्रकार बताया है कि काम में अभिष्वङ्ग का न होना ही विमोक है। अभिष्वङ्ग का अर्थ है कि विषयोपभोग के बिना जिसके कारण नहीं रहा जा सके वह विकार अभिष्वङ्ग है।[70] इसमें *छान्दोग्योपनिषद्* का यह वाक्य प्रमाणरूप में दिया गया है –

शान्त उपासीत[71]

अर्थात् (काम-भावना से) शान्त होकर उपासना करे। तीसरा भक्ति का साधन है – अभ्यास। अभ्यास का अर्थ बताते हुए वाक्यकार (ब्रह्मनन्दी) का कथन है –

8. आरम्बणसंशीलनं पुनः पुनरभ्यासः।[72]

अर्थात् पौनःपुन्येन आलम्बन का सञ्चिन्तन ही अभ्यास है। यहाँ प्रयुक्त आरम्बण का अर्थ आलम्बन है अर्थात् शुभाश्रय। अभिप्राय यह है कि शुभाश्रय का निरन्तर संशीलन या सञ्चिन्तन ही अभ्यास है। भाष्यकार द्रमिडाचार्य ने इसमें प्रमाण के रूप में स्मृति-वचन को प्रमाणतया उदाहृत किया है।[73] रामानुज कहते हैं –

निर्वचनञ्च स्मार्तमुदाहृतं भाष्यकारेण[74]

अर्थात् भाष्यकार द्रमिडाचार्य ने यहाँ (अभ्यास के लिए) स्मार्त निर्वचन उदाहृत किया है। रामानुज के इस कथन के आधार पर सुदर्शन सूरि ने निष्कर्ष निकाला है कि भक्ति के अन्य साधनों के दिए गए श्रोत निर्वचन भी भाष्यकार अर्थात् द्रमिडाचार्य के ही हैं –

इत्यनेन पूर्वोपात्तनिर्वचनान्यपि द्रमिडभाष्योक्तानीति ज्ञायते।[75]

उदाहृत निर्वचन है –

सदा तद्भावभावितः[76]

अर्थात् ध्याता सदैव परमात्मा के कल्याण-गुणों के अनुसरण में निमग्न रहे। भक्ति का चतुर्थ साधन है – क्रिया। क्रिया के स्वरूप को बताते हुए वाक्यकार का कथन है –

9. पञ्चमहायज्ञाद्यनुष्ठानं शक्तितः क्रिया[77]

अर्थात् यथाशक्ति पञ्च महायज्ञ आदि का अनुष्ठान ही क्रिया है। इसके दो निर्वचन दिए गए हैं, यथा –

क्रियावानेष ब्रह्मविदां वरिष्ठः[78]

अर्थात् ब्रह्मज्ञानियों में क्रियावान् श्रेष्ठ होता है। तथा –

तमेतं वेदानुवचनेन ब्राह्मणा विविदिषन्ति यज्ञेन दानेन तपसाऽनाशकेन।[79]

अर्थात् ब्राह्मण लोग (अधीतवेद) उसे वेदाध्ययन, यज्ञ, दान, तप और उपवास द्वारा जानने की इच्छा करते हैं। भक्ति के पञ्चम साधन कल्याण का स्वरूप बताते हुए वाक्यकार का कथन है –

10. सत्यार्जवदयादानाहिंसानभिध्याः कल्याणानि।[80]

अर्थात् सत्य, आर्जव, दया, दान, अहिंसा और अनमिध्या ही कल्याण है। सत्य का अर्थ है सर्वभूत-हितकारी वचन, आर्जव का अर्थ है मन, वाणी और कर्म की एकरूपता, दया का अर्थ है स्वार्थनिरपेक्ष पर-दुःख की असहिष्णुता, दान का अर्थ है न्यायपूर्वक अर्जित अपने धन का सत्पात्र के लिए त्याग, अहिंसा का अर्थ है मन, वाणी और कर्म से दूसरे को कष्ट न पहुँचाना, तथा अनभिध्या का अर्थ है परकीय वस्तु में स्वत्व-बुद्धि का राहित्य, अथवा निष्फल चिन्ता का राहित्य; इन्हें ही वाक्यकार कल्याण नामक पञ्चम भक्ति का साधन कहा है। इसमें प्रमाण देते हुए कहा गया है –

सत्येन लभ्यस्तेषामेवैष विरजो ब्रह्मलोकः।[81]

अर्थात् विरज ब्रह्मलोक उन्हीं लोगों को सत्य से प्राप्त होता है। भक्ति के षष्ठ साधन अनवसाद का अर्थ स्पष्ट करते हुए वाक्यकार कहते हैं –

11. देशकालवैषम्याच्छोकवस्त्वाद्यनुस्मृतेश्च तज्जं दैन्यमभास्वरत्वं मनसोऽवसादः, तद्विपर्ययोऽनवसादः।[82]

अर्थात् देश और काल के विपरीत होने के कारण तथा शोक-कारक वस्तु आदि के अनुस्मरण के कारण उत्पन्न होने वाली मन की दीनता और मलिनता को अवसाद कहते हैं। इस (स्थिति) के विरुद्ध अनवसाद होता है। इसका निर्वचन इस प्रकार दिया गया है –

नायमात्मा बलहीनेन लभ्यः।[83]

अर्थात् यह परमात्मा अवसन्न या दीन मन वाले उपासक के द्वारा प्राप्य नहीं है। अन्त में भक्ति के सप्तम तथा अन्तिम साधन अनुद्धर्ष का स्वरूप वाक्यकार ने इस प्रकार बताया है –

12. तद्विपर्ययजा तुष्टिरुद्धर्षः। तद्विपर्ययोऽनुद्धर्षः।[84]

अर्थात् उसके विपरीत देश और काल के अनुकूल होने के कारण तथा प्रिय वस्तुओं के अनुसरण से उत्पन्न होने वाली सन्तोषात्मिका चित्तवृत्ति को उद्धर्ष कहते हैं। इसके विरुद्ध अनुद्धर्ष होता है। इस प्रकार असन्तोष ही नहीं अतिसन्तोष भी भक्ति की निष्पत्ति में बाधक होता है।[85] इसका निर्वचन है –

शान्तो दान्तः।[86]

अर्थात् शान्त और दान्त होकर अन्तर्यामी परमात्मा का ध्यानयोग से दर्शन करें।

इस प्रकार 5 से लेकर 12 संख्याङ्कित ब्रह्मनन्दी की सूक्तियों में भक्ति की निष्पत्ति के सात साधनों का विवेचन किया गया है जो विशिष्टाद्वैत-दर्शन में साधन-सप्तक के नाम से प्रसिद्ध हैं।

13. तथा चाह वाक्यकारः – आत्मेत्येव तु गृह्णीयात् सर्वस्य तन्निष्पत्तेः।[87]

अर्थात् जैसा कि वाक्यकार का कथन है कि उपासक मुमुक्षु अपने उपास्य को अपने से अभिन्न आत्मा के रूप में ही ग्रहण करे, क्योंकि सम्पूर्ण जगत् ब्रह्म में ही अध्यस्त होता है। यह वाक्य *श्रीभाष्य* के महापूर्वपक्ष में अद्वैतवाद के समर्थन में प्रस्तुत किया गया है। रामानुज ने सिद्धान्त-पक्ष आगे महासिद्धान्त में प्रस्तुत किया है। यथा –

'आत्मेत्येव तु गृह्णीयात्' इति च वाक्यकारः।[88]

अर्थात् उपासक परमात्मा की उपासना अपनी आत्मा (अन्तर्यामी) के रूप में करे। इस प्रकार रामानुज ने अपने शरीर-शरीरी-भाव के समर्थन में वाक्यकार के वचन को उदाहृत किया है। *वेदार्थसंग्रह* में भी रामानुज ने अपने सिद्धान्त की स्थापना करते हुए वाक्यकार के इसी वचन को उदाहृत किया है –

> अत इदमुच्यते 'आत्मेत्येव तु गृह्णीयात् सर्वस्य तन्निष्पत्ते' रित्यादिना अहंग्रहणोपासनं वाक्यकारेण कार्यावस्थः कारणावस्थश्च सूक्ष्मचिद-चिद्वस्तुशरीरः परमात्मैव।[89]

इस प्रकार वाक्यकार के इस वचन को अद्वैतवाद अपने पक्ष में और रामानुज अपने मत के समर्थन में उदाहृत करते हैं।

14. वाक्यकारेण च सगुणस्योपास्यत्वं विद्याविकल्पश्चोक्तः – 'युक्तं तद्गुणकोपासनात्।'[90]

अर्थात् वाक्यकार ने सगुण की उपास्यता तथा विद्याओं का विकल्प स्पष्ट कहा है कि युक्त (गुणयुक्त) ही प्राप्य है क्योंकि सगुण की ही उपासना की जाती है।[91] रामानुज का सिद्धान्त है कि सभी ब्रह्म विद्याओं में सगुण ब्रह्म ही उपास्य है। सबका फल एकरूप ही होने के कारण विद्याओं में विकल्प होता है।[92] अपने इसी सिद्धान्त में प्रमाण रूप में उन्होंने वाक्यकार की उपर्युक्त सूक्ति उदाहृत की है। रामानुज ने अपने अन्य ग्रन्थ *वेदार्थसंग्रह* में भी अपने इसी मत की पुष्टि के लिए वाक्यकार के इसी वचन को प्रमाणतया उपन्यस्त किया है।[93]

15. तदेतद् वाक्यकारोऽपि स्पष्टयति – 'तस्मिन् यदन्तरिति काम-व्यपदेशः।'[94]

अर्थात् इसी अर्थ को वाक्यकार भी स्पष्ट करते हैं कि उस (आकाश-सञ्ज्ञक तत्त्व) के भीतर जो वस्तु है उसका अन्वेषण करना चाहिए। रामानुज ने *श्रीभाष्य* के दहराधिकरण में तथा *वेदार्थसंग्रह* में वाक्यकार के इस वचन को उदाहृत किया है। *छान्दोग्योपनिषद्* में कहा गया है – 'अथ यदिदमस्मिन् ब्रह्मपुरे दहरं पुण्डरीकं वेश्म दहरोऽस्मिन्नन्तराकाशस् तस्मिन् यदन्तस् तदन्वेष्टव्यं तद्वाव विजिज्ञासितव्यमिति।[95] यहाँ कहा गया है कि दहराकाश से भिन्न जो उसके अन्तःस्थित है, वही अन्वेष्टव्य है। उसमें 'काम' पद-वाच्य सभी कल्याण-गुण समाहित हैं। अतः वही अन्वेष्टव्य हैं।

16. वाक्यकारश्चैतत् सुस्पष्टमाह – 'हिरण्मयः पुरुषो दृश्यते, इति प्राज्ञस्सर्वान्तरस्स्यात्, लोककामेशोपदेशात्' तथोदयात् पाप्मनाम्।[96]

अर्थात् वाक्यकार ने सुस्पष्टतया कहा है यह जो (*छान्दोग्योपनिषद्* में) कहा गया कि आदित्य के अन्तर्वर्ती के रूप में जिस सुवर्णवर्ण पुरुष का साक्षात्कार होता है, वह सर्वान्तर्यामी प्राज्ञ-पद-वाच्य परमात्मा ही हो सकता है, जीव नहीं; क्योंकि श्रुति ने स्पष्ट रूप में भगवान् के असाधारण गुण सर्वलोकाधिपत्य, अवाप्तसकल-कामत्व तथा सर्वपापोत्तीर्णता गुणों का कथन किया है।

17. स्याद्रूपं कृतकमनुग्रहार्थं तच्चेतसामैश्वर्यात्।[97]

अर्थात् अनन्य चित्त वाले उपासकों के अनुग्रहार्थ भगवान् द्वारा सम्पादित वह रूप कृतक होने के कारण अनित्य है। रामानुज के अनुसार ऐसा पूर्वपक्ष उपस्थित करके भगवान् की अनित्यता आदि का प्रतिषेध वाक्यकार ने अग्रिम वाक्य में किया है –

18. रूपं वाऽतीन्द्रियमन्तःकरणप्रत्यक्षनिर्देशात्।[98]

अर्थात् उपासकों के अनुग्रहार्थ सम्पादित वह रूप चक्षुरादि इन्द्रियों से ग्राह्य नहीं है, किन्तु परिशुद्ध अन्तःकरण वालों के लिए उसकी ग्राह्यता का श्रुतियों ने निर्देश किया है। भगवान् के वे गुण उनके स्वरूप-भूत हैं, कृतक नहीं।

19. 'तथा च वाक्यम्-उपनिषण्णत्वाद् वा उपनिषद्' इति।[99]

अर्थात् जैसाकि वाक्य ग्रन्थ में कहा गया है कि अथवा ब्रह्म में उपनिषण्ण होने के कारण उपनिषद् कहते हैं।

वाक्यकार के उपर्युदाहृत वाक्यों का अनुशीलन करने पर स्पष्ट प्रतीत होता

है कि ये सभी विशिष्टाद्वैत-सिद्धान्त के सर्वथा अनुकूल हैं। सभी वाक्यों पर विचार किया जाए तो कहा जा सकता है कि –

1 से 4 संख्याङ्कित वाक्यों में मोक्ष के साधन के रूप में ध्यान, उपासना, ध्रुवानुस्मृति, भक्ति आदि शब्दों से वाच्य ज्ञान का ही विधान किया गया है। दूसरे शब्दों में भक्तिरूपापन्न ज्ञान ही मोक्ष के साधन के रूप में वाक्यकार को अभिमत है।

5 से 12 संख्याङ्कित वाक्यों में मोक्ष की साधन-भू भक्ति की निष्पत्ति का विवेचन किया गया है। इनमें यह स्थापित किया गया है कि सात प्रकार के साधनों के द्वारा भक्ति की निष्पत्ति होती है जो साधन-सप्तक के नाम से अधिक प्रसिद्ध है।

13 संख्याङ्कित वाक्य में रामानुज-सिद्धान्त में बहुचर्चित और प्रतिष्ठित सिद्धान्त 'शरीर-शरीरी-भाव' के अनुरूप होने के कारण महत्त्वपूर्ण है।

14 संख्याङ्कित वाक्य में सगुण ब्रह्म की उपास्यता का निरूपण किया गया है। रामानुज की यही मान्यता है कि सभी ब्रह्मविद्याओं में सगुण ब्रह्म ही उपास्य है।

15-16 संख्याङ्कित वाक्यों में वाक्यकार ने परमात्मा के सर्वान्तर्यामित्व का निरूपण किया है।

17-18 संख्याङ्कित वाक्य में परमात्मा के गुण कृतक और अनित्य न होकर स्वरूप-भूत हैं और नित्य हैं।

19 संख्याङ्कित वाक्य में "उपनिषद्" शब्द का अर्थ बतलाया गया है।

इस प्रकार हम देखते हैं कि उपर्युदाहृत सभी वाक्यों में स्थापित किए गए सिद्धान्तों को रामानुज ने सर्वात्मना स्वीकार किया है।

संदर्भ

1. *तत्त्वमुक्ताकलाप:*, 5.136।
2. 'पाराशर्यवच:सुधाम्...........
   पूर्वाचार्य-सुरक्षितां............., *श्रीभाष्य*, आदौ श्लोक-2
   तथा
   'भगवद्बोधायनकृतां विस्तीर्णां ब्रह्मसूत्रवृत्तिं पूर्वाचार्या: सञ्चिक्षिपु:।' – तत्रैव

3. 'पूर्वशब्देन शङ्कराद्यर्वाचीनव्यावृत्तिः।'
श्रीभाष्य- श्रुतप्रकाशिका, आदौ श्लोक-2

4. *आत्मसिद्धिः*, पृ. 9, 10 (उभयवेदान्त ग्रन्थमाला बुक ट्रस्ट, 25 नाथमुनि स्ट्रीट, मद्रास 17)।

5. *वेदार्थसंग्रह*, पृ. 23 (रामानुजग्रन्थमाला, काञ्चीपुरम्)

6. तत्रैव, पृ. 24 ।

7. द्रष्टव्य - *संक्षिप्त हिन्दी प्रपन्नामृतम्*, पृ. 53, तथा *A History of Indian Philosophy* (Surendra Nath Dasgupta), pp. 102-03.

8. *आत्मसिद्धि*, गूढार्थप्रकाश-व्याख्या, पृ. 7 ।

9. *यतीन्द्रमतदीपिका*, आदौ।

10. *श्रीभाष्य*, श्लोक-2 ।

11. तत्रैव।

12. *संक्षिप्त हिन्दी प्रपन्नपमृतम्*, पृ. 53 ।

13. *काव्यमीमांसा*, 10 ।

14. द्रष्टव्य - 'शङ्करस्वामिनामाभूद् ब्राह्मणो वेदपारगः।
वर्षोपवर्षौ तस्येमौ तनयावतनुत्विषः।।
— *बृहत्कथामञ्जरी*, कथापीठे पाटलिपुत्रकथा, 24
तथा 'शङ्करस्वामिनामात्र नगरेऽभूद् द्विजोत्तमः।
मद्भर्ता चोपवर्षश्च तस्य पुत्राविमावुभौ।।'
— *कथासरित्सागर*, 1.2.54

15. *मीमांसादर्शन*, 1.1.5 ।

16. तत्रैव।

17. *ब्रह्मसूत्र, शांकरभाष्य*, 3.3.53; तथा द्रष्टव्य - 'वर्णा एव तु शब्दः इति भगवानुपवर्षः' तत्रैव, 1.3.28 ।

18. तत्रैव, रत्नप्रभा।

19. तत्रैव, न्यायनिर्णयः।

20. 'यत्तूपवर्षवृत्तौ - 'तस्य निमित्तपरीष्टिर्न कर्तव्येति . . . . तदप्यनेन निरस्तम्।' सेश्वरमीमांसा, 28 (वेदान्तदेशिकग्रन्थमाला, काञ्चीपुरम्)।

21. *तत्त्वटीका*, पृ. 187 (वेदान्तशिकग्रन्थमाला, काञ्चीपुरम्)।

22. *श्रीभाष्य*, 1.1.1 ।
23. *प्रपञ्चहृदय*, उपाङ्गप्रकरण।
24. *श्रीभाष्य*, आदौ।
25. तत्रैव, *श्रुतप्रकाशिका*।
26. *श्रीभाष्य*, 1.1.1, पृ. 49, 50 (रामानुजग्रन्थमाला, काञ्चीपुरम्)।
27. *ब्रह्मसूत्र*, 1.1.1 ।
28. *श्रीभाष्यम्*, 1.1.1 आदौ।
29. तत्रैव।
30. तत्रैव, स्मृतिपुराणघट्टे।
31. तत्रैव, 1.1.10 ।
32. *ब्रह्मसूत्र*, 1.1.5 ।
33. तत्रैव, 1.1.10 ।
34. *छान्दोग्योपनिषद्*, 6.2.1, 3 ।
35. *ब्रह्मसूत्र*, 1.1.10 ।
36. *श्रीभाष्य*, 1.1.10 ।
37. तत्रैव, 1.2.1 ।
38. *छान्दोग्योपनिषद्*, 3.14.1 ।
39. *ब्रह्मसूत्र*, 1.2.1 ।
40. *छान्दोग्योपनिषद्*, 3.14.1 ।
41. *श्रीभाष्य*, 1.3.7 ।
42. द्रष्टव्य – 'यो वै भूमा तत्सुखं नाल्पे सुखमस्ति, भूमैव सुखम्, भूमा त्वेव विजिज्ञासितव्य इति। भूमानं भगवो विजिज्ञास इति।' – *छान्दोग्योपनिषद्*, 7. 23.1 ।
43. *ब्रह्मसूत्र*, 1.3.7 ।
44. *छान्दोग्योपनिषद्*, 7.15.4 ।
45. तत्रैव, 7.16.1 ।
46. 'अतः प्राणशब्दनिर्दिष्टात् प्रत्यगात्मनोऽर्थान्तरभूतस्य सत्यशब्दाभिधेस्य ब्रह्मणी भूमेत्युपदेशाद् भूमा परं ब्रह्म।' – *श्रीभाष्य*, 1.3.7
47. तत्रैव, 1.3.8 ।

48. *ब्रह्मसूत्र*, 1.3.32 ।
49. तत्रैव, 1.3.30 ।
50. तत्रैव, 1.3.31 ।
51. तत्रैव, 1.3.32 ।
52. *यतिरासप्रति*, 57 ।
53. *वेदार्थसंग्रह* (मेलेकोटे), पृ. 93 ।
54. *तत्त्वटीका* (वेदान्तदेशिकग्रन्थमाला-काञ्चीपुरम्), पृ. 18 ।
55. तत्रैव, 75 ।
56. *ब्रह्मसूत्र*, भास्करभाष्य, 1.4.25, 26 ।
57. *वेदान्तकल्पतरु*, 1.4.27 ।
58. *सक्षेपशारीरिक*, 3.221 ।
59. तत्रैव, *अन्वयार्थप्रकाशिका टीका* ।
60. द्रष्टव्य - *आत्मसिद्धि*, पृ. 9, तथा *वेदार्थसंग्रह*, पृ. 23 ।
61. *श्रीभाष्य* (रामानुजग्रन्थमाला, काञ्चीपुरम्), 1.1.1 पृ. 53 ।
62. तत्रैव।
63. तत्रैव।
64. तत्रैव।
65. तत्रैव।
66. तत्रैव, 54 ।
67. तत्रैव।
68. *छान्दोग्योपनिषद्*, 7.26.2 ।
69. *श्रीभाष्य*, 54 ।
70. 'विषयमभुक्त्वा न शक्नोति स विकारोऽभिष्वङ्गः।' श्रुतप्रकाशिका (श्रीभाष्यम्, वेदान्तदेशिक-विहारसभा, मैसूरु), पृ. 93 ।
71. *छान्दोग्योपनिषद्*, 3.14.1 ।
72. *श्रीभाष्य*, 54 ।
73. तत्रैव।
74. तत्रैव।
75. *श्रुतप्रकाशिका* (श्रीभाष्यम्, वेदान्तदेशिक-विहारसभा, मैसूरु), पृ. 93 ।

76. *भगवद्गीता*, 8.6 ।

77. *श्रीभाष्य* (रामानुजग्रन्थमाला, काञ्चीपुरम्), 54 ।

78. *मुण्डकोपनिषद्*, 3.1.4 ।

79. *बृहदारण्यकोपनिषद्*, 4.4.22 ।

80. *श्रीभाष्य* (रामानुजग्रन्थमाला, काञ्चीपुरम्), 54 ।

81. तत्रैव।

82. तत्रैव।

83. *मुण्डकोपनिषद्*, 3.1.4 ।

84. *श्रीभाष्य* (रामानुजग्रन्थमाला, काञ्चीपुरम्), 54 ।

85. 'इति न केवलमसन्तोष एव विरोधी, अतिसन्तोषश्च विरोधीति चार्थः।' *श्रुतप्रकाशिका* (श्रीभाष्य, वेदान्तदेशिकविहार सभा, मैसूरु) पृ. 95, 97 ।

86. *मुण्डकोपनिषद्*, 4.4.23 ।

87. *श्रीभाष्य* (रामानुज-ग्रन्थमाला, काञ्चीपुरम्), पृ. 56 ।

88. तत्रैव, 98 ।

89. *वेदार्थसंग्रह* (रामानुज-ग्रन्थमाला, काञ्चीपुरम्), पृ. 28 ।

90. *श्रीभाष्य* (रामानुज-ग्रन्थमाला, काञ्चीपुरम्), 1.1.1., पृ. 83 ।

91. 'युक्तं गुणयुक्तमेव प्राप्यम् कुतः तद्गुणकोपासनात्।' *श्रुतप्रकाशिका* (श्रीभाष्य, वेदान्तदेशिकविहार-सभा, मैसूरु), पृ. 784 ।

92. "परविद्यासु सुर्वासु सगुणमेव ब्रह्म उपास्यम्, फलञ्चैकरूपमेव, अतो विद्याविकल्प इति सूत्रकारेणैव 'आनन्दादयः प्रधानस्य', 'विकल्पोऽविशिष्टफलत्वात्' इत्यादिषूक्तम्।" – *श्रीभाष्य* (वेदान्तदेशिकविहार-सभा, मैसूरु), 1.1.17, पृ. 781-84 ।

93. *वेदार्थसंग्रह* (रामानुजग्रन्थमाला, काञ्चीपुरम्) पृ. 22 ।

94. *श्रीभाष्य*, 1.3.13 ।

95. *छान्दोग्योपनिषद्*, 8.1.1 ।

96. *वेदार्थसंग्रह* (रामानुजग्रन्थमाला, काञ्चीपुरम्), पृ. 41 ।

97. तत्रैव।

98. तत्रैव।

99. *तत्त्वटीका* (वेदान्तदेशिक-ग्रन्थमाला, काञ्चीपुरम्), पृ. 16 ।

2

अप्रकाशित प्राचीन वैदिक भाष्य-ग्रन्थ

आर्यदास-प्रणीत कल्पागमसंग्रह के विशेष संदर्भ में

व्रजबिहारी चौबे

वेद, जो अनन्त ज्ञान के भण्डार हैं, संहिता-ब्राह्मण-आरण्यक एवं उपनिषद् रूप में चतुर्धा विभक्त हैं, इनमें संहिता-भाग प्राचीन है तथा ब्राह्मण, आरण्यक एवं उपनिषद् संहितागत मन्त्रों के ऊपर सबसे प्राचीन व्याख्यान हैं। जो कुछ सृष्टिविषयक ज्ञान संहितागत मन्त्रों में है, उसका ही आधियाज्ञिक, आधिदैविक एवं आध्यात्मिक विस्तार ब्राह्मण, आरण्यक एवं उपनिषदों में किया गया है। इन व्याख्या ग्रन्थों में तत्कालीन वेद-विषयक दृष्टि को ही स्पष्ट रूप से समझाया गया है। सम्पूर्ण सृष्टि एक यज्ञ का ही स्वरूप है। इसी आधार पर उसी की अनुकृति पर यजमान दम्पती द्वारा ऋत्विजों की सहायता से सम्पादित एक सुनिश्चित विधि पर आधारित वैध-यज्ञों की परिकल्पना तथा उनका अनुष्ठान मनुष्य-जीवन को यज्ञमय बनाने के उद्देश्य से जो किया गया, वह प्राचीन आचार्यों की एक महत्त्वपूर्ण देन थी जो सहस्रों वर्षों से जनजीवन को धर्मपथ पर प्रतिष्ठित करती आ रही है। मन्त्रों में निगूढ़ सृष्टियज्ञ को वैध यज्ञों के माध्यम से सम्पादन के योग्य बनाया गया। समय के प्रवाह के साथ उसी ज्ञान को परवर्ती आचार्यों के द्वारा प्राचीन वेदराशि को समझाने के लिए सूत्रात्मक वेदाङ्ग ग्रन्थों का प्रणयन हुआ जो शिक्षा, व्याकरण, निरुक्त, छन्द, ज्योतिष एवं कल्प के रूप में षड्धा विभक्त थे। कालान्तर में पूर्व आचार्यों के द्वारा प्रणीत सूत्रात्मक वेदाङ्ग-ग्रन्थों को भी समझने के लिए अनेक परवर्ती आचार्यों के द्वारा प्रयास किए गए। ये आचार्य वे थे जिन्होंने संहिता, ब्राह्मण, आरण्यक, उपनिषद् तथा सूत्रात्मक वेदाङ्ग ग्रन्थों को गुरुमुख से सुनकर कण्ठस्थ किया हुआ था। यह बात ध्यातव्य है कि उस समय वेद की अनेक शाखाएँ प्रचलित थीं। जो व्यक्ति जिस शाखा से सम्बद्ध था उस शाखा की सम्पूर्ण संहिता, ब्राह्मण, आरण्यक, उपनिषद् तथा

वेदाङ्ग उसको कण्ठस्थ होता था। इसी परम्परा में विभिन्न शाखाओं के संहिता, ब्राह्मण, आरण्यक, उपनिषद् तथा वेदाङ्ग-ग्रन्थों के ऊपर वृत्ति, भाष्य, रहस्य आदि अनेक ग्रन्थों का निर्माण हुआ। वेदाङ्गों में निरुक्त, व्याकरण, ज्योतिष तो सभी शाखाओं से सम्बद्ध थे, किन्तु शिक्षा, छन्द एवं कल्प में शाखागत विविधताएँ बहुत थीं। इसलिए जिसने किसी ब्राह्मण या वेदाङ्ग-ग्रन्थ के ऊपर भाष्य लिखा, उसने अपने शाखागत वैशिष्ट्य को ध्यान में रखकर ही किया। इस प्रकार वेदाङ्ग काल के बाद वैदिक साहित्य के इतिहास में एक ऐसे काल का श्रीगणेश होता है जिसमें लगभग वेद की सभी शाखाओं से सम्बन्धित मूल-ग्रन्थों के ऊपर भाष्य लिखे गए। इस युग को हम भाष्ययुग की संज्ञा दे सकते हैं। मूल-ग्रन्थों को तो कण्ठस्थीकरण के द्वारा ही श्रुति-परम्परा में प्रचलित रखा गया, किन्तु भाष्य-ग्रन्थों का श्रुति-परम्परा में कायम रखना कठिन था। स्मृति के क्रमशः क्षीण होने के कारण मूल-ग्रन्थों को भी लिखकर अध्ययन करने की परम्परा चली। यास्क ने प्रथम बार इस तथ्य का उल्लेख किया कि वेद और वेदाङ्ग भी ग्रन्थ रूप में लिखे जाने लगे।[1] यद्यपि इनका लिखित पाठ करने वाले को निकृष्ट कोटि का माना जाता था। जिस समय इन ग्रन्थों के लिखने की परम्परा चली, सभी गुरुकुलों में या विद्वानों के अपने घरों में उन ग्रन्थों को संभालकर रखने की भी परम्परा चली। यहीं से हस्तलेख-विज्ञान का प्रारम्भ होता है। उस समय लिखने की सामग्री ताड़पत्र, कपड़ा, भोज-पत्र आदि होते थे। इसलिए उनकी आयु बहुत कम होती थी। एक ग्रन्थ की कई प्रतियाँ लिखी जाती थीं। उसके जीर्ण हो जाने से पूर्व अन्य प्रतियाँ तैयार की जाती थीं। इसी परम्परा में ग्रन्थ-लिपिकों की भी स्वतन्त्र संस्था का विकास हुआ, जो अच्छे ढंग से सुन्दर लेख में, चित्रकारी के साथ हस्तलेख तैयार करते थे और उन्हें बेचते थे। इन हस्तलेखों में से कितने नष्ट हो गए, कितने अवशिष्ट रह गए हैं, इसके विषय में आज तक हमें पूरी जानकारी नहीं है।

वेद से सम्बन्धित भाष्य-ग्रन्थों का अभी अत्यल्प मात्रा में सम्पादन हुआ है। बहुत से हस्तलेख जिनका उपलब्ध कैटलाग में उल्लेख है, उनका अभी तक सम्पादन तथा प्रकाशन नहीं हुआ है। इनके सम्पादन तथा प्रकाशन से हमें अनेक महत्त्वपूर्ण बातों की जानकारी हो सकती है। यहाँ मैं केवल *वाधूलश्रौतसूत्र* के ऊपर आर्यदास द्वारा प्रणीत *कल्पागमसंग्रह* नामक व्याख्या की चर्चा करूँगा।

केरल के एर्नाकुलम जिले में किडेङ्ङेशरी मना तथा नेडुम्पिली मना वाधूलशाखी परिवार हैं। उनके पास मलयालम लिपि में लिखे वाधूलशाखा के अनेक ग्रन्थ हैं। किन्तु 1920 से पहले इस शाखा के किसी ग्रन्थ की जानकारी

किसी भी विद्वान् को नहीं थी। वैदिक साहित्य के इतिहास में इस शाखा का कहीं उल्लेख नहीं था। गवर्नमेण्ट मैन्युस्क्रिप्ट लाइब्रेरी, मद्रास, द्वारा 1916-19 के हस्तलेखों के सर्वेक्षण दल की रिपोर्ट से जर्मन विद्वान् डॉ. कलान्द को प्रथम बार यह जानकारी मिली कि *वाधूल कल्पव्याख्या* नाम से कोई ग्रन्थ है। ग्रन्थलिपि में लिखित इस हस्तलेख की एक प्रति कलान्द को मिली। एक वर्ष के बाद *वाधूलसूत्र* का भी एक हस्तलेख ग्रन्थलिपि में और उसका दूसरा देवनागरी रूपान्तर भी प्राप्त हुआ। कुछ ही दिनों के बाद उसका दूसरा भाग भी कलान्द को प्राप्त हुआ। इसी के आधार पर कलान्द ने आक्टा-ओरिएण्टैलिया में *वाधूलसूत्र* के कुछ उद्धरण प्रकाशित किए। प्रकाशित अंश में *वाधूलसूत्र* के कुल 22 अंश तथा ब्राह्मण से 120 अंश थे। 1975 में प्रो. वित्सेल ने जर्मन भाषा में अपना लेख[2] प्रकाशित किया जिसमें इस शाखा के अन्य ग्रन्थों का भी उल्लेख किया। हमारे संस्थान (विश्वेश्वरानन्द संस्थान, होशियारपुर) में *वाधूलश्रौतसूत्र* के हस्तलेख की एक देवनागरी प्रतिलिपि थी। गवर्नमेण्ट मैन्युस्क्रिप्ट लाइब्रेरी, मद्रास, के हस्तलेख की प्रति मैंने मंगाई और उसके बाद सम्पूर्ण *वाधूलश्रौतसूत्र* का विस्तृत भूमिका के साथ सम्पादन किया, जो 1993 में प्रकाशित हुआ। उसके बाद *वाधूलस्मृति* (2001) *वाधूल-अन्वाख्यानम्* (2001) एवं वाधूलयज्ञप्रायश्चित्तम् (2001), का सम्पादन किया जो कात्यायन वैदिक साहित्य प्रकाशन, होशियारपुर से प्रकाशित हुए। इसी प्रकार *वाधूल-गृह्यागमवृत्तिरहस्य* का भी सम्पादन मैंने किया, जो नैशनल मैन्युस्क्रिप्ट मिशन, नई दिल्ली, द्वारा 2006 में प्रकाशित हुआ।

इसी प्रकार आचार्य शिवश्रोणप्रणीत *वाधूल-प्रयोगक्लृप्ति* तथा '*वाधूलगृह्यसूत्रं सवृत्तिकम्*' का सम्पादन किया जो नैशनल मैनुस्किप्ट मिशन, नई दिल्ली द्वारा क्रमशः 2011 तथा 2012 में प्रकाशित हुए। आचार्य आर्यदासप्रणीत *वाधूलकल्पागमसंग्रह* का भी समीक्षात्मक संस्करण अभी हमने तैयार किया है। इन ग्रन्थों के सम्पादन से वाधूल शाखा के विषय में विस्तृत जानकारी प्रकाश में आई है। जो शाखा कभी इतनी प्रचलित थी, उसकी जानकारी इन हस्तलेखों के ही आधार पर हुई है। इन ग्रन्थों के सम्पादन से पूर्व वाधूल शाखा की स्वतन्त्र सत्ता के विषय में ही विद्वानों को सन्देह था। महादेव ने *सत्याषाढ श्रौतसूत्र* के ऊपर अपनी *वैजयन्ती भाष्य* में वाधूल को तैत्तिरीयों के अन्तर्गत एक उपशाखा माना था और इसका स्थान बौधायन, भारद्वाज, आपस्तम्ब तथा सत्याषाढ हिरण्यकेशी के बाद तथा वैखानस से पूर्व निर्धारित किया था –

यत्राकरोत्सूत्रमतीव गौरवाद् बौधायनाचार्यवरोऽर्थगुप्तये।
तथा भरद्वाजमुनीश्वरस्तथाऽऽपस्तम्ब आचार्य इदं परं स्फुटम्।।
अतीवगूढार्थमनन्यदर्शितं न्यायैश्च युक्तं स्वयन्नसौ पुनः।
हिरण्यकेशीति यथार्थनामभागभूद्वरात्तुष्टमुनीन्द्रसम्मतात्।।
वाधूल आचार्यवरोऽकरोत्परं सूत्रं तु यत्केरलदेशसंस्थितम्।
वैखानसाचार्यकृतं त्वथापरं पूर्तेन युक्तं त्विति सूत्रषड्विधम्।।

– महादेव, वैजयन्ती, भूमिका श्लोक 7-9

तैत्तिरीय शाखा के साथ वाधूल का घनिष्ठ सम्बन्ध होने का उल्लेख एल.वी. वर्मा ने वाधूल श्रौतप्रयोग ग्रन्थ के मलयालम अनुवाद के "तैत्तिरीयभाष्य" नाम के आधार पर किया है। चूँकि *वाधूलश्रौतसूत्र* का सम्पादन तब तक नहीं हुआ था, इसलिए विद्वानों ने वाधूल के तैत्तिरीय शाखा से सम्बद्धित होने का कथन किया था। इसी मत का अनुसरण करते हुए डॉ. काशीकर ने भी *वाधूलश्रौतसूत्र* को तैत्तिरीय की उपशाखा मानकर सूची में उसे पाँचवे स्थान पर रखा।[3] किन्तु यह मत आचार्य शिवश्रोणप्रणीत *वाधूलप्रयोगक्लृप्ति* नामक ग्रन्थ के आधार पर खण्डित हो गया है। शिवश्रोण ने *वाधूलप्रयोगक्लृप्ति* ग्रन्थ के प्रारम्भिक मंगलाचरण के श्लोक में स्पष्ट रूप से कहा है –

आपस्तम्बः प्रशिष्योऽभूद्यस्य वाधूलकस्य तु।
अग्निवेश्यगुरुः सोऽयमृषिरस्मानिहावतु।।

शिवश्रोण की *वाधूलप्रयोगक्लृप्ति* के इस कथन के आधार पर यह बात सुनिश्चित है कि आपस्तम्ब आचार्य वाधूलक के प्रशिष्य थे तथा अग्निवेश्य उनके शिष्य थे। जब यह बात स्पष्ट हो गई है कि आपस्तम्ब वाधूलक के प्रशिष्य तथा अग्निवेश्य उनके शिष्य थे तो यह मानना कि *वाधूलश्रौतसूत्र*, बौधायन, आपस्तम्ब, सत्याषाढ आदि से अर्वाचीन है, असंगत-सा लगता है। डॉ. कलान्द ने भी शिवश्रोण के इसी मंगलाचरण के श्लोक के आधार पर बौधायन तथा *आपस्तम्बश्रौतसूत्र* के *वाधूलश्रौतसूत्र* से पूर्व मानने के मत पर सन्देह प्रकट किया था। आश्वलायन ने भी वाधूल का गोत्रप्रवर्तक ऋषि के रूप में उल्लेख किया है।[4] स्वयं बौधायन ने वसतीवरी जलों के ग्रहण के प्रसंग में वाधूलक का मत उद्धृत किया है।[5]

आर्यदास ने *वाधूलश्रौतसूत्र* की *कल्पागमसंग्रह* नामक अपनी व्याख्या में अनेक स्थलों पर वाधूल शाखा को तैत्तिरीय शाखा से पृथक् स्वतन्त्र शाखा के

रूप में स्वीकार किया है और जगह-जगह तैत्तिरीय शाखा से उसका क्या पार्थक्य है, इसका उल्लेख किया है। उदाहरण के लिए –

'देवो वः सविता प्रेरयतु' इति गा अनुमन्त्रयते।

– *वाधूश्रौत.* 2.1.11

यह मन्त्र वाधूल शाखा में मिलता है, जबकि तैत्तिरीय शाखा में 'प्रेरयतु' के स्थान पर 'प्रार्पयतु' पाठ है। ऐसे अनेक स्थल *वाधूलश्रौतसूत्र* में मिलते हैं जिनके आधार पर वाधूलशाखा को तैत्तिरीय शाखा से पृथक् माना गया है।[6] कई स्थलों पर आर्यदास ने तैत्तिरीयों का उल्लेख शाखान्तर कहकर किया है। इतना ही नहीं, आर्यदास ने वाधूल शाखा के अन्तर्गत उसकी चार उपशाखाओं का उल्लेख किया है –

चतुर्णां वाधूलानामिति। के ते चत्वारो वाधूलाः कौण्डिन्याग्निवेश्यगालवशांखानां कल्पाः। तथा हि शुल्ब उक्तम्-वाधूलकाः सवाधूलाश्चत्वारो विहिता क्रमादिति।

– *कल्पागमसंग्रह*, पृ. 3

वाधूलशाखा तैत्तिरीय शाखा की उपशाखा न होकर कृष्णयजुर्वेदान्तर्गत स्वतन्त्र शाखा थी, इसकी पुष्टि *वाधूलश्रौतसूत्र* में वर्णित यज्ञों के क्रमविवेचन से भी होती है। यजुर्वेद की प्रायः सभी शाखाओं से सम्बन्धित श्रौतसूत्रों में सर्वप्रथम दर्शपूर्णमासेष्टि का वर्णन आता है, क्योंकि यह इष्टि सभी इष्टियों की प्रकृति है। किन्तु *वाधूलश्रौतसूत्र* तथा उस पर आधारित शिवश्रोण-प्रणीत वाधूलश्रौतप्रयोग-क्लृप्ति में अग्न्याधेय तथा उसकी अंगभूत इष्टियाँ प्रथम प्रपाठक में ही वर्णित है।

विभिन्न ऐष्टिक विधानों का वर्णन करते हुये आर्यदास और शिवश्रोण ने अनेक आचार्यों के मतों का उल्लेख किया है। 'इत्येके', 'इति केचित्', 'इत्यन्ये' इन वाक्यांशों का प्रयोग करते हुये अन्य शाखानुयायियों के मतों को उद्धृत किया है, किन्तु वाधूलाचार्य के सिद्धान्तों को प्रामाणिक रूप में स्वीकार किया है और इसी तथ्य को स्पष्ट रूप से 'इत्याचार्याभिप्रायः', 'आचार्याभिप्रेतः', 'आचार्याभिहितम्', 'आचार्येणेष्ट्म्', 'नाचार्याभिप्रायः', 'नाभिप्रेतं वा इदमाचार्यस्य', 'एतदेव ज्यायः' आदि वाक्यांशों के द्वारा व्यक्त किया है। यदि आर्यदास का 'कल्पागमसंग्रह', शिवश्रोण की 'प्रयोगक्लृप्ति' पाण्डुलिपियों के बण्डल में पड़े रहते तो यह भ्रान्ति सदा बनी रहती कि वाधूल कौन है? वाधूलशाखा की सत्ता का ज्ञान नहीं हो पाता तथा उस शाखा के कौन-कौन से अन्य ग्रन्थ हैं, उसका भी ज्ञान नहीं हो सकता था।

वाधूलश्रौतसूत्र, *वाधूल-अन्वाख्यान्*, *वाधूलगृह्यागमवृत्तिरहस्य* आदि

वाधूलशाखीय ग्रन्थों में कई ऐसे भी मन्त्र प्रयुक्त मिलते हैं जो किसी भी वर्तमान उपलब्ध शाखासंहिता में नहीं मिलते। इसके आधार पर हम अनुमान लगा सकते हैं कि *वाधूलश्रौतसूत्र* के प्रणेता को अपनी सम्पूर्ण श्रुति-परम्परा का ज्ञान था जो तैत्तिरीय शाखा से अनेक स्थलों पर भिन्न थी। इस आधार पर हम यह भी संभावना कर सकते हैं कि कृष्णयजुर्वेदान्तर्गत वाधूलशाखा की स्वतन्त्र संहिता और ब्राह्मण भी रहे होंगे। आर्यदास के *'कल्पागमसंग्रह'* के आधार पर ही मुझे इस बात का पता चला कि इस शाखा का एक ब्राह्मण भी है जो 'अन्वाख्यान' नाम से प्रसिद्ध था। आर्यदास ने अपने *कल्पागमसंग्रह* में 41 बार 'अन्वाख्यान' का उल्लेख किया है। *वाधूलश्रौतसूत्र* की मद्रास में जो मूल पाण्डुलिपि थी उसका अध्ययन करते समय उसमें 'अन्वाख्यान' का सम्पूर्ण पाठ प्राप्त हुआ। यह जानकर मुझे बड़ी प्रसन्नता हुई कि वाधूलशाखा का कोई ब्राह्मण जैसा ग्रन्थ अन्वाख्यान नाम से प्रसिद्ध था। मैंने उसका समीक्षात्मक संस्करण तैयार किया, जो 2001 में '*वाधूल-अन्वाख्यानम्*' के नाम से होशियारपुर से प्रकाशित हुआ। इस बात का मैं यहाँ उल्लेख करना चाहूँगा कि 'अन्वाख्यान' शब्द का उल्लेख *शतपथब्राह्मण* में एक वैदिक विधा के रूप में मिलता है।[7] सायण ने उस अंश की व्याख्या में 'अन्वाख्यान' का अर्थ 'ब्राह्मण' किया है।[8] किन्तु यह बात मुझे जँची नहीं। डॉ. काशीकर से भी इस विषय में मेरी चर्चा हुई। उन्होंने भी यही बात कही कि 'अन्वाख्यान' एक प्रकार से अनुब्राह्मण है। किन्तु मुझे आर्यदास की व्याख्या में ही एक प्रमाण मिला जिससे स्पष्ट रूप से ज्ञात हुआ कि 'ब्राह्मण' और 'अन्वाख्यान' एक नहीं अलग-अलग विधाएँ हैं। आर्यदास द्वारा प्रदत्त 'इति ब्राह्मणे अन्वाख्याने च' (*कल्पागमसंग्रहव्याख्या व्याख्या* 7.4.37) इस उद्धरण के आधार पर ही मैंने उस ग्रन्थ का नाम *'वाधूल-अन्वाख्यानं'* स्वीकार किया। यह अपनी विधा का एकमात्र ग्रन्थ है। इसका विस्तृत विवेचन *वाधूल-अन्वाख्यान* के समीक्षात्मक संस्करण की भूमिका में मैंने किया है। वैदिक वाङ्मय के इतिहास में हम संहिता-ब्राह्मण-आरण्यक-उपनिषद् इस चतुर्धा विभाजन से परिचित थे, किन्तु अन्वाख्यान विधा भी प्रचलित थी, इसकी जानकारी आर्यदास की कल्पागमसंग्रह व्याख्या से ही प्राप्त हुई। अभी तक वाधूलशाखीय *वाधूल-अन्व्याख्यान* ही हमें उपलब्ध है, संभवतः अन्य शाखाओं के भी कई अन्वाख्यान-ग्रन्थ अभी हस्तलेखों के गर्भ में साँस ले रहे होंगे। हमें अभी इसकी खोज करनी है। आर्यदास के अनुसार 'अन्वाख्यान' ब्राह्मण-ग्रथों के आधार पर याज्ञिक विधान का आध्यात्मिक तथा आधिदैविक विवेचन करने वाली वह विधा थी, जिसका प्रचलन कल्पकारों के द्वारा ही किया गया था।[9]

'अन्वाख्यान' की तरह अनेक ऐसे ग्रन्थों का उल्लेख आर्यदास ने अपने *कल्पागमसंग्रह* में किया है, जो अभी तक उपलब्ध नहीं हैं। उदाहरण के लिये मैं 'अनुपदसूत्र' तथा 'यज्ञपार्श्व' का उल्लेख करना चाहूँगा। 'अनुपद' का उल्लेख नामशः सैकड़ों बार हुआ है तथा उसके अनेक उद्धरण भी दिये गये हैं। इस ग्रन्थ की न तो अभी कोई पाण्डुलिपि प्राप्त हुई है, न ही इसका कोई विवरण उपलब्ध है। रबीन्द्रभारती विश्वविद्यालय, कलकत्ता, से डॉ. भास्कर को अनुपद सूत्र की कोई पाण्डुलिपि प्राप्त हुई है, जिसका वे सम्पादन करना चाहते हैं। उन्होंने इस विषय में मुझसे चर्चा की। मुझे प्रसन्नता हुई कि अनुपदसूत्र की पाण्डुलिपि मिल गई। मैंने अनुपदसूत्र के आर्यदास द्वारा उद्धृत सन्दर्भों को डॉ. नबनारायण बन्द्योपाध्याय के माध्यम से भिजवाया, किन्तु उनसे पता चला कि वे सन्दर्भ उसमें नहीं हैं, और वह कोई *सामवेद* से सम्बन्धित सूत्र ग्रन्थ है।

कात्यायनप्रणीत 'यज्ञपार्श्व' का सम्पादन आंग्लभाषा-अनुवाद के साथ डॉ. काशीकर ने किया था, जो पूना से प्रकाशित है। किन्तु 'यज्ञपार्श्व' नाम से जो श्लोक आर्यदास ने दिये हैं, वे काशीकर जी द्वारा सम्पादित यज्ञपार्श्व में नहीं है। इसी प्रकार 'यज्ञपार्श्व' तथा 'लघुयज्ञपार्श्व' का सम्पादन प्रो. नबनारायण बन्द्योपाध्याय ने रबीन्द्रभारती विश्वविद्यालय से किया है, किन्तु इन दोनों में से किसी में यज्ञपार्श्व के श्लोक नहीं मिलते, जिनको आर्यदास ने उद्धृत किया है।

एक अन्य स्थल पर आर्यदास ने मनुवचन के नाम से तीन श्लोक उद्धृत किये हैं। किन्तु उन 3 श्लोकों में से प्रथम और तृतीय *मनुस्मृति* (5.116.-117) में मिलते हैं। मध्य का निम्न श्लोक *मनुस्मृति* में नहीं मिलता –

कमण्डलूनां च तथा विप्राणां ब्रह्मचारिणाम्।
हस्तोऽग्निर्ब्राह्मणस्येति तथा हि श्रूयते श्रुतिः।।
– कल्पागमसंग्रह व्या. 2.3.2

आचार्य शिवराज कौण्डिन्य ने अपने *मनुस्मृति* के संस्करण में भिन्न-भिन्न प्राचीन ग्रन्थों से मनु के नाम से उद्धृत श्लोकों को, जो वर्तमान *मनुस्मृति* में नहीं मिलते, संकलित किया है। किन्तु आर्यदास द्वारा उद्धृत उक्त श्लोक उसमें संकलित नहीं हुआ है। इस प्रकार मनु के नाम से उद्धृत, किन्तु वर्तमान संस्करण में अप्राप्त श्लोक *मनुस्मृति* के एक विशद आकार को संकेतित करते हैं, जिसमें ये सभी श्लोक होंगे। अनेक अनुपलब्ध हस्तलेखों के सम्पादन से इसी प्रकार के अनेक श्लोकों की सम्भावना की जा सकती है, जो तत्कालीन भारतीय समाज के जीवन को उद्घाटित करते हैं।

आर्यदास ने *कल्पागमसंग्रह* में याज्ञिक कर्मकाण्ड की व्याख्या के प्रसंग में अनेक शास्त्रों तथा विद्याओं का उल्लेख किया है।[10] यज्ञ में ऋत्विजों को दी जाने वाली दक्षिणा के प्रसंग में गणितशास्त्र की उपयोगिता का उल्लेख किया है। यज्ञ में ऋत्विजों को जो दक्षिणा दी जाती है, वह उनके कार्य की प्रमुखता के आधार पर है। सोमयाग में 16 ऋत्विज होते हैं, जो चार वर्गों में विभक्त होते हैं। प्रथम वर्ग होतृवर्ग कहलाता है जिसमें होता प्रमुख तथा उसके तीन सहायक क्रमशः मैत्रावरुण (प्रशास्ता) अच्छावाक् तथा ग्रावस्तुत होते हैं। द्वितीय वर्ग अध्वर्यु वर्ग कहलाता है जिसमें अध्वर्यु प्रमुख तथा उसके तीन सहायक क्रमशः प्रतिप्रस्थाता, नेष्टा तथा उन्नेता होते हैं। तृतीय वर्ग उद्गातृवर्ग कहलाता है जिसका प्रमुख ऋत्विज उद्गाता तथा उसके तीन सहायक क्रमशः प्रस्तोता, प्रतिहर्ता तथा सुब्रह्मण्य होते हैं। चतुर्थ वर्ग ब्रह्मवर्ग कहलाता है जिसका प्रमुख ऋत्विज ब्रह्मा तथा उसके तीन अन्य सहायक क्रमशः ब्राह्मणाच्छंसी, अग्नीध् एवं पोता होते हैं। इन्हीं चतुर्वर्गीय ऋत्विजों की सहायता से सोमयाग सम्पादित होते हैं। प्रत्येक वर्ग के जो प्रथम ऋत्विज होता, अध्वर्यु, उद्गाता तथा ब्रह्मा होते हैं वे "मुख्याः" अर्थात् प्रमुख ऋत्विज कहलाते हैं; प्रत्येक वर्ग के द्वितीय ऋत्विज अर्थात् मैत्रावरुण, प्रतिप्रस्थाता, प्रस्तोता तथा ब्राह्मणाच्छंसी 'अर्धिनः' अर्थात् मुख्य ऋत्विजों की दक्षिणा से आधी दक्षिणा पाने वाले होते हैं। प्रत्येक वर्ग के तृतीय ऋत्विज अर्थात् अच्छावाक, नेष्टा, प्रतिहर्ता तथा अग्नीध् "तृतीयिनः" अर्थात् मुख्य ऋत्विजों की अपेक्षा 1/3 हिस्सा दक्षिणा पाने वाले होते हैं। प्रत्येक वर्ग के चतुर्थ ऋत्विज अर्थात् ग्रावस्तुत, उन्नेता, सुब्रह्मण्य तथा पोता "पादिनः" अर्थात् मुख्य ऋत्विजों की अपेक्षा 1/4 हिस्सा दक्षिणा पाते हैं। आर्यदास का कथन है कि बिना गणितशास्त्र का ज्ञाता हुए यह दक्षिणा-विभाग नहीं किया जा सकता।[10] इसी को स्पष्ट करने के लिए उसने मनु का एक श्लोक उद्धृत किया है –

सर्वेषामर्धिनो मुख्यास्तदर्धस्यार्धिनोऽपरे
तृतीयिनस्तृतीयांशाश्चतुर्थांशाश्च पादिनः।। – *तु. मनुस्मृति* 8.210

मनु के इस श्लोक का भाष्यकारों ने गलत अर्थ किया है। उनके अनुसार जो मुख्य ऋत्विज हैं, वे सम्पूर्ण दक्षिणा का अर्धभाग लेंगे। द्वितीय वर्ग के ऋत्विज प्रथम वर्ग वालों से आधा लेंगे। तृतीय वर्ग वाले द्वितीय वर्ग वाले का आधा और चतुर्थ वर्ग वाले तृतीय वर्ग वाले का आधा भाग लेंगे। इसी नियम का उल्लेख *लाट्यायन* तथा *द्राह्यायण श्रौतसूत्रों* में मिलता है।[11] आर्यदास इस विभाग को स्वीकार नहीं करते। उन्होंने इसके लिए अपने उपाध्याय द्वारा प्रणीत एक श्लोक उद्धृत किया

है, जिसमें ऋत्विजों की दक्षिणा का सही-सही विभाजन मनु के अनुसार हो जाता है। श्लोक इस प्रकार है –

> यैर्भागाः समता यान्ति तैः समस्तैर्विभजेद्दिशि
> तत्र लब्धेन ते व्यस्ता विज्ञेया गुणितांशकाः।। – वही

इस विभाग के अनुसार यदि 100 गायों का विभाजन करना है तो 48 गायें मुख्य चार ऋत्विजों को 12-12 करके प्राप्त होंगी। पुनः जो अर्धभाग वाले ऋत्विज हैं उनको मुख्य ऋत्विजों का आधा अर्थात् 24 गायें 6-6 करके प्राप्त होंगी। तृतीयांश पाने वालों को मुख्यों का 1/3 अर्थात् 16 गायों में से प्रत्येक को 4-4 तथा चतुर्थांश पाने वालों को मुख्यों का 1/4 अर्थात् 12 गायें 3-3 करके प्राप्त होंगी। इस प्रकार विभाजन का अनुपात होगा 12-6-4-3 । इसी के समर्थन में आर्यदास ने अनुपदकार को उद्धृत किया है–

> तथा चानुपदकारेणाभिहितम्-द्वादशद्वादश मध्यतस्कारिभ्यः षड्षडर्धिभ्यश्चतस्रश्चतस्रस्तृतीयिभ्यस्तिस्रस्तिस्रः पादिभ्यः। एवं शतविभागः।
> –*कल्पागमसंग्रह*, वही

इसी प्रकार प्राचीन ज्ञान-विषयक अनेक जानकारियाँ हमें आर्यदास-प्रणीत *कल्पागमसंग्रह* से प्राप्त होती हैं।

राष्ट्रीय पाण्डुलिपि-मिशन को विशेष रूप से प्राचीन वैदिक भाष्य-ग्रन्थों के सम्पादन के कार्य को प्राथमिकता देनी चाहिए, क्योंकि वे प्राचीन ज्ञान के भण्डार हैं। आज वेद का अध्ययन क्रमशः क्षीण होता जा रहा है। अगर वेद के विद्वान् तैयार नहीं होंगे तो आगे वैदिक ग्रन्थों के सम्पादन का कार्य नहीं हो सकेगा। मिशन ने प्राचीन ग्रन्थों के सम्पादन के लिए गुरु-शिष्य परम्परा का प्रकल्प शुरू किया था, किन्तु उस प्रकल्प में अधिक सफलता नहीं मिल पाई। इसके ऊपर अधिकारियों को गम्भीरता से पुनः विचार करना चाहिए।

संदर्भ

1. उपदेशाय ग्लायन्तोऽवरे बिल्मग्रहणायेमं ग्रन्थं समाम्नासिषुः। वेदं च वेदाङ्गानि च। – *निरुक्त* 1.20
2. "Eine fünfte Mitteilung über das Vādhūlasūtra (A fifth information about the Vādhūlaśrautasūtra)". Reinbek, Germany, 1975.

3. "A Survey of the Śrautasūtras", *Journal of the University of Bombay*, 1960, p. 64.

4. यस्कवाधूलमौनमौकशार्कराक्षि... – *आश्व.श्रौ.सू.* 12.10.10.

5. वसतीवरीः प्रथमं गृह्णीयादिति वाधूलकस्य मतम्। – बौधा.श्रौ.सू. 29.1

6. ननु तैत्तिरीयश्रुत्याऽयं कल्पो न घटते। कस्माद् 'देवो वः सविता प्रेरयतु' इत्यादीनां मन्त्राणाम् एकदेशविकृतानां दर्शनात्। 'असिदमादत्ते' इत्येवमादीनामेतद् ब्राह्मणविहितेभ्योऽन्येषां द्रव्याणां दर्शनात्। अग्नौ सावित्रकाणां कल्प आदिग्रहणेन लक्षितानामन्वाख्याने 'सुवर्गेयाय शक्त्या इन्द्रं दानाय हूमहे' (वा.अन्वा. 5.3.3) इति साधिकदर्शनादित्येवमादि। अतः स्थालीपुलाकन्यायेनान्येषामप्येतच्छ्रुत्युक्तमनेन कल्पेनासंबद्धम्। उच्यते। इमामेव शाखामारभ्यायं कल्पो रचित आचार्येण। कुतः? संप्रदायमार्गे अविच्छिन्नपारंपर्यस्य द्रढिम्नो नोपपद्यते च शाखा विनष्टा तत्क्लृप्त्यर्थं कल्पो न विनष्ट इति उपनयनात्प्रभृति हि गुरवः शाखां पूर्वमध्यापयन्ति, पश्चात् कल्पम्। – *कल्पागमसंग्रह*, *वाधू.श्रौ.* 1.1.6

7. यदु वै यज्ञेऽतिरिक्तं क्रियते यजमानस्य तद् द्विषन्तं भ्रातृव्यमभ्यतिरिच्यते, यदु भिन्नायै प्रायश्चित्तिरुत्तरस्मिँस्तदन्वाख्याने। – श.ब्रा. 6.5.2.22

   ताँस्तत एव पाप्मनाविध्यत्ते तत एव पराभवँस्तस्मादाहुर्नैतदस्ति यद् दैवासुरं यदिदमन्वाख्याने त्वदुद्यत इतिहासे त्वत्। – श.ब्रा. 11.1.6.9

8. अन्वाख्याने ब्राह्मणे तत्र वक्ष्यते। – सायणभाष्य, श.ब्रा. 6.5.2.22

   अन्वाख्याने सृष्ट्यनुक्रमकथनरूपेऽस्मिन् ब्राह्मणे। – सायणभाष्य, शब्रा. 9.1.6.9

9. ब्राह्मणेन विहितं हि कल्पकारैरन्वाख्यायते। न नृम्णेये बलाधाने अर्थवादोऽपि नास्तीत्ययं छन्दोब्राह्मणमेवैतन्मन्त्रलिङ्गादेव कल्पितम्।। – *कल्पागसंग्रह*, वाधू.श्रौ. 3.1.24–25

10. तत्रार्धशब्दो यदि समप्रविभागे स्याच्छ्लोकार्थो न गच्छति। असमप्रविभाग-वाचित्वेऽप्यगणितज्ञैः विभागप्रकारो ज्ञातुं न शक्यते। अतो गणितशास्त्रादेवंविधेषु प्रकार आगमयितव्यः। गणितशास्त्रमूरीकृत्य उपाध्यायेन कारिका कृता। – *कल्पागमसंग्रह*, *वाधू.श्रौ.* 7.14.27

11. तस्य दक्षिणा द्वात्रिंशतं मध्यतस्कारिभ्यः सहस्राणि दद्यात्कैकस्मै। – *लाट्याश्रौ.* 9.1.9; *द्राह्या.श्रौ.* 25.1.9

    षोडश प्रस्तोतृमैत्रावरुणप्रतिप्रस्थाताब्राह्मणाच्छंसिभ्यस्ता अर्द्धिन्यः। –*लाट्याश्रौ.* 9.1.10–11; *द्राह्या.श्रौ.* 25.1.10

अष्टौ प्रतिहर्तृपोतृनेष्ट्रच्छावाकेभ्यस्तास्तृतीयिन्य:।
— *लाट्याश्रौ.* 9.1.12; *द्राह्या.श्रौ.* 25.1.11

चत्वारि सुब्रह्मण्याग्नीध्रोन्नेतृग्रावस्तुद्भ्यस्ता: पादिन्य:।
— *लाट्याश्रौ.* 9.1.13; *द्राह्या.* 251.12.

3

ज्योतिर्विज्ञान के ग्रन्थों में पाठशोधन की समस्या

मोहन गुप्त

संस्कृत पाण्डुलिपियों का सम्पादन बड़ा ही जटिल कार्य है। उसमें भी यदि ज्योतिर्विज्ञान या गणित से सम्बन्धित पाण्डुलिपियाँ हों तो कठिनाई और भी बढ़ जाती है। ज्योतिर्विज्ञान या गणित के ग्रन्थों में पाठशोधन करते समय न केवल मूल ग्रन्थ का एक संगत अर्थ व्यक्त होना चाहिए अपितु उसमें जो गणित का सिद्धांत दिया हुआ है, उसकी उपपत्ति भी होनी चाहिए। ज्योतिर्विज्ञान के ग्रन्थों के अध्ययन के समय – विशेषकर सिद्धांत ग्रन्थों के अध्ययन के समय - मैंने अनुभव किया कि पाण्डुलिपि संशोधन के साथ उसका अर्थ निकालने के लिए मूल ग्रन्थ के संदर्भ में शोधकर्त्ता का ऐतिहासिक बोध बहुत आवश्यक है। साहित्य या अन्य ग्रन्थों में सिद्धान्त इस प्रकार के होते हैं कि वे लगभग प्रत्येक युग में लागू हो जाते हैं। अतः वर्तमान युग के संदर्भ में भी साहित्य के सिद्धान्तों या भावों की संगति बिठाई जा सकती है किन्तु गणित आदि दूसरे विषयों के सिद्धान्तों में समय के साथ परिवर्तन आता है और यदि शोधकर्त्ता ने वर्तमान समय के संदर्भ में पाठशोधन किया तो अनर्थ की संभावना रहती है।

दूसरी बात यह है कि पाण्डुलिपियों के शोधन के संदर्भ में हमेशा "स्थितस्य गतिश्चिन्तनीया" इस सिद्धान्त को ध्यान में रखना चाहिए अर्थात् शब्दों में कम-से-कम परिवर्तन होना चाहिए तथा जो परिवर्तन हो वह ध्वनि आदि के आधार पर संगत होना चाहिए। मेरा यह भी अनुभव है कि संस्कृत के जो बहुत विदग्ध पंडित हैं तथा जिनकी संस्कृत में बहुत अच्छी गति है, बहुधा वे भी संस्कृत के मूल ग्रन्थों के प्रति न्याय नहीं कर पाते हैं क्योंकि तुरन्त ही प्रस्तुत पाठ के स्थान पर दूसरा पाठ लगा देते हैं। इससे भी मूल ग्रन्थ के साथ न्याय नहीं हो पाता।

तीसरी महत्त्वपूर्ण बात ज्योतिर्विज्ञान के सम्बन्ध में संख्याओं की है। इनका वर्णन प्रायः सीधे न होकर भूत संख्या के आधार पर होता है। प्रचलित भूत संख्याएँ तो शोधकर्त्ता अपना लेते हैं, किन्तु कुछ अप्रचलित भूत संख्याएँ होती हैं जो किसी काल-विशेष में प्रचलित थीं, उनको शोधकर्त्ता नहीं पहचान पाते। अतः इस बात का ध्यान पाठशोधन के समय रखा जाना चाहिए। कुछ भूत संख्याएँ निम्नानुसार हैं –

0 = व्योम, ख, आकाश

1 = पृथ्वी, चन्द्रमा, रूप

2 = अक्षि, अश्वि, कर

3 = अग्नि और उसके सभी पर्यायवाची, गुण, राम तथा होता

4 = समुद्र तथा उसके पर्यायवाची, कृत, घन, चरण तथा युग

5 = अक्ष, अर्थ, विषय, इन्द्रिय, बाण तथा उसके पर्यायवाची

6 = ऋतु, रस, शास्त्र

7 = अद्रि तथा उसके पर्यायवाची, अश्व, स्वर तथा मुनि

8 = वसु, नाग एवम् उसके पर्यायवाची

9 = अंक, नन्द तथा रन्ध्र

10 = दिक् या दिशाएँ और उसके पर्यायवाची

11 = रुद्र और उसके पर्यायवाची

12 = सूर्य और उसके पर्यायवाची

13 = अतिजगती

14 = मनु

15 = तिथि

18 = धृति

20 = कृति, नख

21 = मूर्छना

24 = जिन

32 = दन्त, रद

40 = <u>नरक</u>

उक्त भूत संख्याओं में अनेक संख्याएँ ऐसी हैं, जिनको ऊपर रेखांकित किया गया है, जो प्रचलित नहीं है। इन शब्दों के विषय में शोधकर्ता को विशेष सावधान रहना चाहिए।

इसी प्रकार चूँकि उच्च गणित के विषय भी हमारे यहाँ संस्कृत पद्यों में हैं, हमारे ऋषियों ने संख्या लिखने की एक अद्‌भुत पद्धति विकसित की। यह कटपयादि पद्धति कहलाती है। इस पद्धति के अनुसार किसी भी संख्या को शब्दों में व्यक्त किया जा सकता है। इसकी कुंजी इस प्रकार है – कादि नव, टादि नव, पादि पंच तथा याद्यष्टौ। इसमें स्वर नहीं है। अतः आदि नव जोड़कर अ से लेकर औ तक के 9 स्वरों को अंक दिए जा सकते हैं।

इस पद्धति के अनुसार आधे अक्षरों को गणना में नहीं लिया जाता तथा पूर्ण अक्षर का ही मान लिया जाता है। जैसे – उद्‌भट में 'भ' का मान लिया जाएगा। विद्वान् में 'वा' का मान लिया जाएगा। इस पद्धति का सबसे श्रेष्ठ उदाहरण है जगद्‌गुरु शंकराचार्य श्री भारतीकृष्ण तीर्थ द्वारा 31 दशमलव अंकों में व्यक्त किया गया π का मान –

गोपी भाग्य मधुव्रात शृङ्गिशो दधिसन्धिगाः।
खलजीवित खातावा गलहालारसंधराः।।

इस श्लोक के अनुसार π का मान 3.1415926535897932384626433832792 है।

कुछ उदाहरणों से मैं अपनी बात स्पष्ट करना चाहूँगा। पंडित सुधाकर द्विवेदी संस्कृत और ज्योतिषशास्त्र के उद्‌भट विद्वान् थे। उन्होंने और जी. थीबो नाम के अंग्रेज़ विद्वान् ने *पञ्चसिद्धान्तिका* की संस्कृत व्याख्या तथा अंग्रेज़ी अनुवाद के साथ संस्करण निकाला। यद्यपि इन विद्वानों का यह कृत्य अत्यन्त श्लाघ्य और महनीय है क्योंकि उनके प्रयासों से इस दुरूह ग्रन्थ में प्रवेश का एक रास्ता मिला, किन्तु डॉ. सुधाकर द्विवेदी के अत्यन्त उत्कृष्ट पाण्डित्य के कारण कई बार उन पाण्डुलिपियों का सही अर्थ नहीं लग पाया, जो काल-क्रम में बहुत प्राचीन थीं तथा जिनके लिए उस काल का इतिहासबोध आवश्यक था। इसी कारण से *पञ्चसिद्धान्तिका* के पैतामह सिद्धान्त के साथ तो वे कतई न्याय नहीं कर पाए। पैतामह सिद्धान्त का तीसरा श्लोक मूल रूप में इस प्रकार है –

त्र्यंशत्वंचेद्द्विगुणे तिथिर्भमार्कनचाहस्रेष्टर्के:।
दिग्स्रभागै: सप्तभिनूनं शशिभं धनिष्ठाद्यं ।।3।।

इसका संशोधित रूप डॉ. सुधाकर द्विवेदी ने निम्नानुसार दिया है –

सैकषष्ट्यंशे गणे तिथिर्भमार्कं नवाहतेऽक्ष्यर्कैः।
दिग्रसभागैः सप्तभिरूनं शशिभं धनिष्ठाद्यम् ।।3।।

इस संशोधित आर्या में पहला अंश पूरी तरह बदल गया है तथा उसका मूल से कोई सम्बन्ध प्रतीत नहीं होता। जो अर्थ इस आर्या का उन्होंने किया वह यह है कि अहर्गण में उनका 1/61 भाग जोड़िए। यह योग तिथि बताएगा। इस सिद्धान्त के पहले और दूसरे श्लोकों में इस सिद्धान्त के अनुसार अहर्गण निकालने की प्रक्रिया बताई है। वह यह है कि जो वर्तमान शक संवत् है उसमें 2 घटाइए, 5 से भाग दीजिए, जो शेष बचे उसमें 30 माह में एक अधिमास तथा 62 तिथियों में एक क्षय तिथि के हिसाब से अहर्गण निकालिए। उदाहरण के तौर पर यदि हम आज माघ कृष्ण दशमी (जो अमान्त मास व्यवस्था के अनुसार पौष कृष्ण दशमी भी है) शक 1932 का अहर्गण निकालना चाहें तो 1932–2 = 1930 इसमें 5 का भाग दिया तो भागफल 386 आता है, शेष कुछ नहीं बचता है। अर्थात् माघ शुक्ल प्रतिप्रदा से वर्षारंभ होगा, जो इस सिद्धान्त की प्रारंभ तिथि है। माघ शुक्ल प्रतिप्रदा से अमान्त पौष अमावस्या तक 12 माह होते हैं। यह पौष कृष्ण दशमी तिथि है, अतः युगादि से 11 माह 25 तिथि का अन्तराल हुआ। 11 माह के 330 दिन + 25 तिथि जोड़कर 355 तिथि हुई। इसमें से 330/62 अर्थात् 5 तिथियाँ घटाईं तो अहर्गण 350 दिन हुआ।

अब यदि हम इस अहर्गण 350 दिन के आधार पर तिथि निकालना चाहें तो सुधाकर द्विवेदी के अनुवाद के अनुसार 350/61 = 5.7 अथवा 5 तिथियाँ जोड़नी होंगी और इस प्रकार 355 दिन होकर माघ शुक्ल प्रतिपदा से पौष कृष्ण दशमी की तिथि आएगी। अब आर्या का जो "*त्र्यंशत्व*" भाग है, उसको यदि हम "*त्रिंशत्वं*" कर देते हैं तो मूल के अनुसार पाठशोधन होगा तथा कम-से-कम परिवर्तन होगा और सही अर्थ भी उससे निकल आता है। 1/61 जोड़ने की बात जो मूल में कहीं नहीं है, वह इसमें नहीं डाली जा सकती। अब इसका अर्थ हो जाएगा कि यदि तिथि निकालनी हो तो अहर्गण में से क्षय तिथि घटाकर उसके सावन दिन बना लीजिए तथा प्रत्येक 30 दिन के पीछे एक तिथि होगी। वर्तमान उदाहरण में अहर्गण 350 में से अवम 5 के स्थान पर 6 घटाने होंगे क्योंकि 350 में 62 का भाग देने से क्षय तिथि 5.7 आती है। यह इष्ट तिथि से दो बार घटाने

पर 11 पूर्ण क्षय तिथियाँ हो जाती हैं। चूंकि पहले 355 में से 5 तिथियाँ घटाई जा चुकी हैं इसलिए अब अहर्गण में से 6 तिथियाँ घटानी होंगी और सावन अहर्गण 344 होगा। इसको 30 से भाग देने पर 11 तिथियाँ आती हैं, 344 में 11 जोड़ने पर वही 355 तिथियाँ आती हैं, जो पौष कृष्ण दशमी के समतुल्य हैं।

इस संदर्भ में इस ऐतिहासिक पृष्ठभूमि को हमें याद करना होगा कि वैदिक काल में जिस समय का कि पैतामह सिद्धान्त है, 360 दिन का सावन वर्ष तथा 30 दिन का एक सावन माह हुआ करता था। इसका *ऋग्वेद* में स्पष्ट उल्लेख है–

द्वादशारं नहि तज्जराय वर्वर्ति चक्रं परिद्यामृतस्य ।
आ पुत्रा मिथुनासो अत्र सप्त शतानि विंशतिश्च तस्थुः ।।

इस मंत्र में यह स्पष्ट रूप से बताया गया है कि संवत्सर चक्र के 12 अरे हैं और उसमें 720 जोड़े के रूप में लगे हुए हैं। ये 720, 360 दिन तथा 360 रात हुए। यद्यपि वैदिक ऋषियों को सौर संवत्सर तथा चांद्र संवत्सर का भी ज्ञान था किन्तु सामान्य सामाजिक व्यवहार में सावन वर्ष का ही प्रयोग होता था। यज्ञ के प्रयोजन के लिए वे तिथि और सौर चांद्र मास एवं सौर चांद्र वर्ष का प्रयोग किया करते थे। यह त्रिंशत्व की कल्पना उसी कारण से है। उस समय 5 वर्ष के एक युग में 1830 दिन हुआ करते थे क्योंकि वर्ष 366 सौर दिन का था। तिथियाँ 1860 होती थीं, इस प्रकार 30 क्षय तिथियाँ थीं। एक सावन वर्ष में 1800 दिन होते हैं, 60 माह होते हैं और सावन वर्ष से चांद्र वर्ष की 60 ही तिथियाँ अधिक होती हैं। इसलिए यह सिद्धान्त निकला कि सावन माह और सावन वर्ष के संदर्भ में एक माह के पीछे एक तिथि बढ़ाने पर चांद्र तिथि और चांद्र वर्ष आ जाते हैं।

एक अन्य उदाहरण इसी सिद्धान्त का है जिसमें द्विवेदी के संस्करण में मूल की पूरी पंक्ति ही बदल दी गई है। मूल श्लोक सामान्य शुद्धि के बाद निम्नानुसार है –

धृतिरयनादुत्तरतो रसमृणं तदपि च याम्यस्य ।
द्विघ्नं शशिरसभक्तं द्वादशहीनं दिवसमानम् ।।

इसकी पहली पंक्ति को द्विवेदीजी के संस्करण में इस प्रकार परिवर्तित कर दिया गया है – द्व्यग्निनगेषूत्तरतः स्वमितमेष्यदिनमपि याम्यायनस्य ।

इसमें पहली पंक्ति पूरी तरह बदल दी गई है तथा यह निर्देश किया गया है कि उत्तरायण की ओर सूर्य की जो प्रगति होती है, उसमें 732 जोड़ दीजिए। यह 732 का आँकड़ा अनावश्यक रूप से इसमें डाल दिया गया है, जिसका मूल में कहीं भी कोई संकेत नहीं है। कुप्पनशास्त्री की *पञ्चसिद्धान्तिका* में यह पंक्ति इस प्रकार है –

(गतमयानादुत्तरतो) (द्यूनां) (गन्तव्य) मपि च याम्यस्य

किन्तु दोनों ही परिवर्तन अनावश्यक हैं। मुख्य बात यह है कि आर्या में "धृति" शब्द आया है, संभवतः उनका आशय इन विद्वानों को स्पष्ट नहीं था। भूत संख्या के अनुसार "धृति" अठारह का वाचक है और मूल से ही यह स्पष्ट अर्थ निकल रहा है कि जब सूर्य उत्तर के परम बिन्दु पर रहता है तो दिनमान अठारह मुहूर्त्त रहता है तथा जब वह परम दक्षिण बिन्दु पर रहता है तो उसमें 6 घटाकर (रसमृणं) बारह मुहूर्त्त का रहता है। इसकी बीच की स्थितियों में परम दक्षिण से परम उत्तर आते हुए जितने दिन व्यतीत हों उसमें 2 का गुणा कर 61 से भाग दे दें तो यह दिनमान से बारह मुहूर्त्त कम होता है अर्थात् उसमें 12 मुहूर्त्त जोड़ दिए जाएँ तो उस समय का दिनमान प्राप्त हो जाएगा। प्रश्नाधीन उदाहरण में अहर्गण 350 है, 1 अयन 183 दिन का होता है। यदि गणना परम दक्षिण से की जाए तो सूर्य की स्थिति परम दक्षिण से मात्र 16 दिन उत्तर में है। इसलिए उस दिन का दिनमान हुआ 16 × 2/61 = 0.52 मुहूर्त्त अर्थात् 1 घड़ी 2 पल 57 विपल। इसमें 12 मुहूर्त्त या 24 घटी जोड़ने पर उस दिन का दिनमान 25 घड़ी 2 पल 57 विपल होता है।

इसी प्रकार एक उदाहरण *वेदाङ्ग ज्योतिष* (याजुषज्योतिष) का लें। इसका पन्द्रहवाँ श्लोक इस प्रकार है –

भांशाः स्युरष्टकाः कार्याः पक्षा द्वादशकोद्गताः ।
एकादशगुणश्चोनः शुक्लेऽर्धं चैन्दवा यदि ॥

इस श्लोक में सुधाकर द्विवेदी ने "अष्टका" के स्थान पर "इष्टका" यह परिवर्तन किया है तथा "एकादशगुणश्चोनः" के स्थान पर "एकादशगुणाश्चेन्दोः" ऐसा पाठ प्रस्तावित किया है। इस पद्य की सुधाकर द्विवेदी ने इस प्रकार व्याख्या की है कि वर्तमान वर्ष में बारह मासों से जो गत पक्ष हैं, उनको निकाल लेना चाहिए, उन पक्षों को यदि 11 से गुणा कर दिया जाए तो चन्द्र के भांश आ जाते हैं। इस प्रकार उन्होंने इस पद्य से केवल चन्द्र नक्षत्र के भांश

कृतगुणमृतुयुतमेकर्तुमनुहृतं षड्यमेन्दुभिर्विभजेत् ।
शशि ख ख ख यमकृत स्वर नव वसु षट्क विषयोनैः ।।

इसका सीधा-साधा अर्थ यह है कि अहर्गण को 4 से गुणा कर उसमें 6 जोड़ दीजिए। इस प्रकार जो राशि आए, वह अगर 1461 से अधिक है तो उसमें 1461 का भाग देकर भागफल छोड़ दीजिए तथा शेष ले लीजिए। इस शेष को क्रमशः (मेषादि राशियों के क्रम से) 126 में सम 1, 0, 0, 0, 2, 4, 7, 9, 9, 8, 6 व 5 घटाकर एक चौथाई दिन में मेषादि राशियों की गति मानकर सूर्य का स्पष्ट निकाल लेना चाहिए। 1461 से यह स्पष्ट है कि 1 वर्ष में 1461 चौथाई दिन होते हैं अर्थात् 1 वर्ष 365.25 दिन का होता है। यह बात पहली बार वशिष्ठ सिद्धान्त ने विश्व को दी है। इन्हीं चौथाई दिनों के मान से मेषादि राशियों का भ्रमण क्रमशः 125, 126, 126, 126, 124, 122, 119, 117, 117, 118, 120 तथा 121 चौथाई दिन होता है। अतः हमारी जो भी दिन संख्या होगी उनमें से ये राशियाँ घटाते चले जाइए अन्तिम रूप से जो राशि बचेगी, उसी से सूर्य की स्थिति का पता चल जाएगा। उदाहरण के तौर पर मेष संक्रांति से अहर्गण अगर 133.5 होते हैं तो इसके 534 चौथाई दिन हुए तथा उसमें 6 जोड़कर 540 चौथाई दिन हो गए। इसमें से मेष के 125 तथा वृष, मिथुन, कर्क के 126, 126 तथा 126 दिन घटाए तो ये 503 होते हैं अर्थात् 37 चौथाई दिन बचते हैं। 124 चौथाई दिन में 30 अंश सूर्य सिंह में चलता है तो 37 चौथाई दिन में कितना चलेगा इस अनुपात से 8 अंश 57 मिनिट यह स्पष्ट आता है। अर्थात् सूर्य का स्पष्ट सिंह में 8 अंश 57 मिनिट हुआ। इसके संबंध में सुधाकर द्विवेदी ने लिखा है – "अनेन श्लोकेन किं साधयतीति न ज्ञायतेऽत्यशुद्धत्वात्" तथा थीबो ने लिखा है – "A stanza of obscure import "।

आशय यह है कि अन्य विषयों के ग्रंथों की अपेक्षा ज्योतिष के ग्रंथों में उपपत्तियों की विभिन्न संभावनाओं को ध्यान में रखते हुए पाठशोधन पर विचार करना चाहिए तथा यथासंभव जो पाठ है, उसमें न्यूनाधिक लिपिकीय शुद्धियाँ करके उसी के अनुसार अर्थ खोजने का प्रयत्न करना चाहिए। इसमें ऐतिहासिक पृष्ठभूमि का हमेशा ध्यान रखा जाना चाहिए तथा वर्तमान में पाणिनि व्याकरण के अनुसार जो शुद्ध है, उसी को शुद्ध नहीं मानना चाहिए, हो सकता है उस समय शब्द का दूसरा रूप हो, जो कि शुद्ध माना जाता हो।

4

हिमालय ज्ञान और पाण्डुलिपियाँ

गंगा प्रसाद विमल

हिमालय न सिर्फ़ एक विशाल क्षेत्र है, बल्कि अनेक दृष्टियों से एक विचित्र क्षेत्र भी है। इसकी विचित्रता केवल इसके विशाल होने के कारण भी आँकी जा सकती है; तथापि इस पर्वतमाला की विविधता एक ऐसा कारक है कि हम जिस कोण से भी देखें, यह विचित्र लगता है। इस पर्वतमाला की बनावट ही देखें, वह इतने प्रकार की है कि उसे फिर विविध विषयों में वर्गीकृत करना होगा। भौतिक हिमालय अपनी संज्ञा को चरितार्थ करने वाला हिमागार है। परन्तु यह हिमागार केवल ग्लेशियरों में हिमराशि अथवा अकूत हिमराशि संरक्षित करने वाला हिमागार नहीं है। तीन हज़ार किलोमीटर लम्बी इसकी आकृति एक तरह की नहीं है। प्रकृति की यह रचना क्योंकर असमतल है, इसके वैज्ञानिक कारण निश्चित रूप से होंगे, किन्तु कल्पनाओं के मूल आधारों की तरह ही यह अनेकरूपी है।

पूर्व से पश्चिम की ओर इसका अध्ययन करें तो हम पाएंगे कि भारत की ओर उभरे पर्वतश्रृंगों की घाटियों से निकलने वाली असंख्य छोटी या बड़ी नदियाँ तीनों तरफ के समुद्रों में जा समाती हैं। यहीं इस ऐतिहासिक पर्वतीय नगर के उच्च अध्ययन संस्थान के पीछे से बहने वाली पहाड़ी नदी सीधे अरब सागर में जा मिलती है तो जाखू के पीछे से बहने वाली नदी यमुना की सहायक नदियों में मिलकर बंगाल की खाड़ी में जा मिलती है। इसी शहर के सामने से बहने वाली छोटी सी धारा सुखना में मिलकर विलुप्त सरस्वती नदी की तरह सूखी नदी के रूप में कच्छ की ओर जा निकलती है। हिमालय क्षेत्र का यह सर्वदेशीय आलिंगन समूचे देश में हिमालय की उपस्थिति का एक दृष्टान्त है। हिमनदों में जमी बर्फ़ साल भर बड़ी नदियों को सक्रिय रखती है। इससे भी अधिक महत्त्व

इन नदियों की संरचना का है, जो भारत और पड़ोसी देशों के मैदानी, पठारी और अपने तटीय भागों को जल प्रदान करती हैं और सम्बन्धित क्षेत्रों में बरसात के दिनों में अतिवृष्टि का ताण्डव प्रस्तुत कर जीवन को छिन्न-भिन्न कर डालती हैं। प्रकृति की इस संरचना के उद्देश्य की वैज्ञानिक पड़ताल तो होनी ही चाहिए।

अभी तक केवल जल और विद्युत के लिए हिमालय के जलागारों के दोहन के वैज्ञानिक अध्ययन किए गए हैं। वे अध्ययन अपने आप में इसलिए अपूर्ण और अवैज्ञानिक कहे जाएंगे कि उन अध्ययनों का निष्कर्ष सिर्फ एक व्यापारिक दृष्टि से, कहना होगा उत्तर आधुनिक वैश्विक धन-कमाऊ दृष्टि से निकाला गया है। इन अध्ययनों ने हिमालय के लोक की उपेक्षा की है। लोक अर्थात् जन, वनस्पति और पर्वतों की प्रकृति पर आश्रित जीव-जगत् की ओर तो ध्यान दिया ही नहीं गया। वैज्ञानिक दोहन में यह एकदम नज़रअन्दाज़ कर दिया गया कि यह पर्वतमाला कितनी भुरभुरी है और इसके व्यावसायिक दोहन से क्या पृथ्वी के इस मेरुदण्ड को क्षति नहीं पहुँच रही है। वैज्ञानिक अध्ययन इस कोण से होना चाहिए था।

आप लोग कवि कालिदास की पंक्तियों को पढ़कर इसे एक कल्पनाशील लेखक की मनोकल्पना समझकर, थोड़ी देर के लिए अपने व्यावसायिक हितों के लिए पढ़ेंगे और पारंगत किए तथाकथित वैज्ञानिक अहंकार से, अविश्वास से इन पंक्तियों को खारिज कर देंगे। कालिदास ने हिमालय को पृथ्वी का मेरुदण्ड कहा है। इसे मात्र कवि-कल्पना मानना उचित नहीं होगा। संस्कृत भाषा के विद्वान "इव मानदण्ड" की व्याख्या प्राचीन वैज्ञानिक अनुभवों के संदर्भ में ही की जानी चाहिए तथापि ऐसे आयास नहीं हुए हैं। जिन्होंने हिमालय ज्ञान का अध्ययन किया होगा, वे इन्हें प्रमाण मानेंगे, क्योंकि उन्हें कालिदास ने लिखा है, जो केवल कवि नहीं था, बल्कि वैज्ञानिक ज्ञान का संग्राहक भी था। अकेले कालिदास की कृतियों में विस्मित करने वाले वैज्ञानिक प्रकरण हैं। प्राचीन लेखकों की कृतियों का अध्ययन इस दृष्टि से किया जाना शेष है।

प्राचीन ग्रंथ और पाण्डुलिपियाँ मनुष्य के दीर्घ अनुभव के अनोखे दस्तावेज़ हैं। प्राचीन हस्तलिखित पाण्डुलिपियों को विश्व सामग्री के रूप में जो पद प्राप्त है, उस पर भी नीलामकर्त्ता व्यवसायियों ने अपना स्वामित्व स्थापित कर रखा है। उसे लालची व्यवसायियों के हाथों से मनुष्य जाति को छीनना होगा और उसका वैज्ञानिक अध्ययन कर, यह रास्ता प्रशस्त करना होगा कि ज्ञान की यह सारी सामग्री मनुष्य जाति की है, लालची राष्ट्रों, संग्रहालयों, संग्रहकर्त्ताओं और

व्यक्तियों की नहीं है। समूची मनुष्य जाति की है। अन्तर्राष्ट्रीय स्तर पर ऐसा कानून बनाया जाना इस आलेखन का एक लक्ष्य भी है।

मित्रों, जिन्हें आप केवल भाषा-विलास समझते हैं – ये प्राचीन ग्रंथ वैसे नहीं हैं। केवल एक ही दृष्टान्त पर्याप्त होगा यह ज्ञापित करने के लिए कि शास्त्रों में, छंदों में संरक्षित ज्ञान यदि भासिक प्रतीकों द्वारा अन्वेषित किया जाय तो अद्‌भुत सामग्री और अतीत की सूचनाएँ मिल सकती हैं। कालिदास कृत *रघुवंश* यद्यपि कथा-काव्य है; उसमें महाकाव्य के निर्दिष्ट तत्त्वों के चौखटे में हम वह सबकुछ पाते हैं, जो शास्त्रीय महाकाव्यों में उपलब्ध है। उन्हीं आधारों पर हम महान् काव्य की भी कल्पना करते हैं। एक कल्पनाजीवी, सृजनात्मक साहित्यकार अधिक-से-अधिक रमणीयतावर्धक सृजन ही कर सकता है। विनोद में हम कह सकते हैं कि कवि लोग रमणियों को आकर्षित करने हेतु काव्य रचनाएँ करते रहे हैं; तो हमें श्रीकांत वर्मा की पंक्तियाँ इसी आशय से याद आती हैं कि कविगण "स्त्री-रिझाऊ" कविताएँ लिख रहे हैं। कदाचित् यह जानने की फुर्सत किसी को मिली हो कि वह काव्यों में संरक्षित वैज्ञानिक सूचनाओं का उत्खनन कर सके।

रघुवंश में कवि कालिदास ने उपलब्ध वैज्ञानिक सत्य का संरक्षण ही नहीं किया, अपितु यह जानकारी भी दी है कि कालिदास के समय में ही लोगों को हमारे सौरमण्डल की जानकारी थी। ज्योतिर्विज्ञान-सम्बन्धी अध्ययनों में नक्षत्र गणना का गणितीय ज्ञान था। फलस्वरूप *रघुवंश* के विवाह-प्रकरण में, कोपरनिकास् से भी सदियों पूर्व हमारे सौरमण्डल में ग्रहों की स्थिति के सत्य को फिर से दुहराया गया। क्योंकि पूर्वीय क्षितिज में सत्य ही सर्वोपरि तत्त्व है, अत: विवाह-मण्डप के आनुष्ठानिक दृश्य में यज्ञावसर पर जलने वाली अग्नि सूर्य का प्रतीक है, जो स्थिर है, अर्थात् चलायमान नहीं है। परन्तु रघु को अग्नि के, अर्थात् सूर्य के चारों ओर पृथ्वी की तरह परिक्रमा करनी पड़ेगी और यही नहीं, बल्कि रघु की पत्नी जो चन्द्रमुखी है, सदैव रघु की परिक्रमा किया करेगी। एक वैज्ञानिक सत्य का यह परिदर्शन साधारण लोकाचार में भी उपलब्ध था – इसका आभास हमारे पुराने शास्त्र और यहाँ तक कि सर्जनात्मक साहित्य भी देते हैं। प्राचीन पाण्डुलिपियों में संरक्षित उस "सत्य" के प्रतीकवादी स्वरूप को अनावृत्त करना दुष्कर कार्य इसलिए भी है कि इस कालखण्ड अर्थात वर्तमान समय में हम बेतरह पश्चिम से प्रभावित हैं और अपनी चर्याओं से कटकर संरक्षित ज्ञान का शतांश भी अपने उपयोग के लिए नहीं पा सकते।

हिमालय के विशाल भू-भाग में प्राचीन पाण्डुलिपियाँ बिखरी पड़ी हैं, जो

निजी संग्रहालयों से लेकर विद्या–केन्द्रों और राज्य संग्रहालयों में "धूल" खा रही हैं। हिमालय क्षेत्र में तिब्बत इस दृष्टि से सबसे महत्त्वपूर्ण है। इसका उल्लेख इसलिए भी अनिवार्य है कि आज भी हिमालय के चीनी–तिब्बती भाग और लद्दाख–कश्मीर के भारतीय भाग में सबसे अधिक पाण्डुलिपियाँ हैं, और प्राचीन ज्ञान के रसिक बौद्ध साधक, शास्त्र के भाष्य और व्याख्या के रूप में नई पाण्डुलिपियों के निर्माण की प्रक्रिया में आज भी है। सिक्किम के गंगटोक शहर में स्थित प्रख्यात विद्या–केन्द्रों या बौद्ध विहारों में, आज भी प्राचीन पाण्डुलिपियों में वर्णित कुछेक खंडों से मिली सूचनाओं के आधार पर, बौद्ध ग्रंथों के पुनर्लेखन, नवीकरण के कार्यों के साथ–साथ, नई अनुपलब्ध सामग्री का निर्माण जारी है। रूमटेक और गंगटोक स्थित बौद्ध विहारों में प्राचीन पाण्डुलिपियों के संरक्षण का कार्य न केवल सराहनीय है, अपितु वह अनुकरणीय भी है।

पाण्डुलिपियों के साथ–साथ तंत्र एवं मंत्र सम्बंधी पुरावशेषों का भी संरक्षण कार्य अत्यन्त महत्त्वपूर्ण है। जैसा विवरण उपलब्ध है कि प्राच्य ज्ञान संस्थानों के अलुप्त ठिकानों में और कुछ संग्रहकर्त्ताओं के निजी संग्रहों में बदतर हालत में पाण्डुलिपियाँ पड़ी हुई हैं। विशेष रूप से भारतीय हिमालय के बौद्ध केन्द्रों में, प्राचीन हिमालय ज्ञान की सामग्री का अध्ययन आज अधिक प्रासंगिक हो गया है; क्योंकि आज के समय में अन्य अनेक दृष्टियों के साथ, व्यावसायिक दृष्टि ने ज्ञान को अपने निजी हितों की पूर्ति हेतु, दोहन की वस्तु मान लिया है। यह भी सर्वमान्य रूप से ज्ञात है कि अधिक धनाढ्य संस्थान, शोध के ज़रिए अधिक धन लगाकर, विज्ञान की उपलब्धियों का अपनी इकाइयों के लिए उपयोग करेंगे। ऐसी स्थिति में स्वार्थ–हित वाली दृष्टि या राष्ट्रीय दृष्टियाँ भी संकीर्ण दृष्टियाँ कही जाएंगी; क्योंकि वे स्वतन्त्र और उदार होकर समूचे मानव समाज और सम्पूर्ण लोक के बारे में सोचने के लिए तैयार नहीं हैं। अतः एक सम्यक्, संतुलित, उदार, निष्पक्ष दृष्टि से ही प्राचीन पाण्डुलिपियों में संरक्षित ज्ञान का अध्ययन, वैज्ञानिक परीक्षण एवं सृष्टि के संदर्भ में ही, उसके प्रयोग और अनुप्रयोग की परियोजनाएँ निर्मित की जा सकती हैं।

इसमें तो संदेह नहीं है कि प्राचीन कृतियों में भी वह अकूत ज्ञान संरक्षित है, उन कृतियों में जिन्हें हम "कालो गच्छति धीमताम्" के परिप्रेक्ष्य में एक सीमित उद्देश्य के लिए प्रासंगिक समझते हैं; वह ज्ञान गोप्य रूप से संरक्षित है, जिसे आजकल के समय में, खासकर कम्प्यूटर युग की भाषा में कोडेड अर्थात् गोप्य ज्ञान कह सकते हैं। उसे "डिकोड" करने की क्षमता जागृत करना कठिन नहीं है – आवश्यकता केवल पौर्वात्य विधियों के अध्ययन की है। इतना तो कहा

ही जा सकता है कि हैरिसन ताला अलीगढ़ी चाबी से नहीं खोला जा सकता। पश्चिमी ज्ञान महत्त्वपूर्ण है। ज्ञानाधारित यंत्र उससे भी ज़्यादा महत्त्वपूर्ण हैं। वहाँ का क्षोभ, त्रास जगाने वाला, मंनोरजन करने वाला, तार्किक ढंग से नई व्यवस्था करने वाला साहित्य सचमुच श्लाघनीय है; किन्तु वह जो दृष्टि अपनाता है, उससे पूर्वीय क्षितीज के रहस्यों को जानना दुष्कर है।

हमने जिस दृष्टान्त से चर्चा की है वह मात्र कथा-काव्य अंश है, ऐसा मानना दूसरे प्रसंगों में भी कठिन होगा; क्योंकि काव्य कथनों या युक्ति कथनों या सूक्तियों व लोक-व्याप्त मुहावरों में बहुतेरी ऐसी बातें मिलेंगी जो साधारण से साधारण हैं, किन्तु उनकी अर्थव्याप्ति दूरन्देशी ही कही जाएगी। केवल सृजनात्मक रचनाकर्मी से हम अपेक्षा रखते हैं कि वह अपने किसी अतीत कथन में, भविष्य कथन की भंगिमा लिए होता है। कुछ एक कथन तो ऐसे हैं, जो कविता के क्षेत्र के हैं, किन्तु उनकी स्वीकृति अन्य क्षेत्रों में अधिक है। कालिदास से ही दृष्टान्त दुहराएं तो उनका एक कथन 'शरीरमाद्यं खलु धर्मसाधनम्' आयुर्विज्ञान के क्षेत्र का सटीक कथन लगता है। आशय केवल इतना है कि बहुत-सा श्रुत काव्य भी सूक्तियों के रूप में व्यवहृत होकर अपनी अर्थव्याप्ति के क्षेत्र बढ़ाता रहता है।

हिमालय क्षेत्र की पाण्डुलिपियाँ विविध विषयों से सम्बद्ध हैं। इन पंक्तियों के लेखक ने कुछ एक पाण्डुलिपियाँ देखी हैं, जो दूसरी लिपियों में लिखी गई हैं; किन्तु उनका वर्ण्यविषय कृषकों से सम्बन्धित है। ब्रजभाषा में लिखित तथा पंजाबी में लिप्यान्तरित *मेघ माला* किसी मेघमुनि द्वारा रचित है, किन्तु उसमें कुछ एक ऐसे सटीक पद हैं कि लगता है, हमारे पूर्वजों ने दीर्घ अनुभव से ऐसे सत्य निकाले होंगे, जिनसे अभी, तत्काल, आज हम लाभान्वित हो सकते हैं। हिमालय के सुदूर पूर्व असम क्षेत्र में डेक वाणी या डाक के पात या डेक ऋषि द्वारा प्रणीत ऐसे असंख्य पद हैं, जो *मेघ माला* के विषयों के समानुरूप हैं। भर्तृहरि के नाम से विख्यात भरथरी के कथनों से मैदानी कृषक पहले ही परिचित हैं। कहने का अर्थ मात्र यह है कि अभी ऐसी अकूत सम्पदा असंगीकृत, अप्रकाशित और असम्पादित पड़ी है, जिसका व्यवस्थित तथा अनुशासित ढंग से संरक्षण एवं प्रकाशन होना चाहिए।

जैसा सर्वविदित है पाण्डुलिपियाँ और अन्य पुरावशेष, भित्ति-चित्रों पर अंकित अनुदेश या शिलालेखों पर अंकित सामग्री में, बहुत-सी ऐसी चीज़ें हैं, जिनका विधिवत अध्ययन हुआ ही नहीं है। पर्वतीय क्षेत्रों की ओर आने वाले

सैलानियों ने उनकी जो सूचनाएँ वितरित की हैं, वे विश्वसनीय नहीं हैं। इसलिए भी कि वे पुरातात्त्विक सामग्री का विधिवत अध्ययन करने वाले विशेषज्ञों द्वारा तैयार नहीं हैं। साथ ही साथ उनका कोई ऐसा वैज्ञानिक, अनुशासनबद्ध अध्ययन आधिकारिक विद्वानों द्वारा अभी तक उपलब्ध नहीं है। कुछ पक्षों का अध्ययन हिमालय सम्पदा के महत्त्व को लेकर पश्चिम में हुआ है; किन्तु वह इतना गोपनीय है कि उसे शोध और विकास के सतत संरक्षण की श्रेणी में रखकर, सामान्य जन की जिज्ञासा और पकड़ से वह परे है। ज़ाहिर है ऐसे अध्ययनों का लक्ष्य अपनी इकाइयों, जिनमें दवा निर्माता कम्पनियों या अपनी राष्ट्रीयताओं, जिनमें शक्तिशाली राष्ट्र आते हैं – के हित-चिन्तन ही अध्ययनों की गोपनीयता बरकरार रखते हैं। अतः आवश्यकता इस चीज़ की भी है कि ऐसे तमाम अध्ययनों को सूचीबद्ध किया जाए और उनकी गोपनीयता खंडित किए बिना हिमालय ज्ञान की अद्यतन सूचनाओं को इसलिए भी सुलभ बनाया जाए, जिससे नए हिमालय ज्ञान के जिज्ञासुओं, शोधकर्त्ताओं और अन्वेषकों को, उस ज्ञान की व्यापकता का परिज्ञान हो। इसलिए इस निबन्ध में यह प्रस्ताव करना उचित है कि हिमालय ज्ञान का हिमालय क्षेत्र की राष्ट्रीय इकाइयों के बीच निरन्तर विमर्श हो तथा संगृहीत पाण्डुलियों के अध्ययन के नए द्वार खुलें।

इस संदर्भ में यह याद रखना भी ज़रूरी होगा कि हिमालय क्षेत्र के सार्वभौमिक राष्ट्र ऐसी परियोजनाओं पर विमर्श कर, सहमति के परस्पर स्वीकार्य आधारों को मंजूरी दें। यह इसलिए भी ज़रूरी है कि हिमालय का कोई भी क्षेत्र मैदानी इलाकों की तरह नहीं है; अर्थात् अगर यातायात के संसाधनों का दिशागत उपयोग होता है तो वहाँ अन्य कोई विकल्प काम नहीं करता। हिमालय क्षेत्र की स्थिति एकदम भिन्न है। वहाँ दो शिखरों के बीच कुछ विचित्र किस्म की नज़दीकियाँ और दूरियाँ हैं। दो पहाड़ों को न जोड़ने वाली घाटियाँ हैं, तो ऊँचे शिखर से नीचे तल तक जाने के विकट रास्ते भी हैं। हज़ार-दो हज़ार फीट की पहाड़ों की दूरी को नापने के लिए, मीलों लम्बी सड़कों का निर्माण भी वहीं होता है। अगर रज्जु मार्ग (रोप-वे) बनाए जाएं तो वे दूरियाँ कम होती हैं; तथापि ज्ञान की अनेक ऐसी शाखाएँ भी हैं, जो सदियों की दूरियाँ भी तब्दील कर डालती हैं।

इसी विकटता और संघर्षशीलता के बीच हिमालयवासियों में कोई ऐसा भाषातीत तालमेल ज़रूर है, जो उन्हें एक करता है, और इसीलिए ऐसे समय में हमें वहाँ रचित विभिन्न साहित्यों की याद आती है, जिनका अधिकांश हिस्सा जन-सुलभ नहीं है, प्रकाशित नहीं है, आसानी से हाथ आने वाला नहीं है। उसमें

वर्णित कुछ महत्त्वपूर्ण सूचनाओं का आदान-प्रदान आसान नहीं है। ऐसी सूचनाएँ जिनसे नागरिकों को हिमशीतल कठिन परिस्थितियों में रहते हुए, जीवन-यापन की कुछ युक्तियाँ प्राप्त हों।

रूसी भारतविद् प्रो. कुलैचेव ने भारत-विद्या के अपने अध्ययनों में अनेक कार्य किए हैं। उन्होंने पर्वतीय क्षेत्र में श्रीयंत्र पूजन के जो व्यवहारगत लौकिक रूप देखे और पाया कि सम्पूर्ण सूचनाओं के अभाव में एक वैज्ञानिक यंत्र अंधविश्वासों के घेरे में आ गया है। उन्होंने लम्बे शोध-अध्ययन के बाद यह निष्कर्ष निकाला कि अन्य सौरमण्डलों की दूरी को नापने के लिए ही श्रीयंत्र का निर्माण किया गया है। एक सौरमण्डल में ग्रहों की स्थिति से हमारे पंडितों ने जिस तरह से ज्योतिर्विज्ञान विकसित किया, और परस्पर ग्रह-नक्षत्रों से पड़ने वाले प्रभावों को वर्गीकृत किया, ठीक वैसे ही सौरमण्डलों की स्थिति और उनके महत्त्व को ज्ञापित करने वाले यंत्र की अपने ही ढंग से व्याख्या कर, उसे सीमित बनाने, और उसके अपने उपयोग से भिन्न, उसकी व्याख्या करने का अवैज्ञानिक कार्य लम्बे अर्से से यथारूप में जारी है। यद्यपि श्रीयंत्र सम्बन्धी प्राचीन साहित्य, जो पाण्डुलिपियों के रूप में कहीं विद्यमान होगा, उससे सूचनाएँ एकत्र कर, हम आधुनिक विज्ञान को भी वे सूचनाएँ देकर, तकनीकी स्तर पर ज़्यादा कारगर रूप से, एक महत्त्ववान यंत्र के बारे में ज्ञान प्राप्त कर, उसकी सही उपयोगिता को रेखांकित कर सकते। *ज्ञानदीप संहिता* की हस्तलिखित पोथी भी इसी दृष्टि से उल्लेखनीय है कि वह एक ओर नक्षत्रों की स्थिति पर प्रकाश डालती है, तो दूसरी ओर रूपकों में वह आयुर्विज्ञान सम्बन्धी सूचनाएँ भी संरक्षित किए हुए हैं।

हिमालय क्षेत्र ज्ञान की दृष्टि से पहले बहुत जागृत क्षेत्र माना गया है। अनेक तपस्वी, महापुरुषों के आश्रम यहाँ थे और आज भी हैं। इस क्षेत्र की कीर्ति चारों तरफ फैली हुई थी। आज भी उस प्राचीन कीर्ति के चलते कुछ एक ऐसे वर्ग हैं जो सामान्य जनों से ठगी भी करते हैं। अत्यन्त गुह्य विषयों के बारे में जन-सामान्य को गुमराह कर, वे प्राचीन ज्ञान के प्रति अश्रद्धा भी बढ़ाते हैं। अत: पाण्डुलिपियों में संरक्षित ज्ञान को जन-सुलभ बनाने का कार्य युद्ध स्तर पर होना चाहिए। इसलिए भी कि धीरे-धीरे औषधि निर्माता और अन्य विदेशी इकाइयाँ इस उत्तर आधुनिक समय में तेज़ी से वैज्ञानिक रीतियों से उस ज्ञान को अनावृत्त करना ही चाहते हैं।

जैसा पहले प्रस्तावित किया गया था कि हिमालय विश्व की अनोखी रचना

है। हम एक पर्वतमाला के रूप में ही उसका अध्ययन करें तो कुछ निष्कर्ष तो सचमुच विस्मित करेंगे। स्थूल रूप में यह मान्यता है कि दुर्गम क्षेत्रों में अतिविशिष्ट लोग साधनारत रहते हैं, और वे अपने दीर्घ अनुभवों को लिपिबद्ध कर भावी पीढ़ियों के लिए अभूतपूर्व सूचनाएँ संकलित करते हैं। यह भी मान्यता है कि इस भू-भाग में कुछ ऐसे साधक भी हैं जो निरन्तर साधनारत रहकर सृष्टि के अबूझ सत्यों से साक्षात् कर रहे हैं। अभी हाल ही में श्रीमती गेरमानूस कृत एक हंगेरी भाषा की कृति के हिन्दी अनुवाद में, पूर्वी क्षितिज के ऐसे ही रहस्यों का उल्लेख मिलता है, जो न केवल अविश्वसनीय हैं, अपितु भारत की छवि को भौतिक और पदार्थिक नहीं रहने देते। चाहे हम उस पर कैसी भी टिप्पणी क्यों न करें, वह सूचना इसलिए अविश्वसनीय नहीं है कि श्रीमती गेरमानूस ने अपने सभी वृत्तान्तों में जो-जो उल्लेख किए हैं, वे सब के सब सत्यापित होते हैं; क्योंकि जिन व्यक्तियों, घटनाओं, प्रसंगों, किस्सों का उन्होंने उल्लेख किया है, वे सब अपने ही ढंग से बीसवीं शताब्दी के सबसे अधिक विश्वसनीय प्रसंग हैं। आज उनकी परीक्षा भी तो हो सकती है।

यह प्रसंग यहाँ केवल इसलिए चर्चित है कि यह भी हिमालय क्षेत्र से ही पूर्णतः सम्बंधित है। ध्यान रहे कि यह मई 1929 के दौरान *अग्नि पर्व शांतिनिकेतन* की इस लेखिका की, अपने दल के साथ दार्जिलिंग यात्रा का विवरण है –

> कुछ दूरी पर हमें एक बौद्ध मंदिर दिखाई दिया, जहाँ हमने आराम करना चाहा था। मुख्य द्वार रंग-बिरंगी कारीगरी और नक्काशी से सजा था। दरवाज़े पर एक लम्बी दाढ़ी वाला लामा खड़ा था, जो लगातार प्रार्थना-चक्र को चला रहा था। कहा जाता है कि उसकी उम्र कोई सौ साल होगी। उसने लाखों-लाखों बार प्रार्थना-चक्र को घुमाया होगा। मुझे पूरा विश्वास है कि वह कभी नहाया नहीं होगा। उसने हमें मन्दिर के अन्दर आने का निमन्त्रण दिया। अन्दर उस हल्के धुँधलके में कई मुखौटे लटके थे। सिर्फ दाँत नहीं थे। . . . उन मुखौटों के पीछे कुछ पुस्तकें और हस्तलेख पीले कपड़ों में बाँधे थे, जो लामाओं के ज्ञान-भंडार को पुरखों से सुरक्षित रखे हुए थे . . .।

हिमालय के दार्जिलिंग क्षेत्र में जहाँ बौद्ध धर्मावलम्बियों के अनेक विहार और मठ हैं, केवल एक स्थान का यह उल्लेख है और उसमें स्पष्ट रूप से झलकता है कि यहाँ भी वह पुरातात्त्विक सामग्री हस्तलिखित पाण्डुलिपियों के रूप में पीले कपड़ों में बँधी थी। संभवतः सभी भारतीय मठों में ऐसे पीले कपड़ों में लिपटे असंख्य ग्रंथ अपनी प्राचीन पद्धति में संरक्षित रहे होंगे। उन पाण्डुलिपियों

में ज्ञान की अकूत राशि संरक्षित होगी। श्रीमती गेरमानूस यूरोप-वासिनी हैं, और उनके पति इस्लामिक ज्ञान के अपूर्व विद्धान् होने के कारण विश्वकवि रवीन्द्र-नाथ द्वारा विज़िटिंग प्रोफेसर के रूप में आमन्त्रित किए गए थे। अपनी पत्नी के साथ वह ग्रीष्म 1929 में दार्जिलिंग जैसे ठण्डे प्रदेश की यात्रा करने गए थे। यह स्थान बांग्ला भाषी राज्य के अधीन होने के कारण पश्चिमी बंगाल का हिस्सा रहा। अपनी इस यात्रा में दोनों लोग, यानी श्रीमती गेरमानूस और उनके पति प्रो. ज्यूला साथ-साथ थे।

वास्तविकता यह है कि यूरोपीय व्यापारियों, खोजियों, आक्रान्ताओं, लुटेरों और धर्मान्धों को प्राचीन पाण्डुलिपियों में सरंक्षित ज्ञान का आभास था; किन्तु उनमें पर्याप्त भाषिक क्षमता का अभाव, उन्हें वास्तविकता जानने में बाधा उत्पन्न करता था। लिहाज़ा बहुत से साहसिक लोगों ने ऐसे पुरातात्त्विक अवशेषों के साथ पाण्डुलिपियों को ले जाने का भी दुःसाहस किया और जो निजी संग्रहालय बनाए, उनकी सामग्री भी अत्यन्त विरल और विचारणीय है। वे प्राच्य ज्ञान के ऐसे विलुप्त सूत्र हैं, जिनका अध्ययन राष्ट्रीयताओं और धर्माग्रहों तथा व्यापारिक व व्यावसायिक प्राथमिकताओं से परे होना चाहिए; क्योंकि हिमालय क्षेत्र की अंधिसंख्य सामग्री, एक लम्बे समय तक प्राचीन वस्तुओं के तस्करों और लुटेरों से बची रही है। परन्तु जो सामग्री अब अन्य क्षेत्रों में किसी भी विधि से गई हो, उसका सूचनापरक अनुसंधान होना ही चाहिए; ताकि विलुप्त ज्ञान की कड़ियाँ क्रमानुसार भावी अध्ययनों के लिए उपलब्ध रहें; और दूसरे इस सारी ज्ञान राशि का स्वामित्व राष्ट्रों, संस्थानों और व्यक्तियों के बीच वैध न माना जाए; क्योंकि यह समूची मानव जाति की ज्ञान राशि है, जिसका संचयन और निर्माण व्यक्तियों, समुदायों और क्षेत्रों के ही हित को ध्यान में रखकर नहीं किया गया, अपितु उससे समूचे विश्व और समूचे ब्रह्माण्ड के हित संदर्भ जुड़े हैं। आज जब हम हिमालय क्षेत्र की इस सामग्री का अध्ययन करते हैं, तब भी हमें इसी लक्ष्य को सर्वोपरि मानकर अपने कार्य को विस्तार देना होगा।

गत दो शताब्दियों से प्राचीन धर्म, अनुष्ठान और साहित्य-सम्बन्धी पाण्डुलिपियों के प्रकाशन की परम्परा यूरोप और भारत में विद्यमान है। यूरोप में जर्मन भारतविदों ने भाषा और भाषा से ही जुड़ी हुई पाण्डुलिपियों का प्रकाशन किया है। संस्कृत की अनेक कृतियों का प्रकाशन यह तो सिद्ध करता ही है कि प्राचीन अध्येता अपने कार्य में निपुण थे। उनकी निपुणता से आज हम आसानी से कुछ एक निष्कर्ष निकाल सकते हैं। सबसे पहला तो यही कि ज्ञान के क्षेत्र में प्राचीन विद्वानों ने आज के संदर्भ में अभूतपूर्व काम किए थे। हम आज भी उसके वैभव

से चमत्कृत हैं। दूसरा यह कि निश्चित रूप से संचार माध्यमों की मन्द गति के रहते भी परस्पर संवाद और शास्त्रार्थ से, ज्ञान की नई दिशाओं की ओर बढ़ने की कोशिशें अतीत में जारी थीं। इसके अतिरिक्त इनकी व्यावहारिक दिशाएँ, इस ज्ञान का क्रियान्वित पक्ष सूचनाओं के अभाव में स्पष्ट नहीं हैं।

इन पंक्तियों के लेखक ने पर्वतों में सक्रिय कुछ वैद्यों के पास वनौषधियों की ऐसी पोथियाँ देखी थीं जिनमें हिमालय क्षेत्र की वनस्पतियों के उल्लेख थे; और वे वैद्य लोग तदनुरूप उनका व्यावहारिक उपयोग सामान्य-जनों के उपचार के लिए करते थे। संभव है कि आम पाण्डुलिपियों के सफल खोजी, निजी संग्रहालयों से उन्हें बाहर निकाल लेंगे। इन पंक्तियों के लेखक को यह जानकारी ठेठ बालपन में मिली थी कि महापंडित राहुल सांकृत्यायन अद्वितीय सामग्री अपनी हिमालय क्षेत्र की दुर्गम यात्राओं में संकलित कर पाए; जो उससे पूर्व व्यक्तियों के पास कम मात्रा में थी। महापंडित राहुल सांकृत्यायन ने अपनी सामग्री संग्रहालयों को दे दी थी – यह भी सूचना है। हिमालय क्षेत्र के मध्य भाग में रजवाड़ों के पास ऐसे संग्रह थे, जो अभी भी निजी स्वामित्व में होंगे; किन्तु श्री शूरवीर सिंह पंवार जैसे संग्रहकर्त्ता ने वह विश्वविद्यालय को प्रदान कर दिए। अपने जीवनकाल में साहित्यिक अभिरुचि के कारण उन्होंने भूषणकृत दो पाण्डुलिपियों यथा *फतेह प्रकाश* और *अलंकार प्रकाश* ग्रंथ प्रकाशित किए थे, तथा अनेक विद्वानों, अध्येताओं और विद्यार्थियों के बीच वे प्रसारित किए। ऐसे ही एक अन्य महत्त्वपूर्ण संग्रहकर्त्ता श्री बैरिस्टर मुकन्दी लाल हुए हैं, जिनके पास पाण्डुलिपियों के साथ-साथ हिमालय क्षेत्र की महत्त्वपूर्ण कलाकृतियाँ भी थीं। उन्होंने भी मध्य हिमालय में स्थित विश्वविद्यालयों को वह सामग्री भेंट स्वरूप दे दी।

हिमालय क्षेत्र की अन्यान्य विभूतियों का उल्लेख करना संभव नहीं है। प्रसिद्ध भाषाविद् डॉ. रघुवीर का संग्रह भी बहुत विशाल है, जो एक संस्था के रूप में दिल्ली में स्थित है। वहाँ भी हिमालय या बौद्ध धर्म तथा साहित्य एवं भाषा-सम्बन्धी महत्त्वपूर्ण सामग्री है। पिछले कुछ वर्षों से राष्ट्रीय पाण्डुलिपि मिशन सक्रिय हुआ है और इस मिशन ने अनेक स्तरों पर पाण्डुलिपियों सम्बंधी जानकारियाँ एकत्र कर, उन्हें जन-सुलभ बनाने के प्रयास किए हैं। लेह, जम्मू-कश्मीर, हिमाचल, उत्तराखण्ड, असम, मणिपुर, अरुणाचल प्रदेश में राज्यीय इकाइयों के माध्यम से मिशन महत्त्वपूर्ण कार्य कर रहा है। इसका लक्ष्य भारत और भारत से बाहर संगृहीत पाण्डुलिपियों के सर्वेक्षण के उपरान्त अर्थपूर्ण सूचनाएँ इकट्ठा करना, पाण्डुलिपियों में वर्णित विषयों का वर्गीकरण करना,

देश-विदेश के अध्येताओं के साथ तालमेल स्थापित कर, राष्ट्रीय डाटा बेस संकलित करने के साथ-साथ, उनके संरक्षण की विधियाँ विकसित करना और उस सामग्री को प्रकाशित कर, उससे समूची मनुष्य जाति के हितों को जोड़ना है।

आशा रखनी चाहिए कि अपने विकसात्मक लक्ष्य को प्राप्त करने के लिए राष्ट्रीय पाण्डुलिपि मिशन, भारत और भारत से बाहर के विशेषज्ञों की सहायता लेगा और राष्ट्रीय स्तर के विराट पाण्डुलिपि पुस्तकालय की स्थापना का अपना सपना पूरा करेगा। यद्यपि यह कार्य अत्यन्त दुष्कर है, किन्तु विद्या के इस अपूर्व अनुष्ठान में सभी राष्ट्रों और समुदायों और व्यक्तियों का सहयोग मिलना ही चाहिए। और जैसा इस आलेख में प्रस्तावित किया गया है, उसी के अनुरूप एक अन्तर्राष्ट्रीय कानून भी बनना चाहिए, जिससे यह प्राचीन संपदा नष्ट न हो, आधुनिक संयंत्रों से इसके पाठ संरक्षित किए जाएं व विश्व मनीषा की इस संपदा को व्यावसायिक दोहन और शोषण तथा स्वामित्व से बचाया जाए।

हिमालय ज्ञान के संदर्भ में ही बात जारी रखें तो ज्ञान की विभिन्न शाखाओं को अन्तर्सम्बंधित रूप से वगीकृत कर, उनके विभिन्न रूपों का अध्ययन विधा के नए अनुशासन के रूप में हो। इसलिए भी कि हिमालय ज्ञान एक समूचा विषय है तथा विश्वविद्यालयों में अपूर्व विषय के रूप में हिमालय का भूगोल शाखा के रूप में स्वीकार किया जाता है, जबकि वह सिर्फ हिमालय का ही भूगोल और इतिहास नहीं है। वैज्ञानिकों ने इसे हिमालय पर्वत में अनेक विरल धातुओं और बेशकीमती पत्थरों की आमद से जोड़ा है। जबकि हिमालय के विभिन्न प्रकार के क्षेत्र भिन्न-भिन्न किस्म की अनिवार्यताओं से जुड़े हुए हैं।

थोड़ी देर के लिए हम एक परिकल्पना के आधार पर इस विचार को आगे बढ़ाते हैं कि हिमालय क्षेत्र में, जहाँ एक पूरा वैविध्यपूर्ण भौगोलिक, प्राकृतिक बहुलता सम्पन्न लोग सक्रिय है, एक-दूसरे पर निर्भरता का अतुल्य रूप पूर्णतः किसी अदृश्य अनुशासन से परिचालित होने पर भी अद्‌भुत ढंग से परस्पर संवादरत है, और मानव-बोध के लिए कभी-कभी संशयग्रस्तता पैदा करता है। ऐसा नहीं कि प्राकृतिक संरचना में दूसरे क्षेत्र इतनी विविधता से सम्पन्न नहीं हैं, किन्तु उनके लोकाश्रय में अन्तर है। इस परिकल्पना को एक ठोस समीकरण से समझना ज़्यादा आसान होगा और उसके लोकाश्रय सम्पन्न व्यक्तित्व का परिबोध संभव होगा।

यह सर्वविदित है कि हिमालय की नदियाँ सीधे समुद्राभिमुख हैं, किन्तु जाते हुए जल का पुनरागमन एक दूसरी विधि, सापेक्ष विधि से होता है। यह वैज्ञानिक सत्य सर्वत्र लागू है। वह जल वाष्प बनकर फिर जल वर्षा में परिणत होता है। यह कोई नई बात नहीं है। इसे पाण्डुलिपियों के संदर्भ में भी समझना चाहिए। पाण्डुलिपियाँ ज्ञान संरक्षण की विधियाँ है। लोकाश्रयी उपयोगिता का एक लक्षण वहाँ विद्यमान है। जिस तरह हिम या संरक्षित जल अनादिकालीन समय से पृथ्वी के ऊँचे शिखरों में हिम प्रस्तर के रूप में संरक्षित है तथा जलागम क्षेत्रों में संरक्षित रहकर, वह प्राण पोषण की शक्ति से सम्पन्न है, वैसी ही हिमालय क्षेत्र की पाण्डुलिपियों की स्थिति भी है। वे मनुष्य के ज्ञान पोषण की आद्य संरचनाएँ हैं, जो लोक समाज को आश्रय देने में सक्षम हैं। अतः अन्यत्र प्राप्त या उपलब्ध पाण्डुलिपियों और हिमालय क्षेत्र में उपलब्ध पाण्डुलिपियों में गुणभेद का अन्तर है। हमारी पुराकथाओं में अक्सर एक अनुगूँज ज्ञान-लोप की गाथा के रूप में सुनाई देती है। उस पर अविश्वास करने के बहुत से कारण हैं।

तंजावुर की सरस्वती लाइब्रेरी में संरक्षित अन्य असंख्य पाण्डुलिपियों की चर्चा छोड़ भी दें; प्राचीनतम पाण्डुलिपि का दावा छोड़ भी दें; तिरुमूरल कृत ग्रंथों की ही याद करें या *ऋष्यश्रृंग संहिता* की पाण्डुलिपि की याद करें तो इनके प्रकाशन से अंधश्रद्धायुक्त मानस को भी परितृप्ति हुई, और उन अध्येताओं को भी, जिन्होंने प्राचीन भाषा सूत्रों के वैज्ञानिक आधारों के अनेक सूक्त उन ग्रंथों में पाए, जो पाणिनि से भी ज़्यादा प्राचीन हैं। संयोग ही है कि अपने आनुष्ठानिक प्रकरण में उनका गहरा सम्बन्ध हिमालय से द्योतित हुआ है।

हिमालय और सागर के इन अचरज में डालने वाले प्रसंगों की वैज्ञानिक फलश्रुतियाँ ज़्यादा रोचक हैं कि अफ्रीका महाद्वीप से कटकर उत्तरवर्ती भाग हिमालय के रूप में जन्मा है। वह इस ग्रह का सद्य जन्मा पर्वत शिखर है। पुरा-कथाओं में उड़ते पर्वतों की गाथाएँ हैं – वैज्ञानिक प्रकल्पों से उपलब्ध फलश्रुतियों और पुरा-कथाओं की अतिकल्पित कथाओं के इन साम्यों के, बहुत से छुटे प्रकरण (मिसिंग लिंक्स) अभी पाण्डुलिपियों के कोश में अबोले और अनदेखे पड़े हैं।

हिमालय क्षेत्र का विशेष प्रयोजन इस उद्देश्य से भी है कि पृथ्वी का यह मेरुदण्ड, चाहे जितना नवीन या प्राचीन हो, कम-से-कम दक्षिण और दक्षिण-पूर्वी एशिया की जलवायु का विलक्षण संतुलक है। इनके संतुलन का प्रभाव जहाँ मध्य पूर्व एशिया के क्षेत्रों पर पड़ता है, ठीक उसी तरह का प्रभाव अल्ताई

पर्वतमाला से लेकर मंगोलिया के करीब गोबी मरुभूमि पर भी पड़ता है। वैज्ञानिकों के लिए यह आश्चर्य की निर्मिति है। संयोग ही है कि हिमालय ज्ञान जिसका स्वरूप अभी एकनिष्ठ रूप से निर्धारित नहीं हुआ है, उसके प्रभाव क्षेत्रों में भी, प्राच्य ज्ञान के कुछ ऐसे ज्ञानावशेष मिलते हैं, जिनका अध्ययन और वर्गीकरण अभी शेष है।

"हिमालय" अपने आप में अर्थशास्त्र, समाजशास्त्र, राजनीतिशास्त्र, धातु विज्ञान, वनस्पतिशास्त्र, जीवशास्त्र, नृवंशशास्त्र के अध्ययनों का एक विचित्र पुंज है। उसे किसी एकाकी अनुशासन से आँकना और मापना थोड़ा कठिन है। इसीलिए प्रथम उसके प्राचीनतम रूप का अध्ययन अनिवार्य है और प्राचीन से हमारे सम्बन्ध अब केवल पाण्डुलिपियों के द्वारा स्थापित किए जा सकते हैं – इसी कारण आधुनिक और उत्तर आधुनिक समय में पाण्डुलिपियों का महत्त्व बढ़ जाता है।

5

अभिज्ञानशा(श)कुन्तल

कृति-समीक्षा से पाठ-समीक्षा

वसन्तकुमार म. भट्ट

पाठ-समीक्षा की प्रक्रिया में दो स्तर होते हैं – 1. निम्न स्तरीय पाठ-समीक्षा और 2. उच्च स्तरीय पाठ-समीक्षा। पाण्डुलिपियों में संचरित हुए पाठ में जब अशुद्धियाँ, खण्डितांश, विविध पाठभेद प्रक्षेपादि दिखाई देते हैं तब प्रथमत: निम्न स्तरीय पाठ-समीक्षा की जाती है। जिसमें अभीष्ट कृति का पाठ निश्चित पद्धति से परिशुद्ध स्वरूप में तैयार किया जाता है।[1] तथा विभिन्न पाण्डुलिपियों में संचरित हुए, लेकिन अमान्य किए गए पाठान्तर एवं प्रक्षेपादि को पाद-टिप्पणी में प्रदर्शित भी किए जाते हैं। इस तरह, जो पाठ संपादित किया जाता है उसको "समीक्षित पाठ-सम्पादन" कहते हैं।[2] इस तरह की समीक्षितावृत्ति में अधिकृत पाठ के रूप में स्थापित किया गया पाठ मूल कवि ने ही लिखा होगा या नहीं? उसकी भी प्रमाण-पुरस्सर परीक्षा करने के लिए (स्वतन्त्र रूप से) "उच्च स्तरीय पाठ-समीक्षा" की भी आवश्यकता रहती है। पाठ-सम्पादक को अब इस द्वितीय स्तर की पाठ-समीक्षा में पाण्डुलिपियों के साक्ष्य से बाहर निकलकर सोचना है। पाण्डुलिपियों में संचरित हुए विविध पाठभेदों में से प्राचीनतम या बहुसंख्य पाण्डुलिपियों में ग्राह्य रहे पाठ का (अधिकृत पाठ के रूप में) चयन कर लेने के बाद भी, अमुक पाठ मूल ग्रन्थकार या कवि के द्वारा ही लिखा गया है ऐसा सुसम्बद्ध अनुमान प्रस्तुत करने के लिए कुछ अन्य समर्थक हेतु एवं सामग्री की भी आवश्यकता रहती है।

अत: इस द्वितीय स्तर की पाठ-समीक्षा में – 1. कृतिनिष्ठ आन्तरिक सम्भावना (= पूर्वापर सन्दर्भों में कही गई बातों में सुसंगति है या नहीं उसकी परीक्षा की जाती है। अर्थात् कृति के दो वाक्यों में परस्पर कोई विरोध नहीं होना चाहिए।), 2. कृति में आदि से लेकर अन्त तक कवि की निरूपण शैली, 3.

बहिरंग प्रमाण के रूप में कवि ने अपने पुरोगामी ग्रन्थों से कौन-सी सामग्री ली है एवं अनुगामी कवियों पर क्या प्रभाव डाला है, उसका विश्लेषण एवं परीक्षण भी किया जाता है। इस तरह की उच्च स्तरीय पाठ-समीक्षा में, उपर्युक्त तीनों प्रमाणों से सोचना आवश्यक है। पाठ-सम्पादक आरम्भ में तो जब पाण्डुलिपियाँ के साक्ष्य को लेकर सोचता है, तब (अर्थात् निम्न स्तरीय पाठ-समीक्षा में) तो वह पूर्णरूप से वस्तुनिष्ठ अनुमान क्या निकाला जा सकता है, उस पर ही ध्यान रखते हुए आगे बढ़ता है। लेकिन उच्च स्तरीय पाठ-समीक्षा के दौरान उसे कृति-समीक्षा से पाठ-समीक्षा करनी चाहिए, जो अधिक फलदायिनी सिद्ध होगी। क्योंकि यहाँ पर आत्मलक्षिता से बचते हुए, कृतिनिष्ठ ठोस प्रमाणों से यदि पाठ की मौलिकता सिद्ध की जाती है, तो उसमें सर्वसम्मति प्राप्त होने की योग्यता भी रहती है। प्रस्तुत आलेख में, इसी दृष्टिकोण से अभिज्ञानशाकुन्तल नाटक के तृतीयाङ्क की पाठ-समीक्षा करने का लक्ष्य रखा है। (शाकुन्तल के तीन पाठ्यांश 1. तीसरे अङ्क का शृङ्गारिक अंश, 2. पञ्चमाङ्क का आरम्भ, तथा 3. सप्तमाङ्क का प्रवेशक, मुख्य रूप से विवादास्पद रहे हैं।)

1

महाकवि कालिदास का अभिज्ञानश(शा)कुन्तल नाटक संस्कृत नाट्य साहित्य में सर्वश्रेष्ठ है, तथा विश्व नाट्य साहित्य में भी वही नाटक अग्रगण्य है। सारे संसार के विद्वानों ने बहुविध पाण्डुलिपियों का उपयोग करके इस नाट्यकृति की अनेक समीक्षित आवृत्तियाँ प्रकाशित की हैं। लेकिन इनमें से एक भी समीक्षित आवृत्ति का पाठ अद्यावधि सर्वस्वीकृत नहीं हो सका है। शाकुन्तल के विविध संस्करणों का प्राथमिक परिचय किया जाए तो सर विलियम्स जॉन्स ने बंगाली पाण्डुलिपियों में संचरित हुए *अभिज्ञानशाकुन्तल* का प्रथम अँग्रेजी अनुवाद 1791 ई. स. में प्रकाशित किया था। इसी अनुवाद से पूरे पश्चिमी जगत् को हमारे महाकवि कालिदास का परिचय हुआ था। इसके बाद इस नाटक की अनेक पाण्डुलिपियाँ एकत्र करके उसमें संचरित हुई विभिन्न पाठ-परम्पराओं का अभ्यास शुरू हुआ। प्रो. मोनीयर विलियम्स ने *अभिज्ञानशाकुन्तल* की देवनागरी वाचना का पाठ प्रकाशित किया (प्रथमावृत्तिः 1853 में)। (लेकिन उनके सामने राघवभट्ट की अर्थद्योतनिका टीका नहीं थी)। रिचार्ड पिशेल ने ई. सन. 1876 में बंगाली पाण्डुलिपियों के आधार पर बंगाली वाचना (Pichel, 1876 (first edn.), 1922 (second edn.)) का समीक्षित पाठ प्रथम बार प्रकाशित किया। उसी तरह से श्री रमानाथ झा (1957) ने शङ्कर एवं नरहरि की टीकाओं के साथ

मैथिली-वाचना के पाठ का प्रथम बार प्रकाशन किया। यद्यपि अधिकांश विद्वान् ऐसे हैं जो मैथिली-वाचना का स्वतन्त्र अस्तित्व नहीं स्वीकारते हैं, क्योंकि इस वाचना का साम्य बहुश: बंगाली वाचना के साथ सद्य: प्रतीत होता है। प्रो. ब्युह्लर ने 1873 में कश्मीरी (शारदालिपि में लिखी) पाण्डुलिपि ढूँढ निकाली थी, और प्रो. एस. के. बेलवलकर ने उसका महत्त्व मूल आदर्शप्रति (Archetype) के समान मानकर, उसी के आधार पर कश्मीरी-वाचना (बेलवलकर, 1965) का पाठ निर्धारित किया है। उसके बाद, 1904 ई. स. में T. Foulkes[3] ने ग्रन्थ, तेलुगु इत्यादि दाक्षिणात्य पाण्डुलिपियों में उपलब्ध होने वाले *अभिज्ञानशाकुन्तल* के विविध पाठान्तरों का संग्रह प्रकाशित किया। तब से विद्वज्जगत् को शाकुन्तल की दक्षिणात्य वाचना भी है इसकी जानकारी मिली। आन्ध्र प्रदेश संस्कृत अकादेमी, हैदराबाद, के द्वारा काटयवेम की कुमारगिरिराजीया टीका के साथ *अभिज्ञानशाकुन्तल* का प्रकाशन 1982 ई. स. में हुआ है, उसमें दाक्षिणात्य वाचना का पाठ देखा जा सकता है।

इस तरह से करीब दो सौ वर्षों की कालावधि में, पाण्डुलिपियों में संचरित हुए पाठवैविध्य की निम्न स्तरीय पाठ-समीक्षा करने से विद्वानों को ज्ञात हुआ है कि अभिज्ञानशा(श)कुन्तल नाटक का पाठ पंचविध वाचनाओं में प्रवाहमान हुआ है। इनमें से बंगाली, मैथिली एवं कश्मीरी वाचना में नाटक का बृहत्पाठ संचरित हुआ है। तथा देवनागरी एवं दाक्षिणात्य वाचना में नाटक का लघुपाठ दिखाई देता है। यहाँ प्रश्न होगा कि इन पाँचों वाचनाओं में से कौन-सी वाचना में कालिदास द्वारा ही लिखा हुआ पाठ सुरक्षित रहा होगा। अथवा इन पाँचों वाचनाओं में जहाँ-जहाँ जो भी मौलिक अंश सुरक्षित रहा हो उसको कैसे पहचाना जाए। इस दिशा में सबसे पहला संनिष्ठ प्रयास गुजरात के प्रो. बलवन्तराय ठाकोर (B.K. Thakore, 1922) ने किया था। उन्होंने प्रथम अखिल भारतीय प्राच्यविद्या परिषद् (1919, पूना) में कहा था कि इस नाटक की तीन वाचनाएँ तो क्या, केवल दो वाचनाएँ भी होना वह किसी भी शिष्ट/शिक्षित मानवप्रजा को सम्भवत: मान्य नहीं होगा।[4] किन्तु अभी तक जो काम हुआ है उसमें, जैसाकि ऊपर कहा गया है, अलग-अलग प्रान्तों की पञ्चविध वाचनाएँ ही प्रकाश में आई हैं। उनमें से कोई एक पाठ निश्चित रूप से केवल कालिदास ने ही लिखा हो ऐसा पाठ अभी तक सामने नहीं आया है। अत: शाकुन्तल का एक विश्वसनीय पाठ, जो सर्वमान्य हो सके ऐसा पाठ तैयार करने के लिए उच्चतर पाठ-समीक्षा करने की आवश्यकता है।

प्रो. एस. के. बेलवलकरजी ने इस दिशा में जो प्रयास किए हैं वह ध्यानास्पद

है। यद्यपि मार्गदर्शक हो सके ऐसे उनके शोध-आलेख होते हुए भी परिस्थिति में वस्तुतः कोई सुधार नहीं हुआ है।[5] क्योंकि आज भी शाकुन्तल का पंचविध पाठ ही प्रचार में है, और इनमें से कौन-सी वाचना का पाठ विश्वसनीय माना जाए इस विषय में एकमति का सर्वथा अभाव है। जैसेकि – 1. प्रो. एस.के. बेलवलकरजी ने नातिलघु और नातिबृहत् हो, ऐसे कश्मीरी वाचना के पाठ को मौलिक माना है। 2. प्रो. दिलीपकुमार काञ्जीलाल ने बंगाली-वाचना में संचरित हुए पाठ को प्राचीनतम सिद्ध किया है, लेकिन साथ-साथ उसे ही मौलिक भी मान लिया है। 3. काशी के पण्डितमूर्धन्य श्री रेवाप्रसाद द्विवेदी ने देवनागरी-वाचना के पाठ को ही कालिदास-प्रणीत माना है।

प्रस्तुत आलेख में, शाकुन्तल नाटक के तृतीयाङ्क के दो तरह के पाठों का परिचय प्राप्त करके उसकी उच्च स्तरीय पाठ-समीक्षा करने का उपक्रम किया जा रहा है। यहाँ कृति-निष्ठ आन्तरिक सम्भावनाओं की चर्चा सोदाहरण की जाएगी। जिसको देखकर सुज्ञ पाठक को प्रतीति होगी कि तृतीयाङ्क का उपर्युक्त शृङ्गारिक अंश, जो बंगाली (एवं मैथिली) वाचना में उपलब्ध होता है वह मौलिक हो सकता है।

2

अभिज्ञानशाकुन्तल के तृतीयाङ्क में गान्धर्व-विवाह का वर्णन किया गया है। इस अङ्क की दृश्यावली दो स्वरूप की है। देवनागरी वाचना में संचरित हुए तृतीयाङ्क के पाठ में कुल मिलाकर 24 श्लोक हैं। किन्तु बंगाली-वाचना के तृतीयाङ्क में 41 श्लोक हैं। केवल श्लोक संख्या को देखने से मालूम होता है कि देवनागरी-वाचना की अपेक्षा से बंगाली-वाचना के श्लोक करीब दुगुने हैं। अतः तृतीयाङ्क के लघुपाठ एवं बृहत्पाठ की दृश्यावली में क्या अन्तर है वह द्रष्टव्य है – यहाँ विशेष रूप से जिस अंश में संक्षेप या प्रक्षेप की स्थिति प्रवर्तमान है वह भाग निम्नोक्त है –

देवनागरी-वाचना में दोनों सखियाँ मृगपोतक को अपनी माता के साथ संयोजित करने का बहाना बनाती है और शकुन्तला अपने को अशरणा महसूस करने लगती है, तब दोनों सखियों ने कहा कि – "पृथिव्या यः शरणं स तव समीपे वर्तते"।। इसके बाद दोनों सखियाँ लतावलय से विदा लेती हैं – अब नायक और नायिका के एकान्त (रहसि) मिलन का वर्णन किया जाता है। यहाँ पर 18-19-20-21 इन चार श्लोकों के अन्तराल के बाद तुरन्त ही नेपथ्योक्ति आती है कि – "चक्रवाकवधूके, आमन्त्रयस्व प्रियसहचरम्। उपस्थिता रजनी।।"

और दोनों सखियाँ गौतमी का प्रवेश करवाती है। इसके प्रतिपक्ष में बंगाली-वाचना का जो पाठ है उसमें सखियों की विदाई और नेपथ्योक्ति के बीच में 25-26-27-28-29-30-31-32-33-34-35-36-37, अर्थात् कुल मिलाकर के 13 श्लोकों का समूह उपस्थित होता है। बंगाली-वाचना के इतने लम्बे पाठ्यांश में कौन-सी दृश्यावली रखी गई है, यह किसी भी पाठालोचक के लिए जानना अतीव आवश्यक है[6] –

1. दुष्यन्त शकुन्तला को लतावलय से बाहर जाने से रोकता है क्योंकि मध्याह्न का आतप अभी प्रखर है। फिर भी शकुन्तला बाहर जाती है और दुष्यन्त वहाँ ज़मीन पर गिरे शकुन्तला के मृणालवलय को अपने वक्षःस्थल से लगाता है। शकुन्तला इस वलय को लेने के बहाने फिर से लतावलय में प्रविष्ट होती है और दुष्यन्त उसके हाथ में मृणालवलय पहनाता है।

2. शकुन्तला जब लतावलय में पुनः प्रविष्ट होती है तब दुष्यन्त नायिका को "जीवितेश्वरी" शब्द से पुकारता है, और दुष्यन्त जब मृणालवलय पहनाता है तब शकुन्तला भी दुष्यन्त को "आर्यपुत्र" ऐसा सम्बोधन करती है।

3. दुष्यन्त ने मृणालवलय को जब दुबारा पहनाया, तब शकुन्तला उसे ठीक तरह से देख नहीं पाती है, क्योंकि उसके नेत्र में कर्णोत्पल की रेणु गिरने के कारण उसकी दृष्टि कलुषित हो गई थी। दुष्यन्त उसे अपने वदन-मारुत से स्वच्छ कर देता है। शकुन्तला प्रिय करने वाले व्यक्ति पर स्वयं अनुपकारिणी बनी रहने के लिए लज्जा का अनुभव करती है। दुष्यन्त शकुन्तला को चुम्बन करना चाहता है, परन्तु उसी क्षण नेपथ्य से आवाज आती है। तदुपरान्त अकेली गौतमी का प्रवेश होता है। (बंगाली पाठ में, गौतमी को लतावलय का मार्ग दिखाती प्रियंवदा और अनसूया साथ में नहीं आती है)।

यहाँ पर प्रश्न उठता है कि बंगाली-वाचना का बृहत्पाठ यदि मौलिक है तो, क्या देवनागरी-वाचना का लघुपाठ (रङ्गभूमि की आवश्यकता को ध्यान में लेकर किसी के द्वारा) संक्षिप्त किया गया पाठ है? अथवा गान्धर्व-विवाह का संयम के साथ वर्णन करने वाला देवनागरी एवं दाक्षिणात्य वाचना का पाठ, जो अधिक व्यंजनापूर्ण लगता है वह मौलिक पाठ है और कालान्तर में बंगाली परम्परा के विद्वानों ने उपर्युक्त नवीन दृश्यावली का प्रक्षेप करके लघुपाठ में से बृहत्पाठ

बनाया है? इस समस्या का उत्तर ढूँढने के लिए केवल प्राचीनतम पाण्डुलिपि का साक्ष्य या बहुसंख्य पाण्डुलिपियों का साक्ष्य देखना पर्याप्त नहीं है और निर्णायक भी नहीं है। यहाँ किसी भी टीकाकार का मत भी विश्वसनीय नहीं है, क्योंकि उपलब्ध टीकाकारों में से एक भी टीकाकार पन्द्रहवीं शताब्दी से अधिक पुराना नहीं है। ऐसी स्थिति में, हमारे लिए निम्न स्तरीय पाठ-समीक्षा के उपरान्त उच्च स्तरीय पाठ-समीक्षा के रूप में "कृति-समीक्षा से पाठ-समीक्षा" करनी अनिवार्य बन जाती है।

3

आन्तरिक सम्भावना या कृतिनिष्ठ ठोस प्रमाण – शब्द से जो अभिप्रेत है उसको समझने के लिए एक-दो उदाहरण देखने होंगे – (1) शाकुन्तल की प्रस्तावना करते हुए सूत्रधार ने कहा – "अद्य खलु कालिदास-ग्रथित-वस्तुनाऽभिज्ञान-शाकुन्तलनामधेयेन नवेन नाटकेनोपस्थातव्यमस्माभिः।" उसके बाद सूत्रधार के कहने पर नटी ने ग्रीष्म ऋतु का गीत गाया। जिसको सुनकर सूत्रधार ने कहा – "आर्ये, साधु गीतम्। अहो रागबद्धचित्तवृत्तिरालिखित इव सर्वतो रङ्गः। तदिदानीं कतमत् प्रकरणम् आश्रित्यैनम् आराधयामः।" – यहाँ पर, "प्रकरण" शब्द देवनागरी-वाचना का है, उसके स्थान में बंगाली एवं मैथिली-वाचना में "प्रयोगम्" ऐसा पाठान्तर भी मिलता है। इसके उपरान्त "चर्चा" नामक टीका में "प्रयोगकरणेन" ऐसा तीसरा पाठभेद भी दिखाई पड़ता है। (जिसमें प्रकरण और प्रयोग इन दोनों शब्दों को सम्मिश्रित किया गया है)। संस्कृत के सभी छात्र यह जानते हैं कि दशविध रूपकों में से प्रकरण प्रकार का रूपक तो दश अङ्कों का होता है। इसलिए शास्त्राज्ञा के दुराग्रही किसी (बंगाली या मैथिली) व्यक्ति ने "प्रकरण" के स्थान पर "प्रयोग" शब्द को रखकर दूसरे पाठभेद को जन्म दिया। और तीसरे किसी ने इन दोनों शब्दों को एकत्र करके "प्रयोगकरण" जैसा इदं तृतीयम् कर दिया। राघवभट्ट जैसे आरूढ टीकाकार भी प्रकरण शब्द के विनिवेश की ध्वनि नहीं समझ पाए। यद्यपि उन्होंने परम्परागत पाठ की रक्षा तो की, किन्तु सम्भवतः बिना सूक्ष्म विचार किए "प्रकरणम् रूपकम्।" लिख दिया। मतलब कि राघव भट्ट को भी यहाँ प्रकरण शब्द के विनिवेश का प्रयोजन ध्यान में नहीं आया, और (यहाँ प्रकरण शब्द रूपक-सामान्य का वाचक है - ऐसे) एक गलत व्याख्यान का जन्म हुआ। दूसरी ओर प्रतिलिपि-कर्त्ताओं ने नए-नए पाठान्तरों को भी उद्भावित कर लिया।

वस्तुतः यहाँ इस नाटक में आगे चलकर, पञ्चम अङ्क में दुष्यन्त की विस्मृति का प्रसंग आकारित होने वाला है। दुर्वासा के शाप से दुष्यन्त शकुन्तला को भूल जाने वाला है। इस केन्द्रवर्ती घटना की अभिव्यंजना करने के लिए ही महाकवि ने नाटक की प्रस्तावना में 'क्षणचुम्बितानि . . . .' वाले ऋतुगीत को सुनकर मुग्ध हुए सूत्रधार के मुख से नाटक शब्द के स्थान पर प्रकरण शब्द का उच्चारण करवाया है। अन्यथा सूत्रधार ने आरम्भ में ही कहा था कि "नवेन नाटकेन उपस्थातव्यम् . . . .।" लेकिन रागबद्धचित्तवृत्ति का यही परिणाम हो सकता है। अतः नटी सूत्रधार को याद दिलाती है कि – "नन्वार्यमिश्रैः प्रथममेवाज्ञप्तम् अभिज्ञानशाकुन्तलं नामापूर्वं नाटकं प्रयोगेऽधिक्रियतामिति।" जिसके प्रत्युत्तर में सूत्रधार ने कहा है कि – "आर्ये, सम्यगनुबोधितोऽस्मि। अस्मिन् क्षणे विस्मृतं खलु मया।।" नाटक में आगे चलकर प्रस्तुत होने वाले विस्मरण और पुनःस्मरण का यह साङ्केतिक लघुरूप प्रस्तावना में ही रखा गया है। अतः प्रकरण शब्द से जो भावि विस्मरण का प्रसंग ध्वनित होता है – उसे आन्तरिक सम्भावना कहते हैं। यहाँ बहुसंख्य पाण्डुलिपियों के साक्ष्य से या प्राचीनतम पाण्डुलिपि के साक्ष्य से यदि 'प्रयोगम्' जैसे[7] पाठभेद का समर्थन होता है, तो भी उसको हटाकर 'प्रकरणम्' जैसे आन्तरिक सम्भावना वाले (देवनागरी-वाचना के) पाठ को ही मौलिक पाठ के रूप में स्थापित करना चाहिए।

इसी तरह से (देवनागरी-वाचना के) द्वितीयाङ्क के अन्त भाग में करभक राजमाताओं का सन्देश लेकर आया है। वह कहता है कि – "देव्याज्ञापयति-आगामिनि चतुर्थदिवसे प्रवृत्तपारणो मे उपवासो भविष्यति। तत्र दीर्घायुषावश्यं संभावनीया इति।" दाक्षिणात्य वाचना के पाठ पर काटयवेम भूप की टीका है उसमें "निवृत्तपारणो मे उपवासो . . . ." जैसा पाठान्तर है। किन्तु बंगाली, मैथिली और कश्मीरी-वाचना के पाठानुसार क्रमशः पुत्रपिण्डपारणो, पुत्रपिण्डपालन और पुत्रपिण्डपर्युपासनो – जैसे तीन पाठान्तर भी प्राप्त होते हैं। यहाँ पर भी बहुसंख्य पाण्डुलिपियों में कौन-सा पाठ ग्राह्य रहा है, या प्राचीनतम पाण्डुलिपि किस पाठभेद को मान्यता देती है – उसको महत्त्व न देते हुए, नाटक के आरम्भ में ही नायक दुष्यन्त को "सर्वथा चक्रवर्तिनं पुत्रम् अवाप्नुहि" ऐसा जो आशीर्वचन मिला है उसको ध्यान में लेकर सोचना चाहिए कि पुत्र प्राप्ति को यहाँ नाटक का लक्ष्य बताया गया है। तथा आदि से लेकर अन्त तक प्रकट या अप्रकट रूप में पुत्र प्राप्ति का उल्लेख सभी अंकों में होता ही रहा है। अतः यदि (सर्वत्र) देवनागरी या दाक्षिणात्य वाचना के पाठभेदों को मौलिक पाठ के रूप में मान्यता देंगे तो 'प्रवृत्तपारणो' या 'निवृत्तपारणो' – जैसे पाठभेद से वहाँ द्वितीयाङ्क में पुत्र

प्राप्ति का लक्ष्य अनुल्लिखित रह जाएगा। कहने का तात्पर्य यही है कि प्रकृत स्थल में पुत्र प्राप्ति के सन्दर्भ को यदि आन्तरिक सम्भावना के रूप में स्वीकारते हैं तो बंगाली, मैथिली या कश्मीरी वाचना के पाठान्तर को ही मौलिक पाठ के रूप में मान्यता मिल सकती है।

देवनागरी-वाचना वाले शाकुन्तल के अन्दर के वाक्यों को, आन्तरिक सम्भावना के मानदण्ड से यदि देखेंगे तो मालूम होगा कि यहाँ बंगाली-वाचना के मौलिक पाठों को परिवर्तित करके, कालान्तर में कुत्रचित् नवीन पाठान्तर दाखिल किए गए हैं। उदाहरण के रूप में – चतुर्थाङ्क में अन्तिम श्लोक में कण्व मुनि ने कहा है कि – "अर्थो हि कन्या परकीय एव तामद्य संप्रेष्य परिगृहीतुः। जातो ममायं विशदः प्रकामं प्रत्यर्पितन्यास इवान्तरात्मा।।" 4-21 (राघवभट्ट, पृ. 149) किन्तु बंगाली-वाचना के पाठानुसार यहाँ पर – "जातोऽस्मि सद्यो विशदान्तरात्मा चिरस्य निक्षेप इवार्पयित्वा।।" (पिशेल, पृ. 67) ऐसा पाठभेद है। यहाँ प्रश्न होगा कि महाकवि कालिदास ने कन्या के लिए न्यास शब्द लिखा होगा, या निक्षेप शब्द को रखा होगा? तो जो देवनागरी-वाचना में न्यास शब्द का प्रयोग हुआ है, उसी में एक दूसरे स्थान पर शकुन्तला के मुख से निक्षेप शब्द का प्रयोग हुआ है ऐसा भी प्रमाण मिलता है। तद्यथा – श्लोक 4-12 के नीचे, शकुन्तला अपनी प्रिय वनज्योत्स्ना को दोनों सखियों के हाथ में रखते हुए कहती है – "(सख्यौ प्रति) हला, एषा द्वयोर्युवयोर्ननु हस्ते निक्षेपः।" यहाँ न्यास अर्थ में ही निक्षेप शब्द का प्रयोग किया गया है। कोई भी कवि एक निश्चित अर्थ व्यक्त करने के लिए पारिभाषिक शब्द का प्रयोग तो सारी कृति में एक समान ही करेगा। ऐसी स्थिति में, अन्तःसाक्ष्य से ही प्रमाणित होता है कि 4-21 में मूल में तो निक्षेप शब्द ही होगा।[8] जिसको बदलकर देवनागरी-वाचना में न्यास शब्द को रखा गया होगा।

महाकवि कालिदास ने अपने काव्यों में 'अथवा' अव्यय का प्रयोग प्रश्नोत्तर[9] एवं पक्षान्तर[10] के अर्थ में किया है। शाकुन्तल में दुष्यन्त पहले प्रस्तुत किए पक्ष को एकदम अग्राह्य जाहिर करके, तुरन्त अभीष्ट एवं सही पक्षान्तर की प्रस्तुति करने के लिए अथवा शब्द का जो विनियोग करता है वह ध्यानास्पद है। उदाहरण रूप में, षष्ठाङ्क में अङ्गुलीयक को उपालम्भ देता हुआ कहता है कि – "कथं नु तं बन्धुरकोमलाङ्गुलिं करं विहायासि निमग्नमम्भसि।। अथवा – अचेतनं नाम गुणं न लक्षयेन्मयैव कस्मादवधीरिता प्रिया।।" (6-13) ऐसे एक निश्चित अर्थ वाले 'अथवा' शब्द का बार-बार प्रयोग करना वह कालिदास की शैली की एक विशिष्टता है। इस प्रकार की शैली को आन्तरिक सम्भावना रूप एक प्रमाण

मानकर हम देवनागरी-वाचना के संक्षिप्त किए गए या बंगाली-वाचना में प्रक्षिप्त लगते हुए श्लोकों की पाठालोचना कर सकते हैं। उदाहरण रूप से –

राजा -
सम्यगियमाह - वपुरभिनवमस्याः इदमुपहितसूक्ष्मग्रन्थिना स्कन्धदेशे,
स्तनयुग-परिणाहाच्छादिना वल्कलेन।
वपुरभिनवमस्याः पुष्यति स्वां न शोभां, कुसुममिव पिनद्धं पाण्डुपत्रोदरेण।।
अथवा - काममप्रतिरूपमस्य वयसो वल्कलम्। न पुनरलंकारश्रियं न पुष्यति।
कुतः-
सरसिजमनुविद्धं शैवलेनापि रम्यं, मलिनमपि हिमांशोर्लक्ष्म लक्ष्मीं तनोति।
इयमधिकमनोज्ञा वल्कलेनापि तन्वी, किमिव हि मधुराणां मण्डनं नाकृतीनाम्।।
– 1-17

दुष्यन्त को यहाँ पर शकुन्तला ने जो वल्कल पहने थे उससे अभिनव शरीर की शोभा नहीं बढती है ऐसा लगता है। किन्तु उसका मतलब तो यह भी होगा कि शकुन्तला तब ही सुन्दर लगेगी कि वो जब अच्छे वस्त्र पहनेगी। किन्तु शकुन्तला की सुन्दरता अच्छे वस्त्रों पर निर्भर नहीं है। अतः दुष्यन्त ने तुरन्त इस प्रथम पक्ष को अमान्य करके, 'अथवा' शब्द का प्रयोग करते हुए दूसरा पक्ष प्रस्तुत किया। शकुन्तला स्वयं मधुराकृतिवाली है, इसलिए उसके लिए वल्कल भी मण्डन बन गए हैं, और उससे भी वह सुन्दर ही लगती है। शाकुन्तल नाटक में 'अथवा' शब्द से इस तरह की प्रस्तुति बार-बार की गई है, जिसको देखते हुए यह मानना होगा कि देवनागरी वाचना में जो एक ही (सरसिजमनुविद्धं . . . .) श्लोक वाले पाठ का संचरण हुआ है, वह संक्षिप्त किया गया पाठ है।

आन्तरिक सम्भावना शब्द से किस तरह के प्रमाण अभिप्रेत हैं उसको स्पष्ट करने के लिए ये उदाहरण दिए गए हैं। और इन उदाहरणों से यह भी स्पष्ट होता है कि यह आवश्यक नहीं है कि आन्तरिक सम्भावना वाला पाठ केवल देवनागरी में ही हो, या केवल बंगाली में ही हो। किन्तु प्रस्तुत सन्दर्भ में हम जिस पाठ्यांश की आलोचना करना चाहते हैं वह बंगाली-वाचना का तृतीयाङ्क का विस्तृत शृङ्गारिक भाग है। सामान्य रूप से तो यह पाठ-समीक्षा का एक अधिनियम ऐसा है कि लघुपाठ की अपेक्षा से जो बृहत् एवं अलंकृत पाठ होता है वह परवर्ती काल का होता है।[11] यद्यपि यह अधिनियम *रामायण, महाभारत* जैसे प्रोक्त-प्रकार[12] के ग्रन्थों के लिए एकदम सही है। क्योंकि ये ग्रन्थ अनेककर्तृक प्रकार के होते हैं। किन्तु नाटक जैसी एककर्तृक एवं अभिनय कृति के लिए यह अधिनियम सर्वथा युक्तियुक्त सिद्ध नहीं होगा। क्योंकि नाट्यप्रयोग के दौरान रंगभूमि की, या

समय की अपेक्षा के अनुसार नाट्यकृति के पाठ्यांश में प्रक्षेप या/एवं संक्षेप बार-बार किए जा सकते हैं। अत: शाकुन्तल के मौलिक पाठ को ढूँढने के लिए, उपलब्ध द्विविध (बृहत्पाठ एवं लघुपाठ) पाठ-परम्पराओं की आन्तरिक सम्भावना के मानदण्ड से परीक्षा करने का यहाँ उपक्रम किया गया है।

4

तृतीयाङ्क का उपर्युक्त विस्तृत वर्ण्य विषय, जो केवल बंगाली और मैथिली-वाचना के अभिज्ञानशाकुन्तल में ही उपलब्ध होता है उसकी मौलिकता के बारे में भूतकाल के अनेक पुरोगामी विद्वानों ने भी चर्चा की है। अत: उन गणमान्य विद्वानों के मत-मतान्तर को सबसे पहले जानना आवश्यक है। तत्पश्चात् ही "कृति-समीक्षा से पाठ-समीक्षा" करना आरम्भ किया जाएगा। जैसेकि – (1) कोलकाता के प्रो. सारदारंजन राय (Ray, 1908, (1924, 1962)) ने कहा है कि – This is slovenly in style. In substance it is silly and does not care much for decorum. The passage describes at great length how the मृणालवलय was picked up by Dushyanta and put back on the wrist of Shakuntala. This however contradicts the poet; for, later on we find the मृणालवलय still lying in the grove. Compare हस्ताद् भ्रष्टमिदं बिसाभरणमित्यासज्यमानेक्षणो निर्गन्तुं सहसा न वेतसगृहाद् ईशोऽस्मि शून्यादपि — Infra — which is undoubtedly authentic being common to all the recensions.[13]

यद्यपि उन्होंने बंगाली-वाचना के बृहत्पाठ्यांश को प्रक्षिप्त माना है, किन्तु यह प्रक्षेपवाला पाठ बारहवीं शताब्दी में साहित्यदर्पणकार विश्वनाथ को मालूम था – ऐसा भी श्रीसारदारंजन राय ने ही बहुत पहले (1908) कहा था – The interpolation, clumsy as it is, must have been made at a very early date. The Sahitya-darpana quotes the sloka चारुणा स्फुरितेनायम्, etc. from the above in some fouteenth century; the line हृदयस्य निगडमिव मे, as it occurs here, was by Vardhamana ascribed to Kalidasa (p. 344).

प्रो. एस. के. बेलवलकरजी (K., 1929) ने उपर्युक्त वलय प्रसंग के सन्दर्भ में श्रीसारदारंजन राय के मत का खण्डन करते हुए कहा है कि – शकुन्तला ने केवल एक-एक वलय ही दोनों हाथों में पहने थे, ऐसा निश्चयात्मक रूप से कहने का हमें कोई अधिकार नहीं है। क्योंकि यहाँ 'मृणालैकवलयम्' शब्द का अर्थ

तो "एकमात्र मृणालतन्तु से ही बने हो ऐसे अनेक वलय भी उसने पहने होंगे" ऐसा हो सकता है। यदि राघवभट्ट कहते हैं कि – "शिथिलितं शिथिलं संजातं मृणालस्यैकं मुख्यं वलयं यत्र। . . . एकम् इत्यनेन वलयान्तरासहत्वं ध्वन्यते।।" (राघवभट्ट, 2006, पृ. 90) उसको मान लिया जाए तो भी यह तो स्वीकारना ही होगा कि शकुन्तला के दूसरे हाथ से वलय गिर सकता है।[14]

हम यह भी कह सकते हैं कि – श्री सारदारंजन राय के मतानुसार यदि मृणाल-वलय प्रसंग प्रक्षिप्त है तो, तृतीयाङ्क के अन्तिम श्लोक में जो बिसाभरण का निर्देश है उसका क्या समाधान दिया जाएगा, ऐसा प्रश्न खड़ा होता है। क्योंकि यह श्लोक तो शाकुन्तल नाटक की पाँचो वाचनाओं में एक समान रूप से ग्राह्य रहा है। इस श्लोक में निर्दिष्ट तीन चीजों में से 1. शकुन्तला की पुष्पमयी शय्या, तथा 2. शकुन्तला का मदन-लेख अङ्क में साक्षात् निर्दिष्ट हुआ है, परन्तु मृणाल-वलय प्रसंग यदि प्रक्षिप्त होगा तो इस श्लोक में तीसरी चीज के रूप में बिसाभरण (मृणाल-वलय) का जो उल्लेख हुआ है, वह निराधार हो जाएगा। परन्तु यदि मृणाल-वलय प्रसंग को मौलिक मानते हैं तो अन्तिम श्लोक में निर्दिष्ट तीनों चीजों की संगति बैठ जाती है।

5

तृतीयाङ्क के बृहत्पाठ्यांश की मौलिकता का समर्थन करने के सन्दर्भ में प्रो. एस. के. बेलवलकर का जो मुख्य प्रदान है (S.K. Belvalkar, 1929) वह दो अन्य तर्क के ऊपर अवलम्बित है – जैसेकि (1) सखियों के विदा हो जाने के बाद और गौतमी के आगमन के बीच में जो अपेक्षित काल का अन्तराल होना आवश्यक है वह देवनागरी-वाचना के लघुपाठ में नहीं दिखाई देता है।[15] दुष्यन्त की उक्ति है – "सुन्दरि, अपरिनिर्वाणो दिवसः। . . . . कथमातपे गमिष्यसि परिबाधापेलवैरङ्गैः।।" (3-19) और जब गौतमी का आगमन होता है तब वह बोलती है कि "वत्से, परिणतो दिवसः। तद् एहि, उटजम् एव गच्छामः।।" अर्थात् अङ्क का आरम्भ मध्याह्न में होता है – ऐसी प्रकट सूचना है, किन्तु (देवनागरी पाठ के अनुसार) कुछ ही क्षणों में गौतमी आती है और नेपथ्य से कहा जाता है कि शाम ढल गई है, '. . . . उपस्थिता रजनी।' इसके प्रतिपक्ष में, मध्याह्न एवं सन्ध्या के बीच का अपेक्षित समयावधि व्यतीत होने के लिए बंगाली-वाचना का जो बृहत्पाठ है उसमें वर्णित नायक-नायिका का लम्बा सहचार समुचित प्रतीत होता है। अर्थात् समय-सूचना के अनुरूप विस्तार वाला पाठ केवल बंगाली एवं मैथिली वाचनाओं में ही है। नाटक जैसी साहित्यिक कृति में समय-सूचना

की संगति होना – वह भी एक आन्तरिक सम्भावना है, और महाकवि कालिदास की नाट्यकृति के मौलिक पाठ को ढूँढने में वह सबल प्रमाण सिद्ध होता है। प्रो. एस. के. बेलवलकर ने कहा है कि तृतीयाङ्क की विस्तृत शृङ्गारिक घटना मध्याह्न से सायंकाल के बीच में व्यतीत होने का प्रमाण डॉ. रिचार्ड पिशेल की आवृत्ति में जो श्लोक 81 है, जिसमें सायंकाल की लम्बी होने वाली छाया का उल्लेख है। अर्थात् – "दिनावसानच्छायेव पुरोमूलं वनस्पतेः" (3-29) वह श्लोक भी समर्थक प्रमाण है। तथा (2) पिशेल की आवृत्ति का "मणिबन्ध नगलितामिदं . . . . मृणालवलयं स्थितं पुरतः।" (3-31 श्लोक) वर्धमान (बारहवीं शती) ने *गणरत्नमहोदधि* में उद्धृत किया है, "एवमेव अनेन लीलाभरणेन ते प्रिये . . . . जनः समाश्वासित एष दुःखभाग् अचेतनेनापि सता न तु त्वया।।" (3-32) वाला श्लोक हर्षवर्धन ने *रत्नावली* में उपयुक्त किया है। इसलिए बंगाली-वाचना का मृणालवलय प्रसंग भी, गद्य-संवादों के साथ, मौलिक मानना होगा। इस तरह प्रो. एस. के. बेलवलकर (1929) ने बंगाली-वाचना के बृहत्पाठ का समर्थन करने के लिए बाह्य प्रमाण के रूप में हर्षवर्धन की दो नाटिकाओं – *रत्नावली* और *प्रियदर्शिका* – के कुछ शब्दसमूह एवं दृश्य-सादृश्य की ओर हमारा ध्यान आकृष्ट किया है। और उन्होंने कहा है कि हर्षवर्धन ने महाकवि कालिदास का अनुकरण करते हुए इन दोनों नाटिकाओं में जो निरूपण किया है उससे यह सिद्ध होता है कि *अभिज्ञानशाकुन्तल* का विस्तृत पाठ सप्तम शताब्दी के पूर्वार्ध से प्रचार में रहा है।[16]

इस तरह प्रो. एस. के. बेलवलकर ने *शाकुन्तल* के बृहत्पाठ की मौलिकता एवं प्राचीनतमता सिद्ध करने के लिए जो उच्चनर समीक्षा प्रस्तुत की है, वह हमारे लिए उपकारक एवं दिशासूचक भी है। तथापि यह भी कहना होगा कि बंगाली बृहत्पाठ का समर्थन करने के बाद भी, कालान्तर में उन्होंने बृहत्पाठ के मौलिक होने का पक्ष छोड़ दिया होगा ऐसा प्रतीत होता है। क्योंकि उनके अवसान के बाद, उन्होंने तैयार किए *अभिज्ञानशाकुन्तल* का समीक्षित पाठ, जो साहित्य अकादमी, नई दिल्ली, की ओर से डॉ. वी. राघवन ने प्रसिद्ध (1965 में) किया है, उसमें तो कश्मीरी-वाचना का पाठ दिया है। उसमें उन्होंने ब्यूह्लर ने ढूँढी हुई शारदालिपि की पाण्डुलिपि को आधार बनाया है। जैसाकि डॉ. वी. राघवन ने बताया है – उनकी दृष्टि में कश्मीरी-वाचना का पाठ मौलिक पाठ के रूप में उनको मान्य हो सकता है।[17] (कश्मीरी-वाचना वाले *शाकुन्तल* का जो पाठ मिलता है वह नातिविस्तृत एवं नातिलघु ऐसा पाठ है।) किन्तु डॉ. बेलवलकर

ने अन्य कौन-कौन-सी पाण्डुलिपियों का विनियोग किया था उसका विवरण डॉ. वी. राघवन नहीं दे पाए हैं।

यहाँ पर यह भी कहना आवश्यक है कि (1) मृणालवलय – प्रसंग के अनुसन्धान में ही एक दूसरा रोचक शृङ्गारिक दृश्य आता है, जिसमें शकुन्तला के नेत्र में पुष्परज गिरने के कारण उसकी दृष्टि कलुषित होने का प्रसंग निरूपित होता है। दुष्यन्त उस पुष्परज को अपने वदन-मारुत से हटाकर शकुन्तला के नेत्र को स्वच्छ कर देता है। यह प्रसंग प्रक्षिप्त है या नहीं उसके लिए प्रो. एस. के. बेलवलकर ने अपने विचार प्रकट नहीं किए हैं। एवमेव, दूसरे भी किसी विद्वान् ने इसके बारे में सम्मति या विप्रतिपत्ति नहीं दिखाई है। तथा (2) इस शृङ्गारिक दृश्यावली प्रस्तुत करने वाले विस्तृत अङ्क के 41 श्लोकों में से कौन-कौन से श्लोक प्रक्षिप्त हो सकते हैं, उसकी भी स्वतन्त्र रूप से चर्चा किसी विद्वान् ने की हो ऐसा ज्ञात नहीं है।

6

रिचार्ड पिशेल के बाद *अभिज्ञानशाकुन्तल* (Kanjilal, 1980) के बृहत्पाठ का पुनःसम्पादन करने वाले विद्वान् हैं डॉ. दिलीपकुमार काञ्जीलाल। उन्होंने इस नाटक की सम्भवतः अधिकाधिक पाण्डुलिपियाँ और भी टीका-सामग्री देखी है, तथा पूरे विस्तार के साथ यह सिद्ध किया है कि कश्मीर के आठवीं-नवीं शताब्दी के प्रायः सभी आलङ्कारिकों ने *अभिज्ञानशाकुन्तल* के जिन श्लोकों का उद्धरण दिया है, उसमें बंगाली-वाचना में संचरित शब्दों (पाठान्तरों) का ही समादर किया है। यद्यपि 1908 में सारदारंजन राय (कोलकाता) ने चौदहवीं शती के *साहित्यदर्पण* में उद्धृत हुए *शाकुन्तल* के एक श्लोक की ओर ध्यान आकृष्ट किया था। लेकिन डॉ. दिलीपकुमार काञ्जीलाल ने तो कश्मीर के बहुत सारे आलङ्कारिकों का सन्दर्भ देते हुए यह दिखाया है कि *अभिज्ञानशाकुन्तल* का बृहत्पाठ ही प्राचीन काल से प्रसिद्धि में रहा है। वे कहते है कि दसवीं शती से पूर्व में यदि *शाकुन्तल* का बृहत्पाठ प्रचार में है, तो बीसवीं शती के हम लोगों को यही पाठ अधिक श्रद्धेय है ऐसा स्वीकारना ही चाहिए।[18]

डॉ. एस. के. बेलवलकर ने जैसे तृतीयाङ्क की समय-सूचनाओं की ओर ध्यान आकृष्ट करते हुए बृहत्पाठ का समर्थन किया है, उसी तरह से डॉ. दिलीपकुमार काञ्जीलाल ने एकान्त मिलन के दौरान अपने प्रियतम को पति के रूप में स्वीकार करने से पहले जो विस्तृत समय (सहचार) की अपेक्षा रहती है[19] उसकी ओर ध्यान आकृष्ट किया है। यह भी एक सबल तर्क है, जो

बंगाली-वाचना के बृहत्पाठ का समर्थन करता है। डॉ. दिलीपकुमार काञ्जीलाल ने भी बंगाली पाण्डुलिपियों में संचरित हुए *अभिज्ञानशाकुन्तल* के बृहत्पाठ को ही प्राचीनतम और मौलिक मानने का जो मताग्रह पुरस्कृत किया है, वह केवल एक व्यावहारिक तर्क पर ही आधारित है। उसमें कृतिनिष्ठ कोई वचन का समर्थन नहीं दिया है। एवमेव, इसी बंगाली-वाचना की विस्तृत शृङ्गारिक दृश्यावली में आए हुए कौन-कौन से श्लोक स्पष्ट रूप से प्रक्षिप्त प्रतीत हो रहे हैं, उसकी भी प्रकट आलोचना उन्होंने नहीं की है।

7

शाकुन्तल के तृतीयाङ्क के शृंगारिक दृश्यों की मौलिकता के सन्दर्भ में पुरोगामी पाठ-समीक्षकों की स्थापनाओं को देखने के बाद, प्रस्तुत आलेख में कृति-समीक्षा से जो पाठ-समीक्षा प्रस्तुत करने का उद्देश्य रखा है उसकी चर्चा करने का अब अवसर है – इस तीसरे अङ्क में आए हुए 1. दुष्यन्त ने शकुन्तला को पहनाए हुए मृणालवलय का प्रसंग, और 2. शकुन्तला की दृष्टि कलुषित होने पर दुष्यन्त ने अपने वदन-मारुत से उसे निर्मल की थी यह प्रसंग कृतिनिष्ठ आन्तरिक सम्भावना-युक्त है या नहीं? यही दो प्रसंग मुख्य रूप से विवेचनीय हैं – देवनागरी-वाचना के लघुपाठ में शकुन्तला ने मृणालवलय हाथ में पहना है ऐसा स्पष्ट उल्लेख तीसरे अङ्क के आरम्भ में ही है, और कवि ने कहा भी है कि वह वलय 'शिथिल' हुआ है।[20] अतः उसे नीचे गिर जाने की बात सर्वथा अपेक्षित थी। कालिदास जैसे महाकवि की नाट्यकृति में जो कुछ भी कहा जाता है वह सप्रयोजन ही होता है। अतः दुष्यन्त ने उस शिथिलित मृणालवलय को पहनाया हो ऐसा प्रसंग कालिदास के लिए वर्ण्य-विषय बनता ही है, तथा वह शिथिल था, इसलिए फिर से वह गिरा हुआ दुष्यन्त के हाथ में आ जाता है ऐसा अङ्क के अन्त में कहा गया है वह भी समुचित है। और, जो बात अङ्क के आदि और अन्त में उल्लिखित है वह अङ्क के मध्य भाग में भी हो सकती है, ऐसा मानना तर्क-विरुद्ध नहीं होगा। एवमेव, महाकवि ने केवल शकुन्तला के ही शिथिलित मृणालवलय का निर्देश किया है ऐसा नहीं है। उन्होंने तो विरही दुष्यन्त के हाथों से बार-बार नीचे उतर जाने वाले कनकवलय का भी निर्देश किया है।[21] दूसरा, यहाँ नगर-संस्कृति के नायक के हाथ में कनकवलय का होना और आरण्यक-संस्कृति की नायिका के हाथों में मृणालवलय का होना वर्णित करना, उसमें हम एक संतुलित कलाकृति का लक्षण भी देख सकते हैं।

इस मृणालवलय के प्रसंग का मूलगामी पाठ में होना एक अन्य आन्तरिक

सम्भावना से भी समर्थित होता है उसकी ओर भी सत्यान्वेषी साहित्य-रसिकों का ध्यान आकृष्ट करना आवश्यक है – जिस लतावलय में दुष्यन्त-शकुन्तला का एकान्त मिलन होता है वहाँ आरम्भ में शकुन्तला लतावलय से बाहर चली जाती है। तब दुष्यन्त शकुन्तला के मणिबन्धन से गलित हुए मृणालवलय को देखता है, जो उसे "हृदयस्य निगडम् इव" लगता है,[22] उसको उठा लेता है और अपने गले लगाता है। तब उस वलय को वापस लेने के बहाने शकुन्तला लतावलय में पुनःप्रविष्ट होती है। यहाँ प्रिया शकुन्तला को देखते ही दुष्यन्त सहर्ष बोलता है – "अये, जीवितेश्वरी मे प्राप्ता।" इसके बाद, दुष्यन्त मृणालवलय को वापस लौटाने के लिए एक अभिसन्धि (शर्त) रखता है कि वह उसके हाथ में पहनाए, जो शकुन्तला मंजूर रखती है। दुष्यन्त ने जब शकुन्तला के हाथ में उसे पहनाया तब शकुन्तला के मुख से "त्वरताम् त्वरताम् आर्यपुत्रः।" ऐसा सम्बोधन निकल जाता है। कङ्कण-स्वरूप मृणालवलय पहनाने के अवसर पर शकुन्तला के मन में दुष्यन्त के लिए पति-भाव प्रकट हुआ हो यह अत्यन्त स्वाभाविक है। इस दृष्टि से, मृणालवलय प्रसंग में नायक-नायिका ने परस्पर जो 'जीवितेश्वरी' और 'आर्यपुत्रः' कहा है, वह क्षण अत्यन्त महत्त्वपूर्ण है। क्योंकि आगे चलकर जब षष्ठाङ्क में (दुष्यन्त-नामधेयाङ्किता मुद्रिका मिल जाने के बाद) कदाचित् अन्तःपुर की अन्य स्त्रियों के सामने विरही दुष्यन्त के मुख से "गोत्र-स्खलन" हो जाता है ऐसा निरूपण आता है[23] तो वह बिल्कुल निराधार है ऐसा नहीं लगता है।

किन्तु देवनागरी एवं दाक्षिणात्य वाचना के पाठ में तो यह मृणालवलय का प्रसंग नहीं है। अतः वहाँ षष्ठाङ्क में गोत्र-स्खलन का निर्देश आने पर उसका कोई पूर्व-निर्दिष्ट आधार नहीं मिलता है। कहने का तात्पर्य यही है कि बंगाली-वाचना में मृणालवलय का प्रसंग है और उस प्रसंग के निमित्त से दोनों के चित्त में जो सहज दाम्पत्य-भाव प्रकट हुआ था उससे ही षष्ठाङ्क में दुष्यन्त से अनजाने में होने वाले गोत्र-स्खलन की स्वाभाविकता प्रतीतिकर बनती है। और इस तरह से षष्ठाङ्क में आने वाला गोत्र-स्खलन का निर्देश हमारे लिए मृणालवलय का समर्थक प्रमाण बनता है।

8

अब तृतीयाङ्क में जो दूसरा विवादास्पद प्रसंग है उसकी पाठ-समीक्षा की जा रही है – शकुन्तला की दृष्टि पुष्परज से कलुषित होने पर दुष्यन्त उसे अपने वदन-मारुत से निर्मल कर देता है – उस प्रसंग की मौलिकता कृति-निष्ठ अन्तःसाक्ष्य से समर्थित होती है या नहीं? इस विषय में सम्भवतः किसी ने नहीं

सोचा है। यहाँ, शकुन्तला के नेत्र पुष्परज से कलुषित होने जैसे कोई प्रसंग की हम अपेक्षा रख सकते हैं या नहीं? यही बात प्रथमतः विचारणीय है – प्रथमाङ्क में वृक्षसेचन के दौरान परिश्रान्त हुई शकुन्तला का दुष्यन्त ने वर्णन किया है, इस श्लोक में कहा गया है कि, "स्रस्तं कर्णशिरीषरोधि वदने घर्माम्भसां जालकं, बन्धे स्रंसिनि चैकहस्तयमिताः पर्याकुला मूर्धजाः॥" (*शाकु.* 1–26, राघवभट्ट, पृ. 47) अर्थात् शकुन्तला अपने कर्णों में शिरीष आदि पुष्पों को लगाती थी। और इसलिए षष्ठाङ्क में शकुन्तला का चित्र अंकित करते हुए दुष्यन्त ने फिर से कहा भी है कि – "कृतं न कर्णार्पितबन्धनं सखे, शिरीषमागण्डविलम्बिकेसरम्। न वा शरच्चन्द्रमरीचिकोमलं मृणालसूत्रं रचितं स्तनान्तरे॥" (*शाकु.* 6–18, राघवभट्ट, पृ. 213) इस तरह शकुन्तला अपने कानों में प्रसाधन के रूप में पुष्प लगाती थी, और इसलिए कदाचित् उसके नेत्र में पुष्परेणु गिरने की सम्भावना (एवं अपेक्षा) तो थी ही। यह बात कृति-निष्ठ वाक्यों से ही समर्थित होती है। लेकिन यहाँ प्रश्न उठाया जा सकता है कि क्या ऐसा कोई प्रसंग महाकवि ने ही अपने हाथों से लिखा होगा? इस प्रश्न का उत्तर देने के लिए उच्च स्तरीय समीक्षा को मान्य हो ऐसा कोई प्रमाण देना आवश्यक है।

महाकवि कालिदास ने इस नाट्यकृति की दृश्यावली में सर्वत्र एक रूप के सामने दूसरा प्रतिरूप खड़ा करने की जो कलात्मक सर्जनविधा का साद्यन्त विनियोग किया है उसकी ओर सबका ध्यान आकृष्ट करने की ज़रूरत है। जैसाकि – 1. प्रथमाङ्क में मृगया-विहारी दुष्यन्त का कण्व मुनि के आश्रम में प्रवेश होते ही – "न खलु न खलु बाणः सन्निपात्योऽस्मिन् . . ." शब्द सुनाई पड़ते हैं, वैसे ही सप्तमाङ्क के आरम्भ में "मा चापलम् कुरु। कथं गत एवात्मनः प्रकृतिम्।" शब्द नेपथ्य से आते हैं। यहाँ प्रथमाङ्क में शिकारी दुष्यन्त का जो एक रूप प्रस्तुत किया था, उसका ही दूसरा प्रतिरूप सिंहबाल के साथ खेल रहे सर्वदमन का खड़ा किया गया है। 2. प्रथमाङ्क में भ्रमर-बाधा प्रसंग वर्णित करने के बाद, कवि ने षष्ठाङ्क में वही दुष्यन्त भ्रमरोपदेश करता है[24] ऐसा भी निरूपण किया है। 3. द्वितीयाङ्क के अन्त में यज्ञक्रिया में राक्षसोपद्रव को संयमित करने के लिए दुष्यन्त प्रस्थान करता है – ऐसा जो एक रूप (दृश्य) प्रस्तुत किया है, उसके सामने (प्रतिदृश्य के रूप में) षष्ठाङ्क में मातलि ने मेघप्रतिच्छन्द प्रासाद में विदूषक को पकड़ लिया है और दुष्यन्त उसे छुड़ाने के लिए शरासन धारण करता है। 4. तृतीयाङ्क में महाकवि ने संभोग-शृङ्गार का निरूपण किया है, तो षष्ठाङ्क में उसके प्रतिरूप में विप्रलम्भ-शृङ्गार का वर्णन किया है। और इन दोनों के बीच में, चतुर्थाङ्क में पितृ-वात्सल्य का अनन्य एवं अभूतपूर्व आलेखन किया

है। 5. तृतीयाङ्क में शकुन्तला अपनी अस्वस्थ शरीर दशा का रहस्योद्घाटन करते हुए कहती है कि – "सखि यतः प्रभृति मम दर्शनपथम् आगतः स तपोवन-रक्षिता राजर्षिः, तत आरभ्य तद्गतेनाभिलाषेणैतद् अवस्थास्मि संवृत्ता।" यहाँ दुष्यन्त सहर्ष बोलता है कि "श्रुतं श्रोतव्यम्।" इस दृश्य के सामने, प्रतिदृश्य के रूप में पञ्चमाङ्क में जब शकुन्तला दुष्यन्त को अंगूठी नहीं दिखा सकती है तब वह एकदा घटित मृगपोतक की बात सुनाने का प्रस्ताव रखती है। तब यहाँ दुष्यन्त शकुन्तला का उपहास करता हुआ कहता है कि – "श्रोतव्यम् इदानीं संवृत्तम्।" इस तरह महाकवि ने सम्पूर्ण कृति में एक रूप के सामने दूसरा प्रतिरूप (एक दृश्य के सामने दूसरा प्रतिदृश्य) खड़ा करने की स्पृहणीय निरूपण शैली का मार्ग अपनाया है। यह निरूपण-शैली भी हमारे लिए कृति-निष्ठ अन्तःसाक्ष्य बन सकती है, और उसके आधार पर बंगाली (और मैथिली) वाचना के तृतीयाङ्क में शकुन्तला की दृष्टि कर्णोत्पल रेणु से कलुषित होने का जो प्रसंग वर्णित किया है उसका समर्थन किया जा सकता है। जैसेकि – तृतीयाङ्क में दुष्यन्त ने अपने वदन-मारुत से शकुन्तला की दृष्टि निर्मल कर दी थी – उसी एक दृश्य के सामने, षष्ठाङ्क में कवि ने दूसरा प्रतिदृश्य भी खड़ा किया है। धीवर के पास से जब शकुन्तला के हाथ से गिरी मुद्रिका मिल जाती है और दुष्यन्त को शकुन्तला का पुनःस्मरण हो जाता है तब शकुन्तला का चित्रांकन करते हुए वह एक श्लोक बोलता है –

कार्या सैकतलीनहंसमिथुना स्रोतोवहा मालिनी,
पादास्तामभितो निषण्णहरिणा गौरीगुरोः पावनाः।
शाखालम्बित-वल्कलस्य च तरोर्निर्मातुम् इच्छाम्यधः,
शृङ्गे कृष्णमृगस्य वामनयनं कण्डूयमानां मृगीम्।।
– 6-17

इसमें कहा गया है कि मुझे (दुष्यन्त को) इस चित्र में बह रही मालिनी नदी की बालुका में बैठा एक हंस-मिथुन आकारित करना है। हिमालय की उपत्यका के पास बैठे हरिणों के समूह को बनाना है। वृक्ष की डालियों पर कुछ वल्कल वस्त्र टांगे हो एवं उस वृक्ष के अधोभाग में कृष्णमृग के शृङ्ग पर अपना वाम-नेत्र खुजलाती हुई एक हरिणी भी चित्रित करने की चाहत हो रही है। यहाँ "कण्डूयमानां मृगीम्" का जो चित्र बनाने की इच्छा प्रकट की गई है वह निरतिशय व्यंजनापूर्ण है। षष्ठाङ्क में वर्णित इस प्रसंग का अर्थ स्पष्ट रूप से तृतीयाङ्क में निरूपित शकुन्तला के नेत्र कलुषित होने के प्रसंग के साथ ही है। वहाँ पर दुष्यन्त ने जब अपने वदन-मारुत से शकुन्तला की दृष्टि को निर्मल कर

देने का प्रस्ताव रखा था, तब शकुन्तला ने कहा था कि मेरे मन में तुम्हारे लिए विश्वास नहीं है। (क्योंकि सम्भव है कि दुष्यन्त कुछ अधिक भी कर सकता है)। दुष्यन्त ने इसी तृतीयाङ्क के प्रसंग को ही स्मरण-पट में रखकर एक प्रतिदृश्य के रूप में, यह "कण्डूयमानां मृगीम्" का चित्र बनाने की इच्छा प्रकट की है। इस तरह एक दृश्य के सामने दूसरा प्रतिदृश्य खड़ा करने की जो निरूपण-शैली समग्र कृति में बार-बार दिखाई देती है उसको तार्किक रूप से ही आन्तरिक सम्भावना के रूप में स्वीकारना चाहिए। अतः तृतीयाङ्क में शकुन्तला का नेत्र कलुषित होने पर दुष्यन्त ने उसे अपने वदन-मारुत से स्वच्छ कर दिया था ऐसा एक प्रसंग जो बंगाली-वाचना में निरूपित किया गया है, वह प्रक्षिप्त नहीं है, बल्कि सर्वथा मौलिक है, ऐसा मानने को हम बाध्य हो जाते है।

9

यहाँ जो कृति-समीक्षा से पाठ-समीक्षा करने का उपक्रम रखा है उसमें महाकवि की प्रतीक-योजना का भी विश्लेषण करना अतीव उपकारक सिद्ध होगा। जैसाकि – कवि ने शकुन्तला के लिए मुख्य रूप से तीन प्रतीकों का विनियोग किया है – 1. हरिणी, 2. कमल और 3. शकुन्त (पक्षी)। महाकवि कालिदास ने इन तीनों प्रतीकों का साद्यन्त उपयोग करते हुए ही नाट्यकार्य का विकास प्रदर्शित किया है।[25] प्रथम उदाहरण के रूप में शकुन्तला के लिए हरिणी का प्रतीक जो समग्र कृति में प्रयुक्त किया गया है वह तो सुविदित है। लेकिन इस प्रतीक के द्वारा महाकवि ने नाट्यकार्य का कैसे विकास होता हुआ वर्णित किया है वह ज्ञातव्य है। शकुन्तला के लिए प्रयुक्त प्रतीक यदि हरिणी है, तो हरिणी को किसी शिकारी की अपेक्षा होगी ही। वह शिकारी यहाँ दुष्यन्त है, और नाटक का आरम्भ ही मृगया-विहारी दुष्यन्त के प्रवेश से होता है। किन्तु नाटक का आरम्भ जिस स्थिति से शुरू होता है उसमें आगे चलकर बहुत कुछ परिवर्तन/विकास आ गया है ऐसा महाकवि दिखाना चाहते हैं। दुष्यन्त शिकारी बनकर तो कदापि शकुन्तला स्वरूपा हरिणी को प्राप्त नहीं कर सकता है – ऐसा महाकवि का तत्त्व-दर्शन है। क्योंकि सौन्दर्य को प्राप्त करने के लिए स्वयं को भी सौन्दर्य ही बनना होता है। अतः हरिणी को (हृदय से) प्राप्त करने के लिए शिकारी को भी हरिण बनना पड़ेगा यह बात स्पष्ट है। षष्ठाङ्क के उपर्युक्त श्लोक में कहा गया है कि दुष्यन्त अब विश्वसनीय हरिण बनकर हरिणी के सामने खड़ा रहना चाहता है, जिससे उसके शृङ्ग पर वह हरिणी आश्वस्त होकर अपने वाम-नयन को खुजला सके।

यहाँ दूसरी ध्वनि यह है कि (पञ्चमाङ्क के) शकुन्तला–प्रत्याख्यान प्रसंग में मुद्रिका नहीं मिलने पर शकुन्तला ने दुष्यन्त को एकदा एकान्त में हुई बात का स्मरण दिलाने की कोशिश की। वह कहती है कि एक बार नवमालिका के मण्डप में दुष्यन्त के हाथ का पानी दीर्घापाङ्ग नामक मृगपोतक ने नहीं पिया, तब वही जलपात्र शकुन्तला ने अपने हाथ में लिया और दीर्घापाङ्ग ने तत्क्षण उसमें से जल पी लिया। इसको देखकर दुष्यन्त ने उपहास करते हुए कहा था – सभी समान गन्ध वाले समान गन्ध वाले में ही विश्वास करते हैं। आप दोनों जंगल के ही तो निवासी हैं।[26] यहाँ पर दुष्यन्त ने अपने आपको नागर कहा और शकुन्तला को आरण्यक। इस विषमता को जब तक नहीं मिटाई जाए तब तक दोनों के दाम्पत्य में सुसंगतता कैसे सिद्ध हो सकती है? दुष्यन्त जब तक हरिण बनकर खड़ा न रहे, अर्थात् वह भी शकुन्तला का सगन्ध–सखा न बने तब तक दोनों का मिलन होना महाकवि को मंजूर नहीं है। अतः दुष्यन्त जिस चित्र को आलिखित करने जा रहा है उसमें तरु की छाया में खड़ा हरिण और कोई नहीं है, वह स्वयं दुष्यन्त ही है। हरिणी स्वरूपा शकुन्तला को वामाङ्गी के रूप में प्राप्त करने की योग्यता शिकारी में नहीं थी, वह तो हरिण बनने से ही सिद्ध होगी – यह बात संकल्पित चित्र का वर्णन करते हुए दुष्यन्त ने गहरी मार्मिकता से व्यक्त की है।

10

बंगाली–वाचना के तृतीयाङ्क का विस्तृत शृङ्गारिक अंश प्रक्षिप्त नहीं है, किन्तु मौलिक है – यह दिखाने के लिए यहाँ जो चर्चा उपस्थापित की गई है उसके समर्थन में अब केवल दो बिन्दु जोड़ना अवशिष्ट है – 1. मृणालवलय प्रसंग एवं पुष्परेणु से शकुन्तला का नेत्र कलुषित होने का प्रसंग परस्पर से स्वतन्त्र नहीं है। बल्कि मृणालवलय पहनाने के प्रसंग में ही अत्यन्त स्वाभाविक रूप से दूसरे प्रसंग का अवतार हो जाता है। और इस दूसरे प्रसंग के अनुसन्धान में ही गौतमी का प्रवेश भी सहज रूप से अन्वित हो जाता है। कहने का तात्पर्य यही है कि ये दोनों प्रसंग परस्पराश्लिष्ट है। तथा तार्किक रूप से पूर्वापर क्रम में सुग्रथित होने से, किसी ने इन दोनों को उत्तरवर्ती काल में चिपकाए हैं ऐसा नहीं लगता है। 2. दुष्यन्त–शकुन्तला का सहचार जो बंगाली पाठ में निरूपित किया गया है उसको देखकर अनेक साहित्य–रसिकों ने ऐसा अभिप्राय व्यक्त किया है कि यहाँ शकुन्तला प्रगल्भ दिखती है, एक नादान, भोली–भाली निसर्ग कन्या नहीं लगती है।[27] अतः ये दोनों प्रसंग कालिदास की कलम का परिणाम नहीं हो सकता। किन्तु देवनागरी और दाक्षिणात्य वाचना के लघु पाठ में जो शकुन्तला वर्णित की

गई है वह भी नितान्त रूप में व्यवहार जगत् से अनभिज्ञ भोली कन्या है ऐसा निरूपण नहीं है। वहाँ पर भी दोनों सखियाँ जब दुष्यन्त को शकुन्तला को स्वीकार करके उनके जीवन को अवलम्बन देने की विनती करती है, तब शकुन्तला ने तुरन्त कहा है कि – "हला, किमन्तःपुरविरहपर्युत्सुकस्य राजर्षेरुपरोधेन।" अर्थात् अली, अन्तःपुर की रानियों के विरही राजर्षि को यहाँ रोकने से क्या फायदा? शकुन्तला जो प्रायः मौन रहती है उसने मौके की क्षण पर तो दुष्यन्त की सम्पूर्ण परीक्षा हो जाए ऐसा प्रश्न कर ही लिया था – यह क्षण स्मर्तव्य है। यहाँ पर शकुन्तला की अन्यथा अव्यक्त प्रगल्भता एक क्षण के लिए विद्युत् की लकीर जैसी चमक जाती है, तो उसको देखते हुए बंगाली-वाचना में वर्णित नायक-नायिका का शृङ्गारपूर्ण सहचार अस्वाभाविक या अनपेक्षित नहीं लगता है।

11

कृति-निष्ठ आन्तरिक सम्भावना से तृतीयाङ्क के विस्तृत शृङ्गारिक पाठ्यांश की मौलिकता का समर्थन अवश्य हो सकता है। लेकिन बंगाली-वाचना के इस बृहत्पाठ में जो कुछ भी उपलब्ध होता है वह सम्पूर्णतया ग्राह्य है – ऐसा भी नहीं कहा जा सकता है। क्योंकि डॉ. रिचार्ड पिशेल एवं डॉ. दिलीपकुमार काञ्जीलाल ने बंगाली-वाचना का जो पाठ प्रकाशित किया है उसमें भी ऐसे अनेक श्लोक हैं जिनकी भी कृति-निष्ठ आन्तरिक सम्भावना के मानदण्ड से परीक्षा करने की आवश्यकता है। उदाहरण के रूप में एक श्लोक को देखते हैं – (बंगाली-वाचना में) दुष्यन्त तृतीयाङ्क के आरम्भ में कामदेव को सम्बोधन करता हुआ बोलता है –

कुतस्ते कुसुमायुधस्य सतस्तैक्ष्ण्यमेतत्। (स्मृत्वा) आं ज्ञातम्।
अद्यापि नूनं हरकोपवह्निस्त्वयि ज्वलत्यौर्व इवाम्बुराशौ।
त्वमन्यथा मन्मथ मद्विधानां भस्मावशेषः कथमेवमुष्णः ॥ 3-3 ॥

इस श्लोक के बाद, "तव कुसुमशरत्वं शीतरश्मित्वमिन्दोः . . . ." श्लोक आता है।

आगे चलकर मृणालवलय पहनाते हुए दुष्यन्त ने शकुन्तला के हस्त को अपने हाथ में लिया है। वहाँ शकुन्तला के हस्त का स्पर्श होते ही दुष्यन्त जो श्लोक बोलता है वह इस तरह का है –

राजा - (शकुन्तलाया हस्तमादाय) अहो स्पर्शः।
हरकोपाग्निदग्धस्य दैवेनामृतवर्षिणा।

प्ररोह: संभृतो भूय: किं स्वित्कामतरोरयम् ॥ 3-34 ॥

यहाँ पर एक ही अङ्क में दो बार हरकोपवह्नि/हरकोपाग्नि शब्दों से भगवान् शङ्कर के तृतीय नेत्राग्नि से जले कामदेव का निर्देश है, जो स्पष्ट रूप से एक ही विचार की पुनरुक्ति है। कविकुलगुरु की वाणी में यह दोष रूप ही प्रतीत हो रहा है। अत: इन दोनों में से कोई एक श्लोक प्रक्षिप्त होगा, यह निश्चित है। यहाँ आन्तरिक सम्भावना के रूप में एक ही तर्क है कि महाकवि एक ही विचार की पुनरुक्ति नहीं करते हैं। सूक्ष्मेक्षिका से देखने पर दूसरी भी पुनरुक्ति यहाँ यह है कि "अद्यापि नूनम् . . . ." से (3-3) कामदेव को उपालम्भ देने के बाद, फिर से तव "कुसुमशरत्वम् . . ." के द्वारा भी वही भाव प्रदर्शित किया गया है। यहाँ 3-3 के रूप में जो श्लोक हैं वह प्रक्षिप्त होगा। क्योंकि 3-34 के रूप में जो श्लोक है वह मृणाल-वलय के प्रसंग में पूर्ण रूप से समुचित लगता है।।

देवनागरी एवं दाक्षिणात्य वाचना के पाठ में मृणालवलय प्रसंग को हटाया गया है, इसलिए 3-34 श्लोक भी निकाल दिया होगा। किन्तु 'हरकोपाग्नि . . . .' शब्दों से कुमारसम्भव के प्रसंग का स्मरण होता है, इसलिए किसी अज्ञात व्यक्ति ने 3-3 (अद्यापि नूनम् . . . .) श्लोक को उत्तरवर्ती काल में लिखकर उसे देवनागरी-वाचना में प्रक्षिप्त कर दिया होगा। जिसका अनुकरण करते हुए कोई लिपिकार ने उसे बंगाली-वाचना के पाठ में भी सम्मिश्रित कर दिया है। अन्यथा हरकोपवह्नि . . . (3-34) शब्दों से कामदेव-दहन का उल्लेख बंगाली पाठ में तो था ही। औचित्य की दृष्टि से सोचा जाए तो, मृणालवलय प्रसंग में आने वाला 3-34 श्लोक ही मौलिक प्रतीत होता है।

उपसंहार

उच्च स्तरीय पाठ-समीक्षा में कृतिनिष्ठ आन्तर सम्भावना का मूल्य सबसे ऊँचा होता है। इस दृष्टि से यहाँ जो चर्चा प्रस्तुत की है उससे *अभिज्ञानशाकुन्तल* की बृहत्पाठ परम्परा में बंगाली-वाचना का पाठ मौलिक सिद्ध होता है। यद्यपि यह भी कहना चाहिए कि प्रो. रिचार्ड पिशेल या डॉ. दिलीपकुमार काञ्जीलाल ने बंगाली-वाचना का जो सम्मिश्रित पाठ प्रकाशित किया है, वही सर्वथा/यथावत् रूप में ग्राह्य है, ऐसा भी हम नहीं मान सकते हैं। क्योंकि बंगाली-वाचना के पाठ में भी, अभी भी पर्याप्त प्रक्षेप दिखाई पड़ते हैं, जिसे हटाने की आवश्यकता है। तथापि यह भी सही है कि बंगाली-वाचना के तृतीयाङ्क में जो विस्तृत शृङ्गारिक दृश्यावली मिलती है वह मौलिकता से सभर है। इसमें भी विशेष रूप से 1. मृणालवलय का प्रसंग एवं 2. शकुन्तला के कर्णोत्पल से कलुषित हुए नेत्र को

दुष्यन्त ने अपने वदन-मारुत से स्वच्छ किया था यह प्रसंग कालिदास-प्रणीत हो सकता है, ऐसा बहुविध आन्तरिक सम्भावनाओं से सिद्ध होता है।[28]

संदर्भ

1. आधुनिक युग में जो पद्धति निश्चित की गई है उसमें अनेक पाण्डुलिपियों के पाठों का संतुलन-पत्रिकाओं पर पुनर्लेखन करके, तौलनिक अभ्यास से उपलब्ध की गई पाण्डुलिपियों का आनुवंशिक सम्बन्ध सोचकर विभिन्न वाचनाओं का निर्धारण किया जाता है। तथा इनमें से जो श्रद्धेय वाचना होती है, उसी के पाठ को अधिकृत पाठ के रूप में स्थापित किया जाता है।
2. निम्नस्तरीय पाठ-समीक्षा में त्रिविध कार्य होते हैं – 1. अनुसन्धान (Hueristics), 2. वाचना-निर्धारण (Recension), 3. पाठ-सुधार (Emendation) एवम् पादटिपपणी में पाठभेदों का निर्देश करना। इन त्रिविध कार्यों से समीक्षितावृत्ति बनाई जाती है।
3. A complete collection of the various readings of the Madras manuscripts., vol. 2 & 3, Madras, 1904.
4. Cultured humanity cannot possibly tolerate three divergent Śakuntalas or even two. — B. K. Thakore, p. 5.
5. (1) निसर्ग कन्या शकुन्तला, *कालिदास ग्रन्थावली*, अनु. सीताराम चतुर्वेदी, अलीगढ, 1962 के परिशिष्ट में प्रकाशित लेख; (2) Śringaric Elaboration in Śakuntal , Act 3, Indian studies in Honor of C.R. Lanman, Harvard Uni. Press, 1929, pp. 187-92; (3) The Original Śakuntala, Sir Ashutosh Mookerjee Silver Jubilee, Volume, 3 Orientalia, part 2, Calcutta, 1925, pp. 344-59; (4) The Application of a few Canons of Textual & Higher Criticism to Kalidasa's Śakuntala, Asia Major, Leipzig 2-1, 1923, pp. 79-104.
6. जिज्ञासुओं की सुविधा के लिए परिशिष्ट 1 में इस अंश का सम्पूर्ण पाठ रखा गया है। जिससे दोनों वाचनाओं के पाठ में क्या अन्तर है वह स्पष्ट होगा।
7. आ परितोषाद् विदुषां न साधु मन्ये प्रयोगविज्ञानम्। (1-2) यहाँ सूत्रधार ने केवल प्रयोग शब्द का उपयोग नहीं किया है। यहाँ तो प्रयोगविज्ञानम् शब्द रखा गया है।
8. प्राचीन धर्मशास्त्रीय ग्रन्थों में भी धरोहर, अमानत, न्यास अर्थ में निक्षेप शब्द का प्रयोग मिलता है। – द्रष्टव्य: *मनुस्मृति:* 8.4।
9. राजा - अपि नाम कुलपतेरियमसवर्णक्षेत्रसंभवा स्यात्। अथवा कृतं सन्देहेन, -

असंशयं क्षत्रपरिग्रहक्षमा यदार्यमस्यामभिलाषि मे मनः। सतां हि संदेहपदेषु वस्तुषु प्रमाणमन्तःकरणप्रवृत्तयः ॥ – 1-19 (राघवभट्ट, पृ. 33)

10. क्व सूर्यप्रभवो वंशः क्व चाल्पविषया मतिः। तितीर्षुर्दुस्तरं मोहादुडुपेनास्मि सागरम्॥ अथवा कृतवाग्द्वारे वंशेऽस्मिन् पूर्वसूरिभिः। मणौ वज्रसमुत्कीर्णे सूत्रस्येवास्ति मे गतिः॥ – *रघुवंशम्* 1-2, 4 (कालिदास ग्रन्थावली, सं. श्रीरेवाप्रसाद द्विवेदी, वाराणसी, 1986)

11. Texus simplicior is earlier than the textus ornatior.

12. भारतीय वाङ्मय 1. दृष्ट, (वेदमन्त्र) 2. श्रुत, (बुद्ध एवं महावीर की वाणी) 3. उत्कीर्ण, 4. प्रोक्त, (अनेक-कर्तृक) एवं 5. कृत प्रकार (एककर्तृक) का है। इनमें से उत्कीर्ण पाठ को छोड़कर अन्य ग्रन्थों के पाठों की पाण्डुलिपियाँ मिलती हैं। जिसमें पाठभेद से समस्या-भेद है, और इस समस्या-भेद से पाठ-सम्पादन के सिद्धान्तों में भी भेद होना/करना अपेक्षित है।

13. *Abhijnanasakuntalam*, tr. Sarada Ranjan Ray, Calcutta, 1908, pp. 344.

14. We have really no right to conclude that Śakuntalā wore only one wristlet on each hand; there must have been more than one so worn; only, as the word *mṛṇālaika* points out, they were all made of lotus alone. But even supposing that we agree to concede his point to Rāghavabhaṭṭa, there was, one may urge, the other hand in any case, from which the equally loose wristlet could drop away any time — even subsequent to the retying of the wristlet by Duśyanta on one of the hands. *Śṛṅgāric Elaboration in Śakuntalā,* Act 3, S.K. Belvalkar (1929), p. 191.

15. The most cogent objection against its shorter version is the fact that it plays fast and loose with the time-indications of the scene. . . . The longer version, on the other hand, does observe the proportion — (1929), p. 190.

16. But if now it can be shown that even so early a writer as Shriharsh in the *Ratnavali* has imitated the longer Śṛṅgāric version, it will have to be in that case concluded that some part of the "elaboration" probably comes from Kalidasa himself. . . . The hero in both the plays describes the bed and other objects in the bower from which the heroine has just departed (S.K. Belvalkar, 1929, p. 188).

17. I could see that he had taken here the Kashmiri recension. . . . No part of this elaboration is taken by him into the present

text. — Introduction, p. 4 of *The Abhijñānaśākuntala*, ed. S.K. Belvalkar, Sahitya Akademi, New Delhi, 1965.

18. If evidences testify to the existence of the alleged enlarged version before the tenth century, it would be proper for us in the twentieth century to accept the same as more authentic than any interpretative reconstruction, p. 132.

19. It required some time for Śakuntalā to muster courage and to reciprocate the desire of the king. She had accepted the king both as her lover and as consort, but some interval of time must be allowed to overcome the first shock of singular presence with an unknown person, i.e. the king. (Introduction, p. 126)

20. स्तनन्यसतोशीरं शिथिलित-मृणालैकवलयं प्रियायाः साबाधं किमपि कमनीयं वपुरिदम्। – *शाकु.* 3-6 (राघवभट्ट, पृ. 89)

21. अनभिलुलितज्याघाताङ्कं मुहुर्मणिबन्धनात् कनकवलयं स्रस्तं स्रस्तं मया प्रतिसार्यते।। – *शाकु.* 3-10 (राघवभट्ट, पृ. 97)

22. इस श्लोक को वर्द्धमान ने *गणरत्नमहोदधि* (बारहवीं शती) में उद्धृत किया है।

23. दाक्षिण्येन ददाति वाचमुचिताम् अन्तःपुरेभ्यो यदा, गोत्रेषु स्खलितस्तदा भवति च व्रीडाविलक्षिश्चिरम्। – *शाकु.* 6-5 (राघवभट्ट, पृ. 195)

24. एषा कुसुमनिषण्णा तृषितापि सती भवन्तमनुरक्ता।
प्रतिपालयति मधुकरी न खलु मधु विना त्वया पिबति।। – *शाकु.* 6-19 (राघवभट्ट, पृ. 214)

25. इस सन्दर्भ में "अभिज्ञानशकुन्तल की प्रतीक-योजना में प्रतिबिम्बित नाट्यकार्य" शीर्षक से हमने एक दूसरा आलेख लिखा है।

26. शकु. – नन्वेकस्मिन् दिवसे नवमालिकामण्डपे नलिनीपत्रभाजनगतमुदकं तव हस्ते संनिहितमासीत्। राजा – शृणुमस्तावत्।। शकु. – तत्क्षणे स मे पुत्रकृतको दीर्घापाङ्गो नाम मृगपोतक उपस्थितः। त्वयायं तावत् प्रथमं पिबत्वित्यनुकम्पिनोपच्छदित उदकेन। न पुनस्ते परिचयाद्धस्ताभ्याशमुपगतः। पश्चात्तस्मिन्नेव मया गृहीते सलिले अनेन कृतः प्रणयः। तदा त्वमित्थं प्रहसितोऽसि – सर्वः सगन्धिषु विश्वसिति। द्वावप्यारण्यकौ इति।। – *शाकु.* 5 (राघवभट्ट, पृ. 173)

27. बंगीय पाठ में प्रथम मिलन में ही शकुन्तला अठखेलियाँ करती दिखाई गई है जो कालिदास की प्रवृत्ति के विरुद्ध है (रेवाप्रसाद, 2004)। – *कालिदासः अपनी बात*, (भारतीय दृष्टि), डॉ. रेवाप्रसाद द्विवेदी, वाराणसी, 2004, पृ. 54. यद्यपि परिशिष्ट में दिए गए बंगाली पाठ को देखते हुए यह अभिप्राय पुनश्चिन्त्य है। क्योंकि यहाँ शकुन्तला की प्रवृत्ति अठखेलियाँ शब्द के योग्य नहीं लगती हैं।

28. राष्ट्रीय पाण्डुलिपि मिशन, नई दिल्ली, से प्रेरित एवं संस्कृत परिषत्, हैदराबाद, के द्वारा आयोजित "तत्त्वबोध" व्याख्यानमाला के अन्तर्गत (9 सप्टे. 2010) प्रस्तुत किया हुआ वक्तव्य।

संदर्भ ग्रन्थ

Thakore B.K. (1922), *The Text of the Śakuntalā*, Bombay: D.B. Taraporewala Sons & Co.

Belvalkar (1929), *Indian Studies in Honor of C.R. Lanman*, Cambridge: Harvard University Press.

Kanjilal, D.K. (1980), *A Reconstruction of the Abhijnanaśakuntalam*, Calcutta: Sanskrit College.

Pichel, R. (1876), 1st edn., 1922 (second edn.), *Kalidasa's Śakuntala*. Cambridge: Harvard University.

Ray, S. (1908, (1924, 1962)), *Abhijnanasakuntalam*, Calcutta.

Belvalkar S.K. (1929), "Śṛṅgāric Elaboration in Śakuntalā – Act 3", *Indian Studies in Honor of C.R. Lanman*, Harvard University Press, 187-92.

——— (1923), "The application of a few Canons of Textual Criticism to Kalidasa' Śakuntalā", *Asia Major*, Leipzig, 2, 1, 79-104.

——— (1965), *अभिज्ञानशाकुन्तलम्*, नई दिल्ली: साहित्य अकादेमी।

राघवभट्ट (2006), *अभिज्ञानशाकुन्तल (अर्थद्योतनिका टीका के साथ)*, नई दिल्ली: राष्ट्रिय संस्कृत संस्थान।

परिशिष्ट 1

देवनागरी-वाचना में तृतीयाङ्क का शृङ्गारिक दृश्य

प्रियंवदा – (सदृष्टिक्षेपम्) अणसूए, जह एसो इदो दिण्णदिट्ठी उस्सुओ मिअपोदओ मादरं अण्णेसदि। एहि, संजोएम णं। [अनसूये, यथैष इतो दत्तदृष्टिरुत्सुको मृगपोतको मातरमन्विष्यति। एहि, संयोजयाव एनम्।] (इत्युभे प्रस्थिते।)

शकुन्तला – हला, असरण म्हि। अण्णदरा दो आअच्छदु। [हला, अशरणास्मि। अन्यतरा युवयोगरागच्छतु।]

उभे – पुहवीए जो सरणं सो तुह समीवे वट्टइ। [पृथिव्या यः शरणं स तव समीपे वर्तते।] (इति निष्क्रान्ते।)

शकुन्तला – कहं गदाओ एव्व? [कथं गते एव?।]

राजा – अलमावेगेन। नन्वयमाराधयिता जनस्तव समीपे वर्तते।

किं शीतलैः क्लमविनोदिभिरार्द्रवातान् संचारयामि नलिनीदलतालवृन्तैः।
अङ्के निधाय करभोरु, यथासुखं ते संवाहयामि चरणावुत पद्मताम्रौ।। 3–18।।

शकुन्तला – ण माणणीएसु अत्ताणं अवराहइस्सं। [न माननीयेष्वात्मानमपराधयिष्ये।] (इत्युत्थाय गन्तुमिच्छति)।

राजा – सुन्दरि! अनिर्वाणो दिवसः। इयं च ते शरीरावस्था।

उत्सृज्य कुसुमशयनं नलिनीदलकल्पितस्तनावरणम्।
कथमातपे गमिष्यसि परिबाधापेलवैरङ्गैः ।। 3–19।। (इति बलादेनाम् निवर्तयति।)

शकुन्तला – पोरव! रक्ख अविणअं। मअणसंतत्तावि ण हु अत्तणो पहवामि। [पौरव, रक्षाविनयमम्। मदनसंतप्तापि न खल्वात्मनः प्रभवामि।]

राजा – भीरु! अलं गुरुजनभयेन। दृष्ट्वा ते विदितधर्मा तत्रभवान्न तत्र दोषं ग्रहीष्यति कुलपतिः। अपि च –

गान्धर्वेण विवाहेन बह्व्यो राजर्षिकन्यकाः।
श्रूयन्ते परिणीतास्ताः पितृभिश्चाभिनन्दिताः।। 3–20।।

शकुन्तला – मुंच दावं मं। भूओ वि सहीजणं अणुमाणइस्सं। [मुञ्च तावन्माम्। भूयोपि सखीजनमनुमानयिष्ये।]

राजा - भवतु, मोक्ष्यामि।

शकुन्तला - कदा। [कदा?]

राजा - अपरिक्षतकोमलस्य यावत्कुसुमस्येव नवस्य षट्पदेन।

अधरस्य पिपासता मया ते सदयं सुन्दरि, गृह्यते रसोऽस्य।। 3-21।।

(इति मुखमस्या समुन्नमयितुमिच्छति। शकुन्तला परिहरति नाट्येन।)

(नेपथ्ये)

चक्कवाकवहुए! आमंतेहि सहअरं। उवट्ठिआ रअणी। [चक्रवाकवधूः! आमन्त्रयस्व सहचरम्। उपस्थिता रजनी।]

शकुन्तला - (ससंभ्रमम्) पोरव! असंसअं मम सरीरवुत्तंतोवलंभस्स अज्जा गोदमी इदो एव्व आअच्छदि। जाव विडवंतरिदो होहि। [पौरव! असंशयं मम शरीरवृत्तान्तोपलम्भायार्या गौतमीत एवागच्छति। यावद् विटपान्तरितो भव।]

राजा - तथा। (इत्यात्मानमावृत्य तिष्ठति)

(ततः प्रविशति पात्रहस्ता गौतमी, सख्यौ च)

सख्यौ - इदो इदो अज्जा गोदमी। [इत इत आर्या गौतमी।]

गौतमी - (शकुन्तलामुपेत्य) जादे, अवि लहुसंदावाइं दे अंगाइं।। [जाते, अपि लघुसंतापानि तेऽङ्गानि।]

शकुन्तला - अत्थि मे विसेसो। [अस्ति मे विशेषः।]

गौतमी - इमिणा दब्भोदएण णिराबाधं एव्व दे सरीरं भविस्सदि। (शिरसि शकुन्तलामभ्युक्ष्य।) वच्छे, परिणदो दिबहो। एहि, उडजं एव्व गच्छम्ह। [अनेन दर्भोदकेन निराबाधमेव ते शरीरं भविष्यति। वत्से, परिणतो दिवसः। एहि, उटजमेव गच्छामः।]

– अभिज्ञानशाकुन्तलम्, राघवभट्टस्य टीकया सहितम्, पृ. 106-11

डॉ. रिचार्ड पिशेल संपादित बंगाली-वाचना का पाठ (पृ. 36-41)

प्रियंवदा - हला। चवलो क्खु एसो। णं णिवारिदुं एआइणी ण पारेसि। ता अहं पि सहाअत्तणं करइस्सं। (इत्युभे प्रस्थिते) [हला, चपलः खलु एषः। एनम् निवारयितुं एकाकिनी न पारयसि। तत् अहम् अपि सहायत्वम् करिष्यामि।]

शकुन्तला - इदो अण्णदो ण वो गन्तुं अणुमण्णे जदो असहाइणि म्हि। [इतः अन्यतः न वाम् गन्तुम् अनुमन्यसे। यतः असहायिनी अस्मि।]

उभे - (सस्मितम्) तुमं दाव असहाइणी जाए पुढवीणाधो समीवे वट्टदि। [त्वं तावत् असहायिनी?, यस्याः पृथिवीनाथः समीपे वर्तते।]

॥ इति निष्क्रान्ते॥

शकुन्तला - कथं गदाओ पिअसहीओ। [कथं गते प्रियसख्यौ।]

राजा - (दिशोऽवलोक्य) सुन्दरि, अलमावेगेन। नन्वयमाराधयिता जनस्ते सखीभूमौ वर्तते। तदुच्यताम्।

किं शीकरैः क्लमविमर्दिभिरार्द्रवातं संचालयामि नलिनीदलतालवृन्तम्।
अङ्के निधाय चरणावुत पद्मताम्रौ, संवाहयामि करभोरु यथासुखं ते।। 3-25।।

शकुन्तला - ण माणणीएसु अत्ताणअं अवराहइस्सं। (अवस्थासदृशमुत्थाय प्रस्थिता) [न माननीयेषु आत्मानम् अपराधयिष्यामि।]

राजा - (अवष्टभ्य) सुन्दरि, अपरिनिर्वाणो दिवसः। इयं च ते शरीरावस्था।

उत्सृज्य कुसुमशयनं नलिनीदलकल्पितस्तनावरणा।
कथमातपे गमिष्यसि परिबाधाकोमलैरङ्गैः।। 3-26।। (इति वारयति)

शकुन्तला - मुञ्च मुञ्च। ण क्खु अत्तणो पहवामि। अध वा सहीमेत्तसरणा किं दाणिं एत्थ करइस्सं। [मुञ्च मुञ्च। न खलु आत्मनः प्रभवामि। अथवा सखीमात्रशरणा। किमिदानीम् अत्र करिष्यामि।]

राजा - धिक्। व्रीडितोऽस्मि।

शकुन्तला - ण क्खु अहं महाराअं भणामि, देव्वं उवालहामि। [न खलु अहम् महाराजं भणामि, दैवम् उपालभे]

राजा - अनुकूलकारि दैवं किमुपालभ्यते।

शकुन्तला - कथं दाणिं ण उवालहिस्सं जं मं अत्तणो अणीसं परगुणेहि लोहावेदि। [कथमिदानीं न उपालप्स्ये, यत् माम् आत्मनः अनीशाम् परगुणैर्लोभयति।]

राजा - (स्वगतम्)

अप्यौत्सुक्ये महति दयितप्रार्थनासु प्रतीपाः,
काङ्क्षन्त्योऽपि व्यतिकरसुखं कातराः स्वाङ्गदाने।

आबाध्यन्ते न खलु मदनेनैव लब्धान्तरत्वाद्
आबाधन्ते मनसिजमपि क्षिप्तमालाः कुमार्यः॥ 3-27॥

(शकुन्तला गच्छत्येव)

राजा – कथमात्मनः प्रियं न करिष्ये।

शकुन्तला – पोरव, रक्ख विणअं। इदो तदो इसीओ संचरन्ति। [पौरव, रक्ष विनयम्। इतस्ततः ऋषयः संचरन्ति।]

राजा – सुन्दरि, अलं गुरुजनाद् भयेन। न ते विदितधर्मा तत्रभवान् कण्वः खेदमुपयास्यति।

गान्धर्वेण विवाहेन बह्व्योऽथ मुनिकन्यकाः।
श्रूयन्ते परिणीतास्ताः पितृभिश्चानुमोदिताः॥ 3-28॥

(दिशोऽलोक्य) कथं प्रकाशं निर्गतोऽस्मि। (शकुन्तलां हित्वा पुनस्तैरेव पदैः प्रतिनिवर्तते।)

शकुन्तला – (पदान्तरे प्रतिनिवृत्य साङ्गभङ्गम्) पोरव, अनिच्छापूरओ वि संभासणमेत्तएण परिचिदो अअं जणो ण विसुमरिदव्वो। [पौरव, अनिच्छापूरकः अपि संभाषणमात्रकेण परिचितः अयं जनः न विस्मर्तव्यः]

राजा – सुन्दरि, त्वं दूरमपि गच्छन्ती हृदयं न जहासि मे।
दिनावसानच्छायेव पुरोमूलं वनस्पतेः॥ 3-29॥

शकुन्तला – (स्तोकान्तरं गत्वा आत्मगतम्) हद्धी हद्धी। इमं सुणिअ ण मे चलणा पुरोमुहा पसरन्ति। भोदु, इमेहि पज्जन्तकुरुवएहि ओवारिदसरीरा पेक्खिस्सं दाव से भावाणुबन्धं। (तथा कृत्वा स्थिता) [हा धिक्, हा धिक्। इदं श्रुत्वा न मे चरणौ पुरोमुखौ प्रसरतः। भवतु, एभिः पर्यन्तकुरबकैः अपवारितशरीरा प्रेक्षिष्ये तावत् अस्य भावानुबन्धम्।]

राजा – कथमेवं प्रिये अनुरागैकरसं मामुत्सृज्य निरपेक्षैव गतासि।

अनिर्दयोपभोग्यस्य रूपस्य मृदुनः कथम्।
कठिनं खलु ते चेतः शिरीषस्येव बन्धनम्॥ 3-30॥

शकुन्तला – एदं सुणिअ णत्थि मे विहवो गच्छिदुं। [एतत् श्रुत्वा नास्ति मे विभवः गन्तुम्।]

राजा – संप्रति प्रियाशून्ये किमस्मिन् करोमि। (अग्रतोऽवलोक्य) हन्त, व्याहतं गमनम्।

मणिबन्धनगलितमिदं संक्रान्तोशीरपरिमलं तस्याः।
हृदयस्य निगडमिव मे मृणालवलयं स्थितं पुरतः।। 3-31।। (सबहुमानमादत्ते)

शकुन्तला – (हस्तं विलोक्य) अम्मो, दोव्वल्लसिढिलदाए परिब्भट्टं पि मुणालवलअं मए ण परिण्णादं। [अम्मो दौर्बल्यशिथिलतया परिभ्रष्टम् अपि मृणालवलयं मया न परिज्ञातम्।]

राजा – (मृणालमुरसि निक्षिप्य) अहो स्पर्शः।

अनेन लीलाभरणेन ते प्रिये विहाय कान्तं भुजमत्र तिष्ठता।
जनः समाश्वासित एष दुःखभाग् अचेतनेनापि सता न तु त्वया।। 3-32।।

शकुन्तला – अदो वं असमत्थ म्हि विलम्बिदुं। भोदु, एदेणज्जेव अवदेसेण अत्ताणअं दंसइस्सं। (इत्युपसर्पति) [अतः परम् असमर्थाऽस्मि विलम्बितुम्। भवतु एतेन एव अपदेशेन आत्मानं दर्शयिष्यामि।]

राजा – (दृष्ट्वा सहर्षम्) अये जीवितेश्वरी मे प्राप्ता। परिदेवितानन्तरं प्रसादेनोपकर्तव्योऽस्मि खलु देवस्य।

पिपासाक्षामकण्ठेन याचितं चाम्बु पक्षिणा।
नवमेघोज्झिता चास्य धारा निपतितामुखे।। 3-33।।

शकुन्तला – (राज्ञः प्रमुखे स्थित्वा) अज्ज अद्धपथे सुमरिअ एदस्स हत्थब्भंसिणो मुणालवलअस्स किदे पडिणिउत्त म्हि। आचक्खिदं विअ मे हिअएण तए गहिदं ति। ता णिक्खिव एदं मा मं अत्ताणअं च मुणिअणेसुं पआसइस्ससि। [आर्य अर्धपथे स्मृत्वा एतस्य हस्तभ्रंशिनः मृणालवलयस्य कृते प्रतिनिवृत्ता अस्मि। आख्यातमिव मे हृदयेन त्वया गृहीतमिति। तत् निक्षिप एतत्। मा माम् आत्मानं च मुनिजनेषु प्रकाशयिष्यसि।]

राजा – एकेनाभिसन्धिना प्रत्यर्पयामि।

शकुन्तला – केण उण। [केन पुनः।]

राजा – यदिदमहमेव यथास्थानं निवेशयामि।

शकुन्तला – (आत्मगतम्) का गदी। (इत्युपसर्पति) [का गतिः।]

राजा – इतः शिलापट्टकमेव संश्रयावः। (इत्युभौ परिक्रम्योपविष्टौ)

राजा – (शकुन्तलाया हस्तमादाय) अहो स्पर्शः।

हरकोपाग्निदग्धस्य दैवेनामृतवर्षिणा।
प्ररोहः संभृतो भूयः किं स्वित्कामतरोरयम्।। 3-34।।

शकुन्तला – (स्पर्शं रूपयित्वा) तुवरदु तुवरदु अज्जउत्तो। [त्वरताम् त्वरताम् आर्यपुत्रः।]

राजा – (सहर्षमात्मगतम्) इदानीमस्मि विश्वस्तः। भर्तुराभाषणपदमेतत्। (प्रकाशम्) सुन्दरि, नातिश्लिष्टः सन्धिरस्य मृणालवलयस्य। यदि तेऽभिप्रेतमन्यथा घटयिष्यामि।

शकुन्तला – जधा दे रोअदि। [यथा ते रोचते।]

राजा – (सव्याजं विलम्ब्य प्रतिमुच्य) सुन्दरि, दृश्यताम्।

अयं स ते श्यामलतामनोहरं विशेषशोभार्थमिवोज्झिताम्बरः।
मृणालरूपेण नवो निशाकरः करं समेत्योभयकोटिमाश्रितः।। 3-35।।

शकुन्तला – ण दाव ण पेक्खामि पवणुक्कम्पिणा कण्णुप्पलरेणुणा कलुसीकिदा मे दिट्ठी। [न तावत् एनं प्रेक्षे, पवनोत्कम्पिना कर्णोत्पलरेणुना कलुषीकृता मे दृष्टिः।]

राजा – (सस्मितम्) यदि मन्यसे अहमेनां वदनमारुतेन विशदां करिष्ये।

शकुन्तला – तदो अणुकम्पिदा भवे। किं उण ण दे वीससामि। [ततः अनुकम्पिता भवेयम्। किं पुनः न ते विश्वसिमि।]

राजा – मा मैवम्। नवो हि परिजनः सेव्यानामादेशात् परं न वर्तते।

शकुन्तला – अअं जेव अच्चुवआरो अविस्सासजणओ। [अयमेवात्युपचारोऽविश्वासजनकः।]

राजा – (स्वगतम्) नाहमेतं रमणीयं सेवावकाशमात्मानः शिथिलयिष्ये। (इति मुखमुन्नमयितुं प्रवृत्तः। शकुन्तला प्रतिषेधं रूपयन्ती विरमति।)

राजा – अयि मदिरेक्षणे, अलमस्मदविनयाशङ्कया। (शकुन्तला किञ्चिद् दृष्ट्वावनतनमुखी तिष्ठति)

राजा - (अङ्गुलीभ्यां मुखमुन्नमय्यात्मगतम्)

चारुणा स्फुरितेनायमपरिक्षतकोमलः।
पिपासतो ममानुज्ञां ददातीव प्रियाधरः।। 3-36।।

शकुन्तला - पडिण्णादमन्थरो विअ अज्जउत्तो। [प्रतिज्ञामन्थरः इवार्यपुत्रः।]

राजा - सुन्दरि, कर्णोत्पलसंनिकर्षादीक्षणसादृश्यमूढोऽस्मि। (इति मुखमारुतेन चक्षुः सेवते)

शकुन्तला - भोदु, पइदित्थदंसण म्हि संवृत्ता। लज्जामि उण अणुवआरिणी पिअआरिणो अज्जउत्तस्स। [भवतु, प्रकृतिस्थदर्शनाऽस्मि संवृत्ता। लज्जामि पुनः अनुपकारिणी प्रियकारिणः आर्यपुत्रस्यं]

राजा - सुन्दरि, किमन्यत्।

इदमुपकृतिपक्षे सुरभि मुखं ते मया यदाघ्रातम्।
ननु कमलस्य मधुकरः संतुष्यति गन्धमात्रेण।। 37।।

शकुन्तला - असंतोसे उण किं करेदि। [असंतोषे पुनः किं करोति।]

राजा - इदमिदम्। (इति व्यवसितो वक्त्रं ढौकते।)

।। नेपथ्ये।।

चक्रवाअवहु। आमन्तेहि सहअरं। उवत्थिदा रअणी। [चक्रवाकवधु, आमन्त्रय सहचरम्। उपस्थिता रजनी।]

शकुन्तला - (कर्णं दत्वा ससंभ्रमम्) अज्जउत्त एसा खु मम वुत्तन्तोवलम्भणणिमित्तं अज्जा गोदमी आअदा। ता विडवन्तरिदो होहि। [आर्यपुत्र, एषा खलु मम वृत्तान्तोपलम्भननिमित्तम् आर्या गौतमी आगता। तत् विटपान्तरितः भव।]

राजा - तथा। (इत्येकान्ते स्थितः)

गौतमी - (प्रविश्य पात्रहस्ता गौतमी) जाद, इदं सन्तिउदअं। (दृष्ट्वा समुत्थाय) असुत्था इध देवदासहाइणी चिट्ठसि। [जात, इदम् शान्त्युदकम्। अस्वस्था इह देवतासहायिनी तिष्ठसि।]

शकुन्तला - इदाणिं जेव पिअंवदाअणुसूआओ मालिणिं ओदिण्णाओ। [इदानीमेव प्रियंवदानुसूये मालिनीम् अवतीर्णे।]

गौतमी - (शान्त्युदकेन शकुन्तलाम् अभ्युक्ष्य) जाद, णिराबाधा मे चिरं जीव। अवि लहुसंतावाइं दे अङ्गाइं। [जात, निराबाधा मे चिरम् जीव। अपि लधुसंतापानि तेऽङ्गानि।] (इति स्पृशति)

शकुन्तला - अज्जे, अत्थि विसेसो। [आर्ये, अस्ति विशेषः।]

गौतमी - परिणदो दिअसो। ता एहि। उडअं जेव गच्छम्ह।। [परिणतः दिवसः। तत् एहि उटजमेव गच्छावः]

6

संगीत के संस्कृत ग्रन्थों की पाण्डुलिपियाँ
महत्त्व एवं प्रासङ्गिकता

भगवत्शरण शुक्ल

भारतीय विद्याओं में चतुर्दश विद्या एवं चतुष्षष्टि कलाओं का प्राधान्य रहा है और इन विद्याओं में चारों वेदों के उपवेदों को भी यदि सम्मिलित कर लिया जाए तो इनकी संख्या अष्टादश हो जाती है। ये चारों उपवेद क्रमशः आयुर्वेद, धनुर्वेद, गान्धर्ववेद तथा स्थापत्यवेद हैं।

कचति = दीप्यति आह्लादयति मनः इति कं = सौन्दर्यं, कं लातीति = आददातीति या सा कला। अथवा कल्यते = स्थाप्यते सौन्दर्यादिकं यया सा कला। अर्थात् जो मन को आह्लादित करे वह सौन्दर्य है और उस सौन्दर्य को जो वस्तु-विशेष में या ज्ञान-विशेष में स्थापित करे, उसका आधान करे वह कला है अथवा जिसके द्वारा सौन्दर्य आदि स्थापित किया जाये वह कला है[1] –

कल्यते शब्दसौन्दर्यं वस्तुवैचित्र्यसर्जनम्।
आददाति हृदुल्लासं सा कलेत्यभिधीयते।।[2]

अर्थात् जो शब्दों में सौन्दर्य का आधान करें या वस्तु में लोकोत्तरता की सृष्टि करे और सहृदयों के हृदय को उल्लासित करे, आह्लादित करे उसे कला कहते हैं। अमरकोष-कार ने एक स्थल में "कला तु षोडशो भागः"[3] इस कथन से चन्द्रमा के सोलहवें भाग को कला कहा है। तो द्वितीय स्थल में "त्रिंशत् काष्ठानामेका कला"[4] इस कथन से काल-विशेष का ग्रहण किया है। तृतीय स्थल में "कला शिल्पे कालभेदेऽपि"[5] इस कथन से शिल्प में तथा काल-भेद दोनों में कला शब्द की शक्ति मानी है। मेदिनीकोषकार ने कला का स्वरूप इस प्रकार दिखाया है –

कला स्यान्मूलविवृद्धौ शिल्पादावंशमात्रके।
षोडशांशे च चन्द्रस्य कलनाकलमानयोः।।[6]

श्रीमद्भागवत के "अहोरात्रैश्चतुष्षष्ट्या संयतौ तावतीः कलाः"[7] अर्थात् श्रीकृष्ण ने चौंसठ दिन-रात्रि में चौंसठ कलाओं का ज्ञान कर लिया था। इस श्लोक की व्याख्या में आचार्य श्रीधरस्वामी ने चतुष्षष्टि कलाओं का जो विवरण दिया है उनमें प्रथमतया 'गीतम्', 'वाद्यम्' तथा 'नृत्यम्' इन तीन कलाओं का क्रमशः प्रथम, द्वितीय, तृतीय कला के रूप में उल्लेख प्राप्त होता है इसी प्रकार शैवतन्त्र तथा वात्स्यायन के *कामशास्त्र* तथा *जयमङ्गला टीका*[8] में भी गीतं वाद्यं नृत्यं का प्रथमतया कला रूप में उल्लेख प्राप्त होता है। परवर्ती आचार्यों ने इन तीनों को संगीत के अन्तर्गत लेकर "गीतं वाद्यं तथा नृत्यं त्रयं सङ्गीतमुच्यते"[9] यह संगीत का लक्षण ही लिख दिया। परन्तु आदि परम्परा में इनके लिए "संगीत" शब्द का प्रयोग कहीं नहीं मिलता। इसके लिए मात्र "गान्धर्व" शब्द का प्रयोग ही प्राचीन ग्रन्थों में देखा जाता है। महर्षि वाल्मीकि ने जब राम काव्य *रामायण* की लौकिक छन्दों में रचना की तो उसके गायन के लिए उन्होंने श्रीराम के पुत्र द्वारा लव और कुश को चुना क्योंकि वे गान्धर्व विद्या में पारंगत तथा सुशील और सुन्दर रूप वाले थे। उनके लिए भी "गान्धर्वतत्त्वज्ञ" यही विशेषण आया है न कि संगीततत्त्वज्ञ –

तौ तु गान्धर्वतत्त्वज्ञौ स्थानमूर्च्छनकोविदौ।
भ्रातरौ स्वरसम्पन्नौ गन्धर्वाविव रूपिणौ।।
रूपलक्षणसम्पन्नौ मधुरस्वरभाषिणौ।
बिम्बादिवोत्थितौ बिम्बौ रामदेहात् तथापरौ।।[10]

आचार्य भरत ने अपने *नाट्यशास्त्र* के संगीताध्याय (अध्याय 28) में संगीत शब्द के स्थान में गान्धर्व शब्द का प्रयोग किया है –

यत्तु तन्त्रीगतं प्रोक्तं नानाद्योतसमाश्रयम्।
गान्धर्वमिति विज्ञेयं स्वरतालपदाश्रयम्।।
अत्यर्थमिष्टं देवानां तथा प्रीतिकरं पुनः।
गन्धर्वाणामिदं यस्मात् तस्माद् गान्धर्वमुच्यते।।
अस्य योनिर्भवेद्गानं वीणा वंशस्तथैव च।
एतेषां चैव वक्ष्यामि विधिं स्वरसमुत्थितम्।।
द्व्यधिष्ठानात् स्वरा ज्ञेया वैणाः शारीरकास्तथा।
उभाभ्यामपि वक्ष्यामि विधिं स्वरसमुत्थितम्।।

गान्धर्वं त्रिविधं विद्यात् स्वरतालपदात्मकम्।।[11]

इसमें स्वर शब्द से स्वराधिष्ठानक गायन, वीणा, वेणु आदि वाद्यों का तथा ताल शब्द मृदङ्ग, मुरज (= तबला) आदि अनवद्य वाद्यों एवं मञ्जीरा, छुद्र घण्टिका आदि घन वाद्यों का ग्रहण होता है। यद्यपि 'पद' शब्द से नृत्य तथा नृत्त का ग्रहण कथमपि किया जा सकता है परन्तु 'पद' शब्द से आचार्य भरत ने –

व्यञ्जनानि स्वरा वर्णाः सन्धयोऽथ विभक्तयः।
नामाख्यातोपसर्गाश्च निपातास्तद्धिताः कृताः।।
छन्दो वृत्तानि जात्यश्च नित्यं पदगतात्मकाः।
गान्धर्वसङ्ग्रहो ह्येष विस्तारं च निबोधत।।

इस कथन से स्वर, व्यंजन, वर्ण, वर्ण सन्धि, विभक्ति, प्रातिपदिक, धातु, उपसर्ग, निपात, तद्धित, कृत्, छन्द, वृत्त (चरित), जाति ये पदगत स्वरूप गान्धर्व माने गए हैं तथापि नृत्य में गायन, स्वर तथा ताल और तदनुसार अङ्गादि का संचालन होता है जिसमें पद की प्रधानता होने से लक्षण या पद से नृत्य का बोध किया जा सकता है। इसीलिए आचार्य भरत स्वर और ताल के कथन के अनन्तर लास्य आदि नृत्यों की चर्चा करते हैं –

नृत्तकाले च वाद्ये च गृहकोशे तथैव च।
गीताङ्गानां विधिर्यः स्यात् स लास्यो प्रायशः स्मृतः।।

शुक्ल यजुर्वेद की माध्यन्दिनी शाखा में संगीत-विषयक अनेक परिभाषिक शब्दों का प्रयोग प्राप्त होता है - "नृत्ताय सूतम् गीताय शैलूषम्"[12] "शब्दायाडम्बाराघातं महसे वीणावादं क्रोशाय तूणवद्धमम्। अवरस्पराय शङ्खध्मम्"[13] "आनन्दाय तलवम्"[15] "वीणावादं पाणिघ्नं तूणवध्यं तानृत्ताय"।[16]

इस प्रकार इन वेद मन्त्रों में नृत्त, गीत, वीणा, तूण, शंख, तलव आदि शब्दों का जो संगीत के अवयव हैं इनका प्रयोग मिलता है।

इसी प्रकार ऋग्वेदीय *शांखायन ब्राह्मण* में "निवृद्धैः शिल्पं नृत्यं गीतं वादितमिति"[17] ऐसा उल्लेख प्राप्त होता है। सर्वप्रथम सम्यग् गीत अर्थ में *वराहोपनिषद्* में "संगीत" शब्द का प्रयोग प्राप्त होता है – "संगीततालवाद्यवशं गतापि मौलिस्थकुम्भपरिरक्षणधीर्नटीव।"

सर्वचिन्तां परित्यज्य सावधानेन चेतसा।
नाद एवानुसंधेयो योगसाम्राज्यमिच्छता।।[18]

संगीत रत्नाकर में सर्वप्रथम सम्भवतः गीत, वाद्य तथा नृत्य के लिए "संगीत" शब्द का प्रयोग हुआ है –

गीतं वाद्यं तथा नृत्यं त्रयं संगीतमुच्यते[19]

यह पंक्ति नारद-कृत *संगीत मकरन्द* में भी आई है जिसका उल्लेख पहले किया गया है। यदि वैदिककालीन नारद की कृति यह मानी जाए तो प्रथम कथन इन्हीं का मान्य होगा। पर इतिहासकार इस नारद को वैदिक ऋषि नारद नहीं मानते। वैदिक ऋषि नारद की कृति *नारदीय शिक्षा* है जिसमें संगीत के विविध तत्त्वों का विवेचन है। पर संगीत शब्द का प्रयोग उसमें नहीं आया।

संगीत में सर्वप्रधान तत्त्व नाद है। संगीत के माध्यम से नाद ब्रह्म की आराधना की जाती है। यह नाद ब्रह्म सम्पूर्ण जड़-चेतन रूप संसार में व्याप्त है। या यों कहें कि समस्त संसार की चैतन्य शक्ति वह नाद ब्रह्म ही है जो आनन्दमय है जिसकी उपासना सभी के लिए है –

चैतन्यं सर्वभूतानां विवृतं जगदात्मनाम्।
नादब्रह्म तदानन्दमद्वितीयमुपास्महे।।[20]

यह नाद ब्रह्म नाभि से ऊर्ध्व हृदय स्थान में प्राणसंज्ञक वायु जब वहाँ से चलकर ब्रह्मरन्ध्र के अन्त में जाकर जब नदन अर्थात् ध्वनि करता है। अतः नदन करने के कारण इसे नाद कहते हैं –

नाभेरूर्ध्वं हृदिस्थानान् मारुतः प्राणसंज्ञकः।
नदति ब्रह्मरन्ध्रान्ते तेन नादः प्रकीर्तितः।।[21]

यह नाद अनाहत और आहत भेद से दो प्रकार का है। अनाहत नाद परा वाणी-रूप मात्र योगियों के द्वारा ही कथमपि साक्षात्कार के योग्य है। सूक्ष्म आहत नाद को भी सामान्य व्यक्ति केवल ध्यान से अतिसूक्ष्म रूप में अनुभव कर सकता है। पर योगी उसका श्रवण कर सकता है जिसे हम पश्यन्ती वाणी शब्द से जान सकते हैं तथा मन से जिस नाद का हम प्रत्यक्ष करते हैं वहीं हृदयस्थ मध्यमा नाद है। और श्रुतिगोचर स्थूल नाद जो कण्ठ में स्थित है जिसे हम वैखरी शब्द से व्यवहार करते हैं। वही नाद व्यवहार का विषय बनता है।[22] और इसी नाद को हम श्रवणगोचर होने के कारण श्रुति भी कहते हैं –

श्रवणार्थकश्रुधातोः क्तिन्प्रत्यये च संश्रिते।
श्रुतिशब्दः प्रसाध्योऽयं शब्दज्ञैः कर्मसाधने।।
श्रवणेन्द्रियग्राह्यत्वाद् ध्वनिरेव श्रुतिर्भवेत्।।[23]

संगीतशास्त्रियों ने श्रवणगोचर नाद के बाह्य स्वरूप माने हैं। जिन्हें द्वाविंशति श्रुतियों के नाम से जाना जाता है। इनमें सभी श्रुतियाँ संगीत के लिए उपयोगी नहीं हैं जो स्वर स्वरूप को प्राप्त करती हैं वे ही श्रुतियाँ संगीत के लिए उपयुक्त मानी गई हैं।

यह श्रुति जब श्रुत्यन्तरभावी, स्निग्ध, अनुरणनात्मक हो स्वतः श्रोताओं के चित्त का रञ्जन करे अर्थात् हृदय में प्रीति एवं आनन्द को बढ़ाए तो उसे स्वर कहते हैं –

श्रुत्यन्तरभावी यः स्निग्धोऽनुरणात्मकः।
स्वतो रञ्जयति श्रोतृचित्तं स स्वर उच्यते।।[24]

सर्वप्रथम यह स्वर नाद रूप 'ओम्' इस रूप में है जो जगत् में व्याप्त है।[25] यह नादात्मक ओम् स्वर स्वरित स्वर है इसी से सर्वप्रथम उदात्त अनुदात्त तथा स्वरित इस रूप में स्वर के तीन भेद प्राप्त होते हैं। इनमें स्वरित स्वर से आज भी वेद में 'ओम्' का उच्चारण वैदिक लोग करते हैं। और उसके बाद फिर मन्त्रों का त्रैस्वर्य उच्चारण होता है। इन तीनों स्वरों में स्वरित स्वर से षड्ज मध्यम और पञ्चम स्वरों की उत्पत्ति होती है। तथा उदात्त से गान्धार एवं निषाद की, और अनुदात्त से ऋषभ तथा धैवत स्वर की उत्पत्ति मानी जाती है –

उदात्तौ निषादगान्धारावनुदात्तावृषभधैवतौ।
स्वरितप्रभवा ह्येते षड्जमध्यमपञ्चमाः।।[26]

इस प्रकार इन उदात्त अनुदात्त तथा स्वरित स्वरों से ये सात स्वर उत्पन्न होते हैं। आज भी बिना स्वरित अर्थात् स्वरित स्वर 'स' की प्रतिष्ठा किए बिना कोई भी गायक या वादक न तो गा सकता है और न ही वाद्यों का वादन कर सकता है। उसके पश्चात् ही अन्य स्वरों की अवधारणा बन सकती है। संगीतकारों ने जैसाकि पूर्व में कहा गया था बाइस श्रुतियाँ मानी हैं। इनमें प्राचीन संगीतकारों ने तथा नवीन संगीतकारों ने इन्हीं बाइस श्रुतियों में षड्जादि सातों स्वरों की स्थापना की है। आचार्य भरत ने तथा *संगीत दर्पण* कार ने किस श्रुति में किस स्वर की स्थापना की जाए इसका भी विवेचन किया है –

चतुश्चतुश्चतुश्चैव षड्जमध्यमपञ्चमाः।
द्वे द्वे निषादगान्धारौ तिस्रो ऋषभधैवतौ।।[27]

षड्जश्चतुःश्रुतिर्ज्ञेयः ऋषभस्त्रिःश्रुतिः स्मृतः।
द्विश्रुतिश्चापि गान्धारो मध्यमश्च चतुःश्रुतिः।।

चतु:श्रुतिः पञ्चमः स्यात् त्रिःश्रुतिर्धैवतस्तथा।
द्विश्रुतिस्तु निषादः स्यात् षड्जग्रामे स्वरान्तरे।।[28]

अर्थात् इन बाइस श्रुतियों में षड्ज, मध्यम तथा पञ्चम की चार-चार श्रुतियों पर, गान्धार तथा निषाद की दो-दो श्रुतियों पर एवं ऋषभ तथा धैवत की तीन-तीन श्रुतियों पर योजना होती है। प्राचीन संगीतज्ञ इन स्वरों की आदिश्रुतियों में तथा नवीन संगीतज्ञ अन्तिम श्रुतियों में स्थापना मानते हैं –

क्रम	श्रुति नाम	प्राचीन	नवीन	क्रम	श्रुति नाम	प्राचीन	नवीन
1	तीव्रा		स	12	प्रीति		
2	कुमुद्वती			13	मार्जनी	म	
3	मन्दा			14	क्षिति		प
4	छन्दोवती	स		15	रक्ता		
5	दयावती		रे	16	संदीपनी		
6	रंजनी			17	आलापिनी	प	
7	रतिका	रे		18	मदन्ती		ध
8	रौद्री		ग	19	रोहिणी		
9	क्रोधा	ग		20	रम्या	ध	
10	वज्रिका		म	21	उग्रा		नि
11	प्रसारिणी			22	क्षोभिसी	नि	

इन बाइस श्रुतियों में स्थापित ये सात स्वर मन्द्र मध्य तथा तार सप्तकों में विभक्त होने के साथ-साथ चल एवं अचल भेद से दो प्रकार माने जाते हैं। इनमें षड्ज तथा पञ्चम अचल स्वर हैं। इनमें ऋषभ, गान्धार, धैवत तथा निषाद शुद्ध एवं कोमल स्वर में विभक्त होते हैं। मध्यम स्वर तीव्र तथा शुद्ध रूप में विभक्त होता है। इस प्रकार इन षड्ज आदि स्वरों की शुद्ध एवं विकृत स्वरों के भेद से द्वादश संख्या होती है। जिनसे बिलावल आदि दस थाट (मेल) माने जाते हैं। यही मेल (या थाट) राग के व्यंजक होते हैं – "मेलः स्वरसमूहः स्याद् रागव्यञ्जक शक्तिमान्" [*अभिनव राग मञ्जरी थाट प्रकरण*] यद्यपि अनेक आचार्य थाटों की क्रमशः १२, १८, २२, ७२ संख्या मानते हैं। परन्तु सम्प्रति उत्तर भारतीय संगीत में राग अभिव्यक्तिकारक दस थाट पक्ष ही माने जाते हैं।

इन सातों स्वरों में एक विशिष्ट प्रकार वह प्रयोग जो श्रोताओं के लिए अत्यन्त हृदय आह्लादक तथा मनोरञ्जक हो उसे राग कहते हैं –

योऽयं ध्वनिविशेषस्तु स्वरवर्णविभूषितः।
रञ्जको जनचित्तानां स रागः कथितो बुधैः।।[29]
स्वरवर्णविशिष्टेन ध्वनिभेदेन वा जनः।
रञ्ज्यते येन कथितः स रागः सम्मतः सताम्।।[30]

रागों की संख्या प्राचीन काल से ही बहुत मानी जाती थी। अनेक संगीत ग्रन्थों में भैरव, मालकोश, हिंडोल, दीपक, श्री तथा मेघ इन छः रागों तथा पाँच-पाँच रागिणियों की चर्चा हुई है। सम्प्रति हाथरस से प्रकाशित *संगीतकोष* में उत्तर एवं दक्षिण भारतीय सभी रागों में से एक हजार चार सौ अड़तीस (1438) रागों का उल्लेख है। इन सभी रागों में से संक्षेप में विवरण उसमें दिया गया है।

प्राचीन ग्रन्थों जिनमें रागों का विवरण दिया गया है, उनमें से कुछ तो प्रकाशित हैं और कुछ आज भी पाण्डुलिपि के रूप में पुस्तकालयों की शोभा बढ़ा रहे हैं, जिनका उल्लेख इस प्रकार है –

1. *अनूपसंगीतविलासः* – भावभट्ट
2. *अभिनवमुकुटम्* – भावभट्ट
3. *अभिनवभारतभारसंग्रह* – मुम्मडिचिक्कभूपाल
4. *अर्जुनभरतम्* – अर्जुन
5. *आदिभरतम्* – भरताचार्य
6. *अपूर्णाकुशः* – राजमण्डनमाल
7. *अनूपसंगीतरत्नाकरः* – राजमण्डनमाल
8. *गायनप्रकाशः* – भाउण शास्त्री
9. *गीतालङ्कारः* – अनन्तनारायण
10. *नाददीपिका* – भट्टाचार्य
11. *नारदीयपुराणम्* – वेदव्यास
12. *भरतशास्त्रसंगीतम्* – रघुनाथ
13. *मतङ्गभरतम्* – लक्ष्मणभास्कर
14. *मेलाधिकरणलक्षणम्* – भावभट्ट
15. *रागकौतूहलम्* – रामकृष्णभट्ट
16. *रागार्णवम्* – अज्ञातकर्तृक

17. *रागचन्द्रोदयः* – विमला
18. *रागतत्त्वविबोधः* – श्रीनिवास
19. *रागध्यानादिकथनाध्यायः* – श्रीनिवास
20. *रागनिरूपणम्* – नारद
21. *रागप्रस्तारः* – नारद
22. *रागमञ्जरी* – पुण्डरीकविट्ठल
23. *रागमाला* – पुण्डरीकविट्ठल
24. *रागरत्नमाला* – क्षेमकारक
25. *रागरत्नाकरः* – गन्धर्वराज
26. *रागरत्नावली* – अज्ञातकर्तृक
27. *रागरागिणीमाला* – अज्ञातकर्तृक
28. *रागिनीसहितषड्रागध्यानम्* – अज्ञातकर्तृक
29. *रागलक्षणम्* – गन्धर्वराज
30. *रागविचारः* – श्रीराम
31. *रागविबोधः* – सोमनाथ
32. *रागविवेकः* – सोमनाथ
33. *रागादिस्वरनिर्णयः* – रघुनन्दनदास
34. *रावणीयम्* – रघुनन्दनदास
35. *श्रीशाङ्करीसंगीतम्* – अज्ञातकर्तृक
36. *श्रुतिभास्करः* – भीमदेव
37. *षड्रागचन्द्रोदयः* – पुण्डरीकविट्ठल
38. *सप्ताङ्गरागचन्द्रोदयः* – पुण्डरीकविट्ठल
39. *सद्रागचन्द्रोदयः* – पुण्डरीकविट्ठल
40. *संकीर्णरागाध्यायः* – पुण्डरीकविट्ठल
41. *संगीतकल्पतरुः* – पुण्डरीकविट्ठल
42. *संगीतचिन्तामणिः* – कमललोचन
43. *संगीतदर्पणम्* – हरिवल्लभ
44. *संगीतदर्पणम्* – दामोदर
45. *संगीतदामोदरः* – शुम्भर
46. *संगीतदीपिका* – नित्यभूपाल
47. *संगीतनारायणः* – नित्यभूपाल
48. *संगीतनारायणः* – पुरुषोत्तम मिश्र

49. *संगीतपाठः* – पुरुषोत्तम मिश्र
50. *संगीतपारिजातः* – अहोबल
51. *संगीतपुष्पाञ्जलिः* – अहोबल
52. *संगीतप्रवर्ग्याध्यायः* – अज्ञातकर्तृक
53. *संगीतमकरन्दः* – वेद
54. *संगीतमकरन्दः* – नारद
55. *संगीतमीमांसाः* – कुम्भकर्णमहिमेन्द्र
56. *संगीतमुक्तावलीः* – देवान्नाचार्य
57. *संगीतमुक्तावलीः* – देवेन्द्र
58. *संगीतमुकुन्दमहाकाव्यम्* – कमलोचन
59. *संगीतरघुनन्दनः* – अज्ञातकर्तृक
60. *संगीतगोविन्दः* – मधुसूदन
61. *संगीतग्रन्थविशेषम्* – अज्ञातकर्तृक
62. *संगीतम्* – अज्ञातकर्तृक
63. *संगीतरत्नमाला* – देवेन्द्र
64. *संगीतरत्नाकरः* – श्रीशार्ङ्गदेव
65. *संगीतरत्नाकरटीका* – श्रीशार्ङ्गदेव
66. *संगीतरत्नाकरटीका* – कल्लिनाथ
67. *संगीतरत्नाकरटीका* – सिंहभूपाल
68. *संगीतरत्नाकरटीका* – कुम्भकर्णनरेन्द्र
69. *संगीतरत्नाकरटीका* – हंसभूपाल
70. *संगीतरागकल्पद्रुम* – श्रीकृष्णानन्दकाय
71. *संगीतराघवः* – वोमभूपाल
72. *संगीतराजः* – कुम्भकर्ण
73. *संगीतविनोदः* – कुम्भकर्ण
74. *संगीतवृत्तरत्नाकरः* – पुण्डरीकविट्ठल
75. *संगीतशिरोमणिः* – पुण्डरीकविट्ठल
76. *संगीतसमयसारः* – पार्श्वदेव
77. *संगीतसमयसारः* – पार्श्वदेव
78. *संगीतसर्वार्थसंग्रह* – पार्श्वदेव
79. *संगीतसारामृत* – तुलजेन्द्र
80. *संगीतसारावली* – तुलजेन्द्र

81. *संगीतसारोद्धारः* – हरिभट्ट
82. *संगीतसुधा* – हरिभट्ट
83. *संगीतसुधाकरः* – सिंहभूपाल
84. *संगीतसुधाकरः* – हरिपाल
85. *संगीतसुन्दरः* – सदाशिवदीक्षित
86. *संगीतसुरामृतम्* – तुलाजी महाराणा भोंसले
87. *संगीतसेतुः* – गंगाराम
88. *संगीतानुपांशुकम्* – अज्ञातकर्तृक
89. *संगीतामृतम्* – कमलोचन
90. *संगीतोपनिषद्* – सुधाकलाव
91. *सारसंहिता* – नारद
92. *स्वरप्रस्तारः* – नारद
93. *स्वरमंजरी* – नारद
94. *स्वरमेलकलानिधिः* – नारद
95. *स्वरमेलकलानिधिः* – रामामात्य
96. *हृदयप्रकाशः* – हृदयनारायण
97. *हृदयकौतुकम्* – हृदयनारायण
98. *चतुर्दण्डप्रकाशिका* – श्री वेंकटेशमखि
99. *वीरपराक्रम* – वासुदेव

संगीत के कुछ ऐसे ग्रन्थ हैं जिनमें विभिन्न रागों से सम्बन्धित गीतों का उल्लेख तो है पर रागों का विवेचन नहीं है। वे ग्रन्थ इस प्रकार हैं –

1. *अष्टोत्तरशतवाललक्षणम्* – अर्जुन
2. *आनन्दजीवनम्* – राजामण्डन
3. *काशीगीतम्* – अज्ञातकर्तृक
4. *गीतगोविन्दम्* – जयदेव
5. *गीतगङ्गाधरः* – कल्याण
6. जानकीगीतम् – हर्षाचार्य
7. *ध्रौपदटीका* (ध्रुपद) – भावभट्ट
8. *कल्पतरुः* – गणेशदेव
9. *गीतगिरीशम्* – कविनृपति रामभट्ट। इसमें 18 रागों में निबद्ध अनेक गीत हैं।

संगीत के कुछ ऐसे भी ग्रन्थ हैं जिनमें मात्र वाद्य विशेष से सम्बन्धित विषय का प्रतिपादन है। इनमें कुछ रागों की भी चर्चा आई है। इनके नाम इस प्रकार हैं–

1. *मुरलीप्रकार:* – भावभट्ट
2. *रुद्रडमरुभवसूत्रविवरणम्* – रघुनाथप्रसाद
3. *वीणावाद्य लक्षणम्* – रघुनाथप्रसाद
4. *सितारवादनग्रन्थ:* – अज्ञातकर्तृक

'तल प्रतिष्ठायाम्' धातु (1599 चुरादिगण) से 'तल्यते = प्रतिष्ठीयते कालोऽस्मिन् असौ ताल:' इस विग्रह में अधिकरण अर्थ में घञ् प्रत्यय करने पर 'ताल' शब्द निष्पन्न होता है, जिसका शाब्दिक अर्थ है जिसमें काल प्रतिष्ठित हो उसे ताल कहते हैं–

तालस्तल् प्रतिष्ठायामिति धातोघञि स्मृत:।
गीतं वाद्यं तथा नृत्यं यतस्ताले प्रतिष्ठितम्।।[31]

इस ताल के दश प्राण माने गए हैं – काल, मार्ग, क्रिया, अङ्ग, ग्रह, जाति, कला, लय, यति और प्रस्तारक। इनमें काल का सूक्ष्मातिसूक्ष्म विवेचन ग्रन्थों में मिलता है। आचार्य नारद ने इसका विवरण इस प्रकार *संगीत मकरन्द* में दिया है –

उपर्युपरि विन्यस्य पद्मपत्रशतं सकृत्।
स काल: सूचिसम्भेदात्तत्क्षणस्य कलं प्रति।।
लव: क्षणैरष्टभि: स्यात् काष्ठा चाष्टलवात्मिका।
अष्ट काष्ठा निमेष: स्यान्निमेषैरष्टभि: कला।।
ताभ्यां चैव चतुर्भागश्चतुर्भागेऽनुद्रुत:।
अनुद्रुताभ्यां बिन्दुश्च बिन्दुभ्यां तु लघुर्भवेत्।।
लघुद्वन्द्वं गुरुश्चैव त्रिलघु प्लुतमुच्यते।
इतिमानगति: प्रोक्ता तालज्ञै: पूर्वसूरिभि:।।[32]

अर्थात् एक के ऊपर एक करके कमल की सौ पंखुड़ियों को रखकर एक समय में शीघ्र सुई से भेदन करने में जो समय लगे उसे क्षण कहते हैं। आठ क्षण का लव, आठ लव का एक काष्ठा, आठ काष्ठा का एक निमेष, आठ निमेष की एक कला, दो कला का एक चतुर्भाग, दो चतुर्भाग का एक अनुद्रुत, दो अनुद्रुत का एक बिन्दु, दो बिन्दु का एक लघु, दो लघु का एक गुरु, तीन लघु का एक प्लुत माना गया है। यह लघु ही एक मात्रा का बोधक है जिसमें विभिन्न तालों

का मात्रा के आधार पर वर्गीकरण होता है।

एक अक्षर से दूसरे अक्षर तक के बीच के समय को मार्ग कहते हैं। यह दक्षिणी, वर्त्तिका, चित्रा, चित्रतरउ, चित्रतमा तथा अतिचित्रतमा भेद से छह प्रकार का होता है।

1 चतस्र	2 तिस्र	3 मिश्र	4 खण्ड	5 संकीर्ण
लघु 4 मात्रा	3 मात्रा	6 मात्रा	5 मात्रा	6 मात्रा

जो ताल वाद्य पर बजाया जाए या हाथ की ताली द्वारा दिखाया जाए वह क्रिया है। यह क्रिया सशब्द तथा निःशब्द भेद से दो प्रकार की मानी गई है।

अंग अणुद्रुत, द्रुत, लघु, गुरु, प्लुत तथा काकपद भेद से छह प्रकार का माना गया है जिन्हें एक चिह्न विशेष से जाना जाता है।

ग्रह चार प्रकार का होता है – सम ग्रह, विषम ग्रह, अतीत ग्रह और अनागत ग्रह।

जाति का प्रयोग अधिकतया कर्नाटक संगीत में होता है। किसी भी ताल में लघु की मात्रा बदलने से 35 ताल बनते हैं। जिनमें पाँच जातियाँ बनती हैं –

समय की गति को लय कहते हैं। इसके सामान्य रूप से दो भेद हैं। सामान्य सीधी लय तथा विषम टेढ़ी लय। सामान्य सम = सीधी लय तीन प्रकार की है – विलम्बित, मध्य तथा द्रुत। और विषम = टेढ़ी लय भी तीन प्रकार की होती है आड़, कुआड़ और विआड़।[33]

'कला' शब्द से यहाँ वाद्य के वादन प्रकार गृहीत होता है। तथैव यति लय मापने का एक साधन माना जाता है। यह यति भी समा, स्रोतागता, गोपुच्छा, पिपीलका, मृदङ्गा और विषमा भेद से छह प्रकार की होती है। इसी प्रकार गायन वादन की कला के विस्तार को प्रस्तार कहते हैं। इसके नव भेद संगीतशास्त्रों में उल्लिखित हैं – निष्ठा, उद्दिष्टा, पतालका, द्रुतमेरु, लघुमेरु, गुरुमेरु, प्लुतमेरु, संयोगमेरु और खण्ड।[34]

इस प्रकार तालों के विषय में विशद विवेचन इन संगीत ग्रन्थों में किया गया है। रागों के विवेचन में जिन संगीतपद से व्यवहृत ग्रन्थों का जैसे *संगीतरत्नाकर* *संगीतदर्पण*, *संगीतदामोदर*, *संगीतमकरन्द*, आदि विवरण दिया गया है। उनमें इन

तालों के विषय में पर्याप्त विचार आया है। उसके पश्चात् भी स्वतन्त्र रूप से ताल बोधक ग्रन्थों का विवरण हमें प्राप्त होता है जिनका विवरण इस प्रकार है –

1. *तालदशप्राणदीपिका* – गोविन्द
2. *तालदीपिका* – टिप्पभूपाल
3. *तालप्रस्थ:* – टिप्पभूपाल
4. *तालप्रस्तार:* – टिप्पभूपाल
5. *ताललक्षणम्* – नन्दिकेश्वर
6. *तालादिलक्षणम्* – नन्दिकेश्वर
7. *तालाभिनवलक्षणम्* – नन्दिकेश्वर
8. *तालप्रकरणम्* – शारदानन्द
9. *तालप्रस्ताव:* – अज्ञातकर्तृक
10. *तालमाला* – शुम्भर

इसी प्रकार यद्यपि संगीतपद व्यवहृत संगीत ग्रन्थों में नृत्य का भी विवरण प्राप्त होता है तथापि स्वतन्त्र रूप से नृत्य के विषय में भी अनेक ग्रन्थों की रचना हुई है। जिनका विवरण इस प्रकार है –

1. *नर्तननिर्णय:* – पुण्डरीकविट्ठल
2. *नृत्यरत्नावली* – गणपतिदेवसेन
3. *नृत्याध्याय:* – अक्षोकम्
4. *अग्निपुराणम्* – व्यासदेव

यद्यपि *अग्निपुराण* में संगीत की चर्चा नहीं है पर नाट्य विवेचन में नृत्य की चर्चा 341वें अध्याय में आई है।

इस अध्याय में मात्र इक्कीस पद्य हैं। जिनमें नृत्य से सम्बन्धित अङ्गों का हस्त–मुद्राओं का विधिवत् उल्लेख है। इनमें नारी चेष्टाओं का उदाहरणार्थ उल्लेख इस प्रकार है–

लीला विलासो विच्छित्तिर्विभ्रमं किलकिंचितम्।
मोट्टायितं कुट्टमितं बिम्बोको ललितं तथा।।
विकृतं क्रीडितं केलिरिति द्वादशधैव स:।।[35]

अर्थात् नारी पात्रों की चेष्टाएँ बारह प्रकार की होती हैं – लीला, विलास, विच्छित्ति, विभ्रम, किलकिंचित्, मोट्टायित, कुट्टमित, बिम्बोक, ललित, विकृत, क्रीडित और केलि।

इसी प्रकार अन्य विषय भी विवेचित हुए हैं। संगीत के मूल तत्त्व प्राधान्येन आचार्य भरत के द्वारा *नाट्यशास्त्र* में विवेचित हुए हैं। उन्हीं का विस्तार बाद के संगीत तत्त्वविद विद्वानों ने किया है। सम्पूर्ण संस्कृत के संगीत ग्रन्थों की जो सूची हमें प्राप्त हुई है और जिनका विवरण पूर्व में दिया गया है उनकी पूर्ण संख्या भरत रचित *नाट्यशास्त्र* एवं *अग्निपुराण* को साथ में लेकर 127 है। सरस्वती भवन पुस्तकालय, सम्पूर्णानन्द संस्कृत विश्वविद्यालय से पाण्डुलिपि पुस्तकालय में 33 ग्रन्थों की पाण्डुलिपियों का विवरण प्राप्त हुआ है। इसी प्रकार काशी हिन्दू विश्वविद्यालय के केन्द्रीय ग्रन्थागार में लगभग 10 ग्रन्थों का विवरण प्राप्त होता है। देश के विभिन्न पाण्डुलिपि संग्रहालयों में तथा विदेश में भी भारतीय पाण्डुलिपि संग्रहालयों में संगीत के संस्कृत ग्रन्थों की अनेक पाण्डुलिपियाँ हैं जिनका ज्ञान करके उनको प्रकाश में लाना अत्यन्त आवश्यक है। हमारे अनेक आचार्यों ने इस ओर प्रयास किया जिसके फलस्वरूप अनेक ग्रन्थ प्रकाशित भी हुए हैं। पर उनकी वह व्याख्या नहीं हो पाई जिससे उनका आज के संगीत के आचार्य एवं छात्र सही लाभ नहीं उठा पा रहे हैं। फलतः ये ग्रन्थ आज के सन्दर्भ में अपनी प्रासङ्गिकता खोते जा रहे हैं। संगीत क्रिया-प्रधान विद्या है। इसमें यद्यपि उसके शास्त्रीय तत्त्व मूल रूप में विद्यमान रहते हैं पर उनका स्थूल रूप काल-क्रम में परिवर्तित होता रहता है। पहले ग्राम गान पद्धति थी। फिर ध्रुपद पद्धति आई। सम्प्रति विशेष रूप से ख्याल गायन की पद्धति चल रही है। यद्यपि कर्नाटक संगीत पद्धति में प्राचीन शास्त्रीय संगीत के तत्त्व अधिक हैं फिर भी परिवर्तनशील संसार में परिवर्तन तो होता ही है। इन ग्रन्थों पर कार्य करना अत्यन्त दुरूह है। कारण जो संस्कृत जानता है उसे संगीत का ज्ञान नहीं है। जो संगीत जानता है उसे संस्कृत का ज्ञान नहीं है। साथ ही गायन-वादन के क्षेत्र में समर्थ संगीत विद्वान लिखने-पढ़ने को संगीताभ्यास का दुश्मन मानते हैं। वे कहते हैं इससे क्या लाभ जितने समय में पढ़ेंगे उतने समय तक रियाज़ करेंगे तो कला में अधिक चमक आएगी। बात भी सही है। क्रिया-प्रधान विद्या निरन्तर अभ्यास चाहती है। फिर भी बिना समय निकाले परिश्रम किए बिना इस क्षेत्र में कार्य सम्भव नहीं है। संगीतज्ञों तथा संस्कृत के विद्वानों को साथ मिलकर इस क्षेत्र में काम करने से ही इन ग्रन्थों की समाज के लिए सदुपयोगिता सिद्ध होगी।

मुझे प्रातः स्मरणीय गुरुवर्य प्रो. गयाचरण त्रिपाठी ने पन्द्रह वर्ष पूर्व दतिया स्टेट के पुस्तकालय से *रागार्णव* ग्रन्थ की दो प्रतियाँ लाकर इसमें कार्य करने के लिए दी थीं। जिस पर उनके आशीर्वाद से लगभग सन् 2000 के पहले ही इसका

सम्पादन करके उस पर समीक्षात्मक टीका लिखी तथा उससे सम्बद्ध सम्प्राप्त समस्त रागों का विवरण देकर उसकी समीक्षा भी की। इस ग्रन्थ में कुल छियासी रागों का विवरण दिया गया है। जिसमें ऐसे अनेक राग हैं जिनका उल्लेख न तो कर्नाटक पद्धति के संगीत में और न ही उत्तर भारतीय संगीत में ही प्राप्त होता है। वे राग इस प्रकार हैं –

1. रोडिका
2. योगी बंगालिका
3. बंगालिका
4. नाटिका
5. वसन्तिका
6. त्रिवण
7. मल्हारी
8. मारश्री
9. मल्हारदेश
10. मल्हारजैजैवन्ती
11. कल्याणी
12. श्याम
13. यमनीश्याम
14. यमनीकल्याण
15. यमनीनट
16. कुड़ाई
17. यजेसंझ
18. अगोठी
19. चैत्री

इन रागों के विषय में भातखण्डे के समस्त भागों में, रागकोष के 1438 रागों में *संगीत सागर* की 484 रागों की सूची में इनका विवरण मुझे नहीं मिला। पर *रागार्णव* में इनका विवरण विधिवत् है। इनमें रोडिका का विवरण उदाहरणार्थ इस प्रकार है –

धैवतर्षभगान्धाराः कोमला रोडिका मता।
तीव्रमध्यमसंयुक्ता कैश्चिदुक्ता विचक्षणैः॥
शुद्धस्वरा कैश्चिदुक्ता एवं बहुविधा मता।

म ग रे स नी स रे ग ग म म प प ध प म ग रे सा ग ग ग म म प ध नी सा सा नी ध म ध नी स, रे स स ग रे स स नी ध प म ग रे ग नी नी ध म ग रे सा।[36]

अर्थात् रोडिका राग में धैवत, ऋषभ तथा गान्धार कोमल माने गए हैं। किसी विद्वान् के मत में इसमें मध्यम स्वर तीव्र माना गया है। कुछ विद्वान् इसमें सभी स्वरों को शुद्ध मानते हैं। इस प्रकार रोडिका राग अनेक प्रकार का राग माना जाता है।

रागार्णव ग्रन्थ में कुल अस्सी श्लोक हैं, जिनमें छियासी रागों का विवेचन

है। लगभग सभी रागों का चलन प्रकार के रूप में सरगम का भी पाण्डुलिपि में उल्लेख है परन्तु किसी भी सरगम में स्वरों के कोमल तीव्र या शुद्ध के बोधक चिह्नों का उल्लेख नहीं है। अनेक रागों के नाम आज प्रचलित रागों के समान होते हुए भी उनके प्रचलन आज उस रूप में नहीं हैं जिनका उल्लेख *रागार्णव* ग्रन्थ में है। यथा मालकोश राग का विवेचन एतदर्थ ध्यातव्य है –

मालकोशः स्वराद्यः स्याद् रिधौ कोमलसम्मतौ।
पञ्चमेन विहीनोऽयं वार्षभस्वरवर्जितः।।
उभाभ्यां वर्जितो कश्चित् कथितो रागवित्तमैः।
षाडवौडवसम्पूर्णभेदेन त्रिविधोऽथवा।।

स स नी ध ध म ग ग ध ध नी सा, नी ध ध म ग ग स स स नी
स स नी नी ध नी नी स ग म ध ध ध ध ग ग स ग ग ग म ध
ध नी स ग ग ग ग नी नी नी ध ध ग ग सा ।।6।।[37]

अर्थात् मालकोश आदि स्वर अर्थात् वादी स्वर षड्ज है इसमें रे ध कोमल हैं। इस राग में पंचम स्वर नहीं लगता। एक प्रकार में ऋषभ स्वर भी वर्जित है। किसी प्रकार में ऋषभ एवं पंचम दोंनों स्वर वर्जित हैं। इस प्रकार सम्पूर्ण जाति का एक प्रकार, ऋषभ वर्जित एवं पंचम वर्जित के षाडव के दो प्रकार तथा ऋषभ पंचम स्वर वर्जित का औडव का एक प्रकार, कुल चार प्रकार मालकोश के ग्रन्थकार ने दिखाया है। राग का चलन प्रकार दिखाने के लिए ग्रन्थ में जो सरगम है वह औडव जाति का ऋषभ तथा पंचम से हीन है। इसमें मात्र ऋषभ तथा धैवत कोमल कहा है। आज मालकोश में ग॒ ध॒ नि॒ तीनों कोमल लगते हैं फलतः ग्रन्थकार को "रिधौ कोमलसम्मतौ" के स्थान पर "ग ध नी कोमला मताः" यह पाठ रखना चाहिए था। सम्भवतः ग्रन्थकार के समय औडव जाति के मालकोश में ग और नि स्वर शुद्ध ही प्रयुक्त होते रहे हों बाद में इनका कोमल प्रयोग प्रारम्भ हुआ हो। अपि च आज जो भी कौंश अंग के राग हैं उनमें कर्नाटक पद्धति के मोहन कौंश के अतिरिक्त किसी भी राग में ऋषभ स्वर का प्रयोग नहीं मिलता। यदि किसी नए राग की रचना कौंश अंग में किसी विद्वान् ने किया हो तो उसका विषय मेरे सामने नहीं आया। साथ ही पंचमयुक्त किसी भी कौंश अंग के राग का विवरण सम्प्रति अप्रसिद्ध है। तथैव सम्पूर्ण जाति का मालकोश राग भी सम्प्रति अप्रसिद्ध है।

इस प्रकार *रागार्णव* ग्रन्थ में सम्प्रति प्रचलित रागों के विविध प्रकारों के साथ-साथ उनके स्वरूपों में पर्याप्त भेद प्राप्त होता है। यह ग्रन्थ विवेचन की

दृष्टि से लगभग पन्द्रहवीं शताब्दी का प्रतीत होता है। इसका विवरण काल सम्बन्धी कहीं नहीं प्राप्त होता न ही इसके लेखक का ज्ञान है। विवेचन की दृष्टि से भी यह ग्रन्थ जैसाकि इसका *रागार्णव* नाम है जिसमें पर्याप्त रागों का विवेचन होना चाहिए था, उसमें मात्र 86 रागों का विवेचन है इससे यह अपूर्ण ही प्रतीत होता है। इसके प्रारम्भ में "अथ रागार्णवे रागाणां सरगमा:"[38] इस कथन से भी ऐसा प्रतीत होता है कि यह ग्रन्थ अपूर्ण है इसमें अन्य विषय भी रागों से सम्बन्धित व्याख्यात हुए हैं पर उनका विवरण कहीं भी नहीं प्राप्त होता। फिर भी उपलब्ध ग्रन्थ अत्यन्त महत्त्वपूर्ण है। इसमें इस ग्रन्थ से सम्बन्धित जो भी राग हैं उनका भी संक्षिप्त विवरण व्याख्या के सन्दर्भ में मैंने ग्रन्थ में रखा है जिनकी संख्या तीन सौ पचास के लगभग है। ग्रन्थस्थ राग छियासी हैं। इस प्रकार इस ग्रन्थ में विवेचित रागों की संख्या 436 हो जाती है। इस ग्रन्थ का पूर्व उपयोग आज के सन्दर्भ में पूर्ण रूप से किया जा सकता है। ऐसा हमारा विश्वास है।

यद्यपि संस्कृतज्ञ और संगीतज्ञ दोनों होना कठिन है; किसी तरह से दोनों का ज्ञान कर भी लिया गया तो उनका पूर्ण अभ्यास और भी महाकठिन है। इसलिए संस्कृतज्ञ संगीत की ओर शिक्षा के लिए प्रीति नहीं होता वहां तो ऐसी प्रसिद्धि है –

काव्येन हन्यते शास्त्रं तच्च गीतेन हन्यते।
तच्च नारीनिनोदेन हतं सर्वं बुभुक्षया।।[39]

संगीत के विज्ञाता को अपने अभ्यास में विघ्न होने के कारण संस्कृत के शास्त्रों के अध्ययनार्थ प्रवृत्ति नहीं देखी जाती। फलतः ऐसी स्थिति हो गई है –

दर्शनशक्तिसम्पन्ने नेत्रे वाणीं विनैव हि।
वाणीशक्तिमती जिह्वा विना दृष्टिं हि विद्यते।।[40]

फलतः संगीतज्ञ एवं संस्कृतज्ञ दोनों मिलकर एक-एक सहयोग करें तो मुझे ऐसा नहीं प्रतीत होता कि इन संस्कृत के संगीत ग्रन्थों की आज के सन्दर्भ में प्रासङ्गिकता नहीं बन सकती। आज उसकी आवश्यकता है। और इस सन्दर्भ में कार्य करने हेतु ये ग्रन्थ अपनी बारी की अपने अध्येता की प्रतीक्षा कर रहे हैं। आशा है कि विद्वान् अवश्य इस क्षेत्र में अपना योगदान देंगे और इनकी प्रतीक्षा को मिलन की बेला में परिवर्तित करेंगे।

संदर्भ

1. कच् दीप्तौ धातु से अन्येष्वपि दृश्यते। (3.2.101) इति डः, क उपपद ला धातु से आताऽनुपसर्गे कः। (3.2.3) से क प्रत्यय स्त्रीत्वे टाप्, एवं कव धातु से नन्दिग्रहिपचादिभ्यो। (3.1.134) से अच् प्रत्यय टाप्।
2. स्वकीय।
3. *अमरकोष* 1.3.15.
4. *अमरकोष* 1.4.11.
5. *अमरकोष* 3.3.188.
6. मेदनीकोषे कला शब्दे।
7. *श्रीमद्भागवत* 10.45.36.
8. वात्स्यायनकामसूत्र विद्यासमुद्देशे तृतीयाध्याये।
9. *संगीतमकरन्द* नारदकृत प्रारम्भ श्लोक सं. 3.
10. *वाल्मीकिरामायण* 1.4.10,11.
11. *नाट्यशास्त्र* 28.8–12.
12. *नाट्यशास्त्र* 39.483.
13. *शु.य.* 30.6.
14. *शु.य.* 30.19.
15. *शु.य.* 30.20.
16. *शु.य.* 30.20.
17. *शु.य.* 30.20.
18. *ऋ.वे. शांखायन ब्राह्मण*
19. *वाराहोपनिषद्* 2.82, 83.
20. *संगीतरत्नाकर* 1.21.
21. *संगीतसागर* पृ. 11.
22. *संगीतसागर* पृ. 11.
23. परा वाङ् मूलचक्रस्था पश्यन्ती नाभिदेशगा।
    हृदिस्था मध्यमा ज्ञेया कण्ठस्था वैखरी स्मृता।।
    – *परमलघुमंजूषा* स्फोट प्रकरण

24. *संगीतसागर*, पृ. 17.
25. *संगीतसागर*, पृ. 17.
26. *तैत्तिरीय* उ. शिक्षावल्ली अनु. 8 – ओमिति ब्रह्म। ओमितीदं सर्वम्।
27. याज्ञवल्क्य शिक्षा; पाणिनीयशिक्षा श्लोक 12.
28. *संगीतदर्पण*, श्रुतिस्वरपरिचयप्रकरण।
29. *नाट्यशास्त्र* 28.23, 24.
30. *संगीतदर्पण*, रागवर्णन।
31. *संगीतरत्नाकर*।
32. *संगीतसागर* पृ. 215.
33. *संगीतमकरन्द*, नृत्याध्याय, 2.3.52–55.
34. *संगीतमकरन्द* 2.3. 56–88.
35. *संगीतमकरन्द* 2.3.89–100.
36. *अग्निपुराण*, अध्याय 349.2–3.
37. *रागार्णव*, श्लोक संख्या 8.
38. *रागार्णव*, श्लोक संख्या 7.
39. *रागार्णव*, प्रारम्भ में।
40. पारम्परिक।
41. स्वकीय।

7

The Concept of Vāk in the Vedas and Bhartṛhari

G.C. Tripathi

SPEECH is most certainly one of the greatest gifts of God to mankind. No group of *homo sapiens* — wherever it may live, or said to have existed — is known to be devoid of this faculty which sharply distinguishes him from other species of Anthropomides and Primates. The biologists and the Paleontologists account for this wonderful faculty of human beings of articulating a variety of sounds with finest nuances to that small evolutionary change in the hominids which pushed man's larynx deeper into his throat bringing with it the capability of a sophisticated, well-articulated speech, though at the same time giving rise to the disadvantage that we cannot breathe and swallow at the same time which other mammals can easily do, since they have no contact between their air passage and oesophagi and there is no possibility of food going down the wrong way. But with *homo sapiens* food and drink must pass over the larynx on the way to the gullet and thus there is a constant risk that some might inadvertently slip down the wrong way into the wind pipe.

In spite of this small inconvenience, the capability to develop speech, which this evolutionary biological development brought in its wake, heralded the commencement of an unprecedented cultural evolution of mankind some 50,000 to 30,000 years ago according to the latest calculations. It was this power of communication which became a strong basis and the binding force of an ethnic group and a joint family. And it is one of the greatest mysteries of prehistory, how people in widely separated places suddenly and spontaneously developed the capacity for language at roughly the same time as if they all had a genetic code in their brain which suddenly went off.

What were precisely the factors which triggered off this sudden outburst of a language each one of which gradually assumed more and more sophisticated form, we do not know. There are a number of theories to account for how it began. Many of them have funny, rather ridiculous, names: Bow-vow theory, Ding-dong theory, Yo-he-ho theory and the like. None of them is universally accepted, except to a certain extent the theory that the first words of the mankind were perhaps phonetic imitations of the sounds in nature. Every language of the world has a small number of such onomatopoeic words. But it is really an insignificantly small number. It cannot give rise to a full-fledged language.

Let us now turn to the oldest text, the oldest piece of literature that the human race possesses — the Vedas. They are composed in a language which has an extraordinary grandeur, a wonderfully rich vocabulary to express even the slightest of the nuances of the abstract thought, a superbly well-structured language with great flexibility and facility of expression. It has a mystique which is unparalleled in the whole of the world-literature.

And perhaps it is this mystique, this predilection for brooding over the mystical aspects of the universe, to decode the mysteries of the creation that this language of the Vedas deals intensively with the Concept of 'speech' itself. "What is a language? What is its nature? What are its different aspects? What is it capable of accomplishing and achieving? What is its relationship with gods and human beings?" All these questions are taken up and answered sometimes in a straight and sometimes in a mystical and philosophical language. No other ancient culture and no other text of ancient world has given such a deep thought to the phenomenon of *vāk* (speech).

The word for speech in the Vedas is *vāk*, a derivative from the root *vac* which means 'to speak'. But English 'speech' is perhaps not the correct translation of Vedic *vāk*, because the word *vāk* contains in itself all the forms and aspects of language, speech, dialects and even thoughts, its most subtle and abstract form. There are a number of references to *vāk* in the Vedas, but two full hymns of the *R̥gveda* are especially and fully dedicated to the nature and function of *vāk*. They are *R̥V* X.125 and *R̥V* X.71. The first is called Vāgāmbhr̥ṇī-Sūkta and the second Jñāna-Sūkta or Br̥haspati-Sūkta.

The first and the foremost statement of the Vedic *r̥ṣis* about the *vāk* is that it — or we may also use the pronoun *she*, since the *r̥ṣis* consider it as a feminine divine principle (cf. *devīṁ vācamajanayanta devāḥ*, *R̥V* VII.100.11) — is immortal (*amr̥tā*), indestructible and inexhaustible (*akṣarā*). In a semi-mystic verse occurring in the Asyavāmīya-Sūkta (hymn I.164 of the *R̥V*), *vāk* is, described as a white 'cow' (*gaurī*) which encompasses in itself all celestial oceans and achieving one, two, four, eight, and nine *padas* — a word which means both 'leg' and 'word' — ultimately rises to become thousandfold (*sahasrākṣarā*, where the word *akṣara* again means, besides 'syllable', also 'inexhaustible') in the highest heaven *parame vyoman*. From that highest spot drips down the immortal nectar of *vāk* with which the world is sustained: *tataḥ kṣaraty akṣaraṁ tad viśvam upajīvati* (*R̥V* 1.164.39-42).

The metaphor of speech as a cow — usually expressed with the word *dhenu* is quite common in the Vedic literature: *dhenum dhīrām amṛtāṁ vācam āhuḥ*. Like a loving cow it feeds its children with inexhaustible milk of nourishing thoughts, beautiful words and nice expressions.

The concept of the eternity or indestructibility of *vāk* has given rise to two different schools of thought in Indian philosophy — the first advocating the eternity (*nityatā*) of *śabda* (word) and the second emphasizing its ephemeral nature. The first is the school of Mīmāṁsā and the second that of Nyāya. Both are right in their own ways; only the perspectives differ. Whereas for the former, *śabda* is not the articulated sound but its abstract concept in our mind, which to express we take recourse to a certain cluster of sounds; the latter or the Naiyāyikas understand with *śabda* only its articulated phonetic form which, of course, is transitory. For the Mīmāṁsakas the *nityatā* or the eternity of *śabda* is of crucial importance because for them — as for many others — Vedas are eternal and *apauruṣeya,* i.e. not created by human beings, having divine origin and existing from the beginning of creation.

This principle of *apauruṣeyatva* of the Vedas is very important in orthodox Indian thought and is closely connected with the concept of *vāk*. The word *veda* simply means *knowledge*. When philosophers talk of the *apauruṣeyatva* of the Vedas, they generally do not mean the uttered or the written words of a text, but the esoteric knowledge that they contain and which lies behind their physical form. And as everybody knows, or can realise: Knowledge is eternal, it cannot be created, it can only be *discovered* by human beings, or *revealed* to them. When we come to know of a phenomenon or a principle afresh, it does not mean that we have *created* it anew. It has already existed, has always been there; we have only discovered or realised it. This is the reason why knowledge (*jñāna*) is believed to be infinite (*ananta*) and eternal (*nitya*), and in this sense also equated or even identified with God: *satyaṁ jñānam anantaṁ brahma* as the Upaniṣad defines the Supreme Principle of the universe.

And if knowledge is eternal and *vāk* is a means to attain it, to express it and to communicate it, the *vāk* cannot be ephemeral. It is also equally imperishable (*amṛtā*) and eternal (*nityā*), one that has no beginning and no end: *anādinidhanā*. The greatest exponent of this eternal and imperishable nature of *vāk* in post-Vedic times is Bhartṛhari who underlines this nature of *vāk* in the very first verse of his *Trikāṇḍī* or *Vākyapadīya* (*anādinidhanaṁ brahma śabdatattvaṁ yadakṣaram* I.1) and a little later says: *anādinidhanā nityā vāg utsṛṣṭā svayambhuvā* (the self-born one released from himself the *vāk* which is without beginning, without end and eternal).

It is thus obvious that the word *vāk* covers a very wide range of physical and mental activities and also that which lies beyond. It can neither be translated with English word 'speech', nor with 'language' although it comprises both. Starting right from the transcendental level, coming down to the level of conceptualisation, thinking, formulating and finally articulating: all these activities form parts of the *vāk*. The Vedic seers themselves make mention of the four steps or stages of *vāk*, of which only the fourth or the last — the articulated one — is manifest and is audibly perceptible whereas the previous three "remain hidden in the cave" — in the cave of the heart, unstirred and unmoved. Only those who are enlightened enough to comprehend the nature of that supreme principle *Brahman* which sustains this world, *brāhmaṇā ye manīṣiṇaḥ*, know all the four stages of *vāk*, whereas ordinary humans are concerned only with the fourth one:

catvāri vāk parimitā padāni tāni vidurbrāhmaṇā ye manīṣiṇaḥ ।
guhā trīṇi nihitā neṅgayanti turīyaṁ vāco manuṣyā vadanti ॥
—*ṚV* 1.164.45

The *ṚV* does not supply us the names of these four stages of *vāk*, nor does it describe their nature. But the later texts name these stages as *parā, paśyantī, madhyamā* and *vaikharī*. Though a couple of texts are a bit confused about the nature of the concept of the first three stages, locate them in the four nodili (or *lotuses*) of the body, viz. *mūlādhāra, maṇipūra, viśuddha* and *anāhata* cakra, situated at the lowermost point of the spinal cord, navel, heart and throat respectively; cf. the following verse from the *Paramalaghumañjūṣā:*

parā vāk mūlacakrasthā, paśyantī nābhisaṁsthitā ।
hṛdistha madhyamā jñeyā, vaikharī kaṇṭhadeśagā ॥

Yet Bhartṛhari has a very clear and candid concept of all. *Vaikharī* is the articulated form of the language, the spoken word, the speech, which is made manifest by letting air (*prāṇa*) pass through the linguistic apparatus of mouth with variations brought about by positions of tongue and lips, etc:

sthāneṣu vidhṛte vāyau kṛtavarṇaparigrahā ।
vaikharī vākprayoktṝṇāṁ prāṇavṛttinibandhanā ॥

This final culmination of Speech ranging from perception or conceptualisation to an articulated sound is nicely described in the *Pāṇinīyaśikṣā* in the following words:

ātmā buddhyā sametyarthān mano yuṅkte vivakṣayā ।
manaḥ kāyāgnimāhanti sa prerayati mārutam ॥
sôdīrṇo mūrdhnyabhihito vaktramāpādya mārutaḥ ।
varṇān janayate . . .

> The "self" (i.e. consciousness) uniting itself with "Intellect" grasps the objects and directs mind to express it. Mind strikes the bodily energy which impells the air (breath) upwards. This air rises up to the skull and gets rebounded to the mouth. Issuing through the mouth in various ways, it generates different letters (sounds).

The *madhyamā* is independent of any such physical activity. It is the mental stage of formulating a language, words and sentences without uttering them openly. This is a stage in which one still needs words, a complete vocabulary, which is formulated in structured sentences: but one does not need any *prāṇa vāyu* (energised air) for this, because it is totally a mental activity:

> *kevalaṁ buddhyupādānā kramarūpānupātinī* ।
> *prāṇavṛttim atikramya madhyamā vāk pravartate* ॥
> — *Vākyapadīya*

The next higher stage of *vāk* is that of *paśyantī*, a stage in which the language and its verbal structure play no rôle. It is the stage in which the flashes of thought — similar to the flashes of light — occur in our mind suddenly within the split of a second, totally independent of any language. We need language only when we wish to express or communicate that wave of thought, which is done by descending to the *madhyamā-vaikharī* level. Bhartṛhari describes this stage as *avibhāgā* — "an integrated whole", "partless", i.e. without words — without parts of speech, something the nature of which consists of light, *svarūpajyotiḥ*, that which is subtle (*sūkṣmā*), and imperishable (*anapāyinī*) because it is not uttered and lost in the void unlike the *vaikharī*; it can remain in ones mind forever in an immutable form:

> *avibhāgā tu paśyantī sarvataḥ saṁyatakramā* ।
> *svarūpajyotir evāntaḥ sūkṣmā vāg anapāyinī* ॥
> — *Vākyapadīya*

It is quite obvious that at this level, the level of *paśyantī*, there is just *one single language* in the whole world. It is this *one* which becomes *many*, Viśvarūpā, in the mouth of each individual: *devīm vācamajanayanta devās, tāṁ viśvarūpāṁ paśavo vadanti* (*ṚV* 8.100.11). The *vāk* herself declares in verse 3 of the Vāk-Sūkta (X.125) that "she is originally One", but "gods have divided her into many parts and put her in different places in different forms so that she now encompasses all": *tāṁ mā devā vyadadhuḥ purutrā bhūristhātrāṁ bhūryāveśayantīm.*

It is also the stage which is a kind of substratum for the phenomenon of *sphoṭa* of the grammarians — the phenomenon which makes one comprehend the meaning (*artha*) of a cluster of articulated sounds (words/groups of words) by their previously fixed association with certain objects and concepts: that abstract form of the language which is embedded or implanted in one's linguistic memory.

The fourth and the highest aspect of *vāk* is *parā* — the transcendental one, which lies beyond the level of thought and is identical with [self-]realisation in the state of meditation — a state which is attained with the help of *vāk* which takes up right to its threshold but as soon as one enters into that state, the *vāk* retreats, comes back along with *manas; yato vāco nivartante aprāpya manasā saha* (*Taittirīya Up*. 2.4.1). Its nature consists of *prakāśa* (brightness) and *ānanda* (bliss). It is the *saṁvid* of Kashmir Śaivism, the realisation that ones ontological reality is identical with pure consciousness. Once you reach this stage, you are omniscient, everything of itself becomes known to you since consciousness (*cit*) is the same as knowledge.

The Vedic *ṛṣi*s are said to receive their knowledge in this state which they later expressed with Vaikharī. This is a stage which is identical with the fourth state of consciousness — The *turīyā avasthā* following upon *jāgrat, svapna* and *suṣupti* of the Vedic-Vedāntic philosophy. The *Atharvaveda* clearly declares that the state in which the *vāk* is left behind or departs is the state in which one realises the self which is identical with *Brahman*:

yeṣāṁ caturthaṁ viyunakti vācaṁ
brahma enad vidyāt tapasā vipaścit । — *AV* VIII.9.3

The Grammarians recognise and accept this state as *anādinidhana* and *akṣara, śabda-brahman* but do not deal with it extensively in their system for the obvious reason that it can only be visualised through subjective experience in the state of meditation.

The *śabda-brahman* is the origin of all creation. The creation is, so to say, the meaning (*artha*) of this *śabda-brahman*, cf. the opening verse of the *Vākyapadīya*:

anādinidhanaṁ brahma śabdatattvam yadakṣaram ।
vivartate'rthabhāvena prakriyā jagato yataḥ ॥

The Supreme Being, the Creator of this universe, the Prajāpati, whenever he wants to create any object must have first to conceptualise that object or phenomenon in his mind and as soon as a concept is there, the 'language' is there, the *vāk* is there. That is why the Veda states that *vāk* is the *creatix* of the whole universe. All worldly phenomena owe their origin to *vāk*: *vāg eva viśvā bhuvanāni jajñe*. Every cognition requires the use of language. She fashions everything: *vāg eva sarvā tāṣṭi iva, vāg vai tvaṣṭā*.

Virāj or Virāṭ is a Vedic word which refers to the vast expanse of the whole manifested universe. This Virāj (feminine) emanates from the primordial Supreme Being, from the *Puruṣa* described in the famous Puruṣa-Sūkta (X.90). A passage in the *AV* (IX.2.5) identifies *vāk* with Virāj and designates her as *dhenu* — wishfulfilling cow (*kāmānām dhayitrī*, according to Sāyaṇa), born out of the Ḋesire (*kāma*) of the Supreme Being. The desire to become "many" from "one" — the [*so'kāmayata*] *"eko 'haṁ bahu syām prajāyeya"* of the Upaniṣads. But Kāma is also said to be the primeval seed triggering off the activity of creation according to the Nāsadīya-Sūkta (X.129.3) of the *ṚV* (*kāmastadagre samavartatâdhi*); Kāma is the link between the Being and Non-Being, between the Reality and Non-reality, a force, an energy, which helps turning unmanifest into manifest. *Vāk* is the daughter of this very Kāma:

sā te kāma duhitā dhenurucyate
yām āhurvācaṁ kavayo virājam ।
—*AV IX. 2.5*

In the light of the above we can understand the nature of *vāk* better as she describes herself in the Vāgambhṛṇī hymn X.125 of the *ṚV*. Speech is the One Original which is indispensably needed to organise the unorganised material of the universe, to give a properly structured form to the unstructured matter. It is also needed as the foremost instrument for the performance of sacrifical ritual, which is required to support the divine powers who sustain it with the help of universal laws (*dharmāṇi*). She is the ruler (*rāṣṭrī*) of the creation, the most knowledgeable one (*cikituṣī*), the first among the venerable ones (*prathamā yajñiyānām*). She moves along with the groups of gods like Rudras, Vasus and Ādityas. Everyone who lives on this earth depends upon her for his food and livelihood. She can make anyone, whom she chooses most powerful (*ugra*), highly spiritual (*brahman*), a sage (*ṛṣi*) and a great thinker (*sumedhas*). She is the one who pervades the whole space right from the depths of ocean to the peak of the heaven. However, she is not confined within these limits and is beyond this earth (= manifested world) and beyond the sky (= space) due to her unsurpassing greatness: *paro divo par enā pṛthivyā etāvatī mahinā sambabhūva* (X.125.8).

This much the statement of Vāgambhṛṇī in first person. A further reference in the *ṚV* (I.173.3) gives credit to *vāk* for functioning as a messenger between Earth and Heaven, i.e. between human beings and gods *antar dūto rodasī carad vāk*. Since *vāk* is inextricably connected with the activity of cognition, it is usually brought in connection with light. *dyumatī*, is the adjective which is often used for her: *dadhāmi te dyumatīṁ vācam āsan* (X.98.2), *asme dhehi dyumatīṁ vācam* (X.98.3). In fact, almost all verbs which denote 'to shine', 'to be brilliant', may also be used in the sense of 'knowing', given the proper context. Words for 'light' in the Vedic language have also the secondary meaning of 'knowledge'. In the very first verse of Vāgambhṛṇi the *vāk* describes herself as *cikituṣī* — highly knowledgeable, rather omniscient. The word is derived from the root *cit* which originally means 'to shine', giving rise to such words as *ketu* 'streak of light' and also *citta* (cognitive faculty), etc. The word *ṛcā/ṛk* used for a Vedic verse is derived from the root *ṛc* which also means 'to shine' giving rise to such words as *arka* meaning the sun.

The hymn termed as Jñāna-Sūkta 'the hymn of higher knowledge' of the *ṚV* (X.71) is again a brilliant attempt to shed light on the nature of the sacred speech and its transformation into sacred word by the seers. Bṛhaspati, the divine priest and himself a great poet, glorifies in this hymn *that* spiritual knowledge which is immortal light and by union with which, one attains *Brahman* — a word which originally means something like a mystical, sacred and secret lore and later also the hymns or verses which contain such a lore. The very first verse of the Jñāna-Sūkta speaks of the poetic creation of the *ṛṣis* which brought out from the cave of their hearts the best of their personal and subjective experience. This happened when they, inspired by Bṛhaspati, started looking for words to express their experience:

bṛhaspate prathamaṁ vāco agraṁ
yat prairata nāmadheyaṁ dadhānaḥ ।
yad eṣāṁ śreṣṭhaṁ yad aripram āsīt
preṇā tad eṣāṁ nihitaṁ guhâviḥ ॥ — *ṚV* X.71.1

That which was most excellent of what they possessed, was the pure speech which had remained concealed in the cave of their hearts. This became manifest through words (*nāmadheyam*) due to their liberal disposition. Through sacrifice the wise men could trace the footprints of the *vāk* and discovered it entered into the hearts of the seers — *yajñena vācaḥ padavīyam āyan tām anvavindan ṛṣiṣu praviṣṭām*. The wise seers before uttering the words let them first pass through the sieve of mind like one does with barley gruel/flour and such purified and filtered words carry grace and beauty attached to them. Not everyone who hears *vāk* really hears it and not everyone who happens to see the *vāk*, really sees it. Very few are the persons whom the *vāk* unfolds its full beauty like a wife in love, revealing her true beauty only to her beloved husband:

uta tvaḥ paśyan na dadarśa vācam
uta tvaḥ śṛṇvan na śṛṇoty enām ।
uto tv asmai tanvaṁ visasre
jāyēva patya uśatī suvāsāḥ ॥ — *ṚV* X.71.4

This off-quoted beautiful verse of the Jñāna-Sūkta (*ṚV* X.71.4) leads to the development of Vedic hermeneutics, the philosophy of Mīmāṁsā which strives to find out what exactly is the meaning, the *tātparya*, of a Vedic statement; what is the real intent, what is substantially meant, what is the injunction, what is only indicative or only corroborative.

The meaning of a particular sentence may differ considerably depending upon who is the speaker, for whom is it said, in which tone is it said, in which context is it said, under what circumstances is it said, where and at what time is it said, in which sequence is it said, etc. The verse also contains in itself the seeds of the theory of suggestion (*dhvani*) which blooms forth to its fullest extent in Kashmir by the end of the first millennium in the works of Ānandavardhana and his followers who openly admit to have borrowed it from grammarians. According to their view a good poet always transcends the barrier of the traditionally fixed meanings of the words. Using the same words within the same grammatical structure, he goes much beyond them. The literal meaning of his words is not the actual and the intended meaning of his poetry. It is that which peeps through the veil of the words.

Bṛhaspati is 'the lord of hymns' and of the holy power which they contain. He is also Vācaspati, 'lord of the *vāk*'. Another synonym for the deity is Brahamaṇaspati in which the first component is usually derived from the root *bṛṁh* which means to increase, enlarge or strengthen. The original meaning of *Brahman* may therefore have been, those *glorifying words* of the *ṛṣis* which strengthen the divine powers of gods. Expressions like:

> *yasyêdaṁ brahma vardhanaṁ yasya somaḥ* । — II.12.14
> *svargiro brahmasūktaṁ juṣerata* । — X.65.14

or,

> *prācī dyāvāpṛthivī brahmaṇā kṛdhi svarṇaśukram* । — II.2.7

can be cited in support of this. Very soon, however, the word develops the sense of holy prayer, hymn in general or even a whole corpus of the prayers; cf.

tat tvā yāmi brahmaṇā vandamānaḥ ı — I.24.11
imā brahma śasyamānāni jinvata ı — X.66.12
imā brahma sadhamāde juṣasva ı — VII.22.3 etc.

etc. At the same time the word also serves as a synonym for *sacrifice*, an activity which is performed with the help of such hymns and an activity which is mysteriously powerful. In the third stage it acquires the sense of that *supreme, divine, mysterious power* which governs the functions of the nature, creation and the world, i.e. the *subject* of the hymns, the one whom the hymns glorify. Since this *Brahman* can manifest itself only through *vāk*, both are closely related and in several passages, have been described as having been originated from each other (*AV* 8.10.7, *ŚB* 13.2.5.3). But as soon as the word *Brahman* having neuter gender, assumes the character of god Brahmā, changing its gender to masculine, it becomes Prajāpati — the creator of this universe and of all living beings right from the gods to the lowest species. *Vāk* which is a feminine term assumes the character of his wife or consort. God Brahmā creates the world with the help of *vāk*. The Brāhmaṇa texts describe this *vāk* as the daughter of Prajāpati since it is *Brahman,* i.e. — the sacrifice, hymn, holy word, the holy power enshrined in the word which rules the universe, which is more important than the language, *vāk*. *Brahman*/ Brahmā or Prajāpati is therefore the generator, the father figure for *vāk*. But he needs the help of *vāk* in order to create. Therefore he *mentally* unites himself with *vāk*:

*prajāpatiḥ imāṁllokān sṛṣṭvā akāmayata tāḥ prajāḥ sṛjeya yā eṣu lokeṣu syuḥ*ı *sa manasā vācaṁ mithunaṁ samabhavat* ı *sā garbhī abhavat* . . . ı — *ŚB* VI.1.2.5-9

The activity of the creation of the world requires a combination of Supreme Power with *vāk*. *Vāk* is identical with Sarasvatī in the Brāhmaṇa texts (*vāg vai sarasvatī*, *ŚB*, *AB*, *KB*, etc.). This is the basis of the allegorical story of god Brahmā uniting himself with Vāk-Sarasvatī, his daughter.

Vāk is quite often personified in the Brāhmaṇa texts and assumes the character of a lady. Dozens of allegoric stories are told about her, mostly about her disappearance and retrieval through sacrificial means. One of the most interesting story in this context is that of fetching of Soma from the heaven by the metre Gāyatrī whom the gods have sent with the errand to bring it down from the heavens in order to perform sacrifice with it. While Gāyatrī was bringing Soma down to the gods, Gandharva Viśvāvasu stole it midway from her. The gods came to know of it. They knew that *gandharva*s are gallant people and are fond of pretty women. So they sent lady Vāk to them who was to bring back the Soma by enchanting the *gandharva*s. The *gandharva*s gave back Soma to Vāk upon her request but came along with her and requested the gods to let Vāk go with them. The gods said: "We call her, you try to woo her, if she goes with you of her own sweet will, we have no objection." Vāk came, the *gandharva*s tried to woo her by reciting Vedic *mantra*s. She was not impressed, said "I know it all, nothing new". The gods, on the other hand, constructed a lute (*vīṇā*) and started singing melodiously. Vāk liked that and was pleased. She decided to live with them thinking that she would enjoy their company. Other ladies followed suit. The concluding line:

moghakāmā vai yoṣāḥ ।
tasmād ya eva nṛtyati yo gāyati tasmin eva etāḥ nimiślatamā iva ।

The ladies like light entertainments. They lose their hearts to and get emotionally attached to the one who can sing and dance well [and not to the one who recites the dry Vedic *mantras* in an uninteresting manner!].

In view of such a great importance attached to speech giving rise to subtle speculations about her, it may be interesting to investigate whether the Ṛgvedic *ṛṣi*s also tried to analyse and understand the nature and structure of the speech grammatically in which they were composing hymns. This is certainly a possibility, although not so easy to prove conclusively. The mystical verse *catvāri śṛṅgā trayo asya pādāḥ* of the Asyavāmīya-Sūkta (1.164) has been appropriated since ancient times to prove this; where the four horns of the bellowing Bull have been taken to mean the fourfold division of the Parts of speech of Sanskrit, namely: *nāma, ākhyāta, upasarga* and *nipāta* (substantive verb, prefix and indeclinable respectively); the three legs as three genders or three tenses, word and meaning are two heads, seven hands are seven declinations and so on; but the mystic character of the verse does not allow us to draw any final conclusion.

However, an interesting reference in the *Taittirīya Saṁhitā* (VI.4.7.11) takes us a little further and we are in a position to say that they had certainly the idea of and, may be, also the discipline of Vyākaraṇa. In this passage, the *TS* states, that in former times people use to speak language in an unseparated, unanalysed form, i.e. not knowing what is what in a sentence and how a word is formed. Thereupon gods went to Indra — a disciple of Bṛhaspati — and asked him to analyse, to separate, to dissect the Vāk. Indra held the Vāk in the middle, disentangled and separated all its parts which had stuck together. The verb used for separating or analysing here is *vi+ā+kṛ, vyākuru, vyākarot*. This is exactly the name of the discipline, the grammar, which is called *vyākaraṇa* in Sanskrit and which means to analyse, to separate: The passage under reference is:

vāg vai parācy avyākṛtā avadat ।

te devā indram abruvan, imāṁ no vācaṁ vyākuru iti ।
tām indro madhyato 'vakramya vyākarod iti ॥

The word *vyākaraṇa* is therefore rightly explained as *vyākriyante = pṛthak kriyante anena śabdā iti vyākaraṇam*, although other meanings of the words like *vyākriyante = vyutpādyante śabdāḥ* . . ., etc. are also met with in ancient texts.

No other culture of the ancient world has given such a deep thought to the analytical study of its language as Indic culture has done. What is the core meaning of a particular group of words, how they are related to each other, what is the process of their formation, how they are properly pronounced and articulated, what are the phonetic changes that take place when the final and initial sounds of two words come together, etc. these and many such subjects are dealt with very painstakingly and exactly in a number of ancillary works attached to and termed as limbs (Vedāṅgas) of the Veda. Of the six Vedāṅgas of the Veda: namely Śikṣā, Kalpa, Vyākaraṇa, Chandas, Nirukta and Jyotiṣa, three are solely dedicated to the study of language. Whereas Śikṣā deals with correct pronunciation and recitation of the Vedic *mantras* in accordance with its various accents, the Vyākaraṇa deals with an analysis of the various parts of speech of Sanskrit and the process of their formation. Nirukta, on the other hand, goes into the *origin* of a word, finds out its core root and explains its original meaning as well its usage in the language of the Vedas. No culture has loved and preserved its ancientmost language in such a pristine form over thousands of years.

No wonder for a culture which considers its language as a goddess or even equates it with the Supreme Power of the universe.

8

Nāṭyaśāstra
Text and Manuscripts

Radhavallabh Tripathi

The discovery of the *Nāṭyaśāstra* (*NŚ*) during the ninteenth centrury has been one of the greatest and the most important events in the global history of aesthetics and theatre. Amongst the so-called orientalists, the first reference to the *NŚ*, was made by Sir William Jones in the preface to his edition of *Abhijñānaśākuntala* with English translation that was published by him in 1787.[1] H.H. Wilson, in his *Select Specimens of the Theatre of Hindus* (1826) had regretted the loss of the manuscripts of the *NŚ*. During the later half of the ninteenth century, the *NŚ* attracted the attention of scholars in India and Europe and it was the begining of a global dialogue on Bharata and his theatre. However, it was Fitz Edward Hall who referred to the manuscripts of the *NŚ* and also included some chapters from the *NŚ* in his edition of *Daśarūpaka* (*DR*) (1865).[2]

Around 1880, Paul Regnaud published critical edition of chapters fifteen and sixteen and then chapters six and seven of the *NŚ* with French translation. In 1888, Grosset published a critical edition of the chapter fourteen of the *NŚ* based on five manuscripts. Soon after the Kāvyamālā (KM) edition of the *NŚ* came out in 1894, prepared on the basis of two different copies of one manuscript. Grosset again published a critical edition of the first fourteen chapters of the *NŚ* in 1898. The first volume of the *NŚ* with *Abhinavabhāratī* (*Abh.*), said to have been based on forty manuscripts came out from Vadodara in 1926 under the Gaekwad Oriental Series (GOS) with Ramakrishna Kavi as its editor. Batuk Nath Sharma and Baldev Upadhyaya published another edition of the *NŚ* under Kashi Sanskrit Series (KSS) in 1927. Other three volumes of Vadodara edition appeared in 1934, 1954 and 1964 respectively. Meanwhile, another critical edition with English translation by M.M. Ghosh appeared from Calcutta. R.S. Nagar edited the text with *Abh.* on the basis of the four printed editions from Delhi. Meanwhile, N.P. Unni brought out a complete edition of the *NŚ* with Englsih translation and notes baed on the Kerala edition by Narayan Pisharoti. To sum up, the following editions in printed form of this text are noteworthy — (i) KM edition, (ii) KSS edition, (iii) GOS edition, (iv) Kolkata edition, (v) Delhi edition, (vi) Kerala edition. Besides these, R. Gnoli has done monumental work by the way of textual studies on the *rasa*-portion of *Abh.*[3] Of these, the GOS edition is definitely a hallmark in the history of *NŚ*-studies.

The manuscripts of the *NŚ* or their copies were acquisitioned from Almora, Pune, Ujjain, Madras, Trivandram and Nepal, Darbhanga, Andhra, Bengal and Tamil Nadu. The database of the manuscripts of *NŚ* as given by Dr. Kapila Vatsyayan as an appendix to her monograph on Bharata's *NŚ* lists 112 manuscripts.[4] Not all of them have been properly utilized by the learned editors of different extant editions of Bharata's text. One important manuscript still to be unearthed and utilized, is in Rajasthan. Credit goes to Kamlesh Datta Tripathi for having procured seven new manuscripts of the *NŚ* from Nepal in Bhojimol, Newārī and Devanāgarī scripts. They belong to the period from thirteenth century to nineteenth century CE. Ramakrishna Kavi and K. Krisnamurthy have already utilized a manuscript from Nepal in the Vadodara edition of the *NŚ* vol. IV. It has to be ascertained whether the manuscripts in possession of K.D. Tripathi provide any new readings. It is now more than twenty-five years that K.D. Tripathi has been devoted to preparing the critical edition of the *NŚ* based on these manuscripts, and when the project was being carried on at Ujjain, I had the honour to have been associated with its board of advisers.

Ramaswami, K. Krishnamurthy, T.S. Nandi and Rajendra Nanavati have made attempts at re-editing the *NŚ* as edited by Ramakrishna Kavi. Ramaswami utilized copies of two old manuscripts obtained from S.K. Belvelkar. He consulted as many as fifty manuscripts and also consulted the texts of Puṇḍarīka Viṭṭhala, Śārṅgadeva, Haripāladeva, Someśvara and others for correcting the readings of chapter IV on *karaṇa*s and *aṅgahāra*s.

The text of *NŚ* has been posing some very baffling problems not only for the modern scholarship but also for the ancient *ācārya*s, who composed independent treatises on drama and dramaturgy or those who wrote commentaries on the *NŚ*. They were equally facing unresolved problems related to the text of the *NŚ*. The enormity of the problems related to the text of the *NŚ* can be understood from the remarks of two scribers — Vinoda and Ānandasiṁha — of Newārī manuscript from Nepal. In the colophon they say that even Muni (Bharata) may become confused (in making any sense) from this manuscript.

विनोदानन्दसिंहाभ्यां लिखिता भारती मुदा।
मीमांस्यापि भवेद् भङ्गः मुनेरपि मतिभ्रमः।।
यथादृष्टं तथा लिखितम् . . . .[5]

These problems relate to —

(i) The authorship of the *NŚ*

(ii) The number of chapters and their order in the *NŚ*

(iii) Number of verses in each chapter and total number of verses in the text

(iv) The recensions: whether there were more than one recension of the *NŚ*

(v) The versions: whether there were more than one version

(vii) Textual structure of the *NŚ*: whether it is a heterogeneous or a homogeneous text

(viii) Variants and interpolations

It is not possible for me to deal with these problems one by one or in a systematic way here. I would first refer to the traditional view.

Traditional Views

Yamalāṣṭakatantra describes a tradition regarding the three versions of the *NŚ*. Accordingly, Brahmā creatred a Nāṭyaveda of 36,000 verses, which was abridged into 12,000 verses, that Abhinavagupta has referred to; two recensions of the *Nāṭyaśāstra* — Dvādaśasāhasrī (having 12,000 stanzas) and Ṣaṭsāhasrī (with 6,000 stanzas). Śāradātanaya says that the community of Bharatas' who acquired the knowledge of Nāṭyaveda from Brahmā moved to the city of Ayodhyā in Bhāratavarṣa with Manu, and at the instance of Manu they prepared the essence of the Nāṭyaveda in 12,000 verses. After that, one of them, who was also called the Bharata, again abridged the text of 12,000 verses into 6,000.[6] Bharatamuni has been cited as Ṣaṭsāhasrīkāra or the author of the text of the *NŚ* with 6,000 stanzas by Dhanika and Bahurūpamiśra in their commentaries on the *DR*.[7] On the other hand, Bahurūpamiśra also cites Dvādaśasāhasrīkāra immedietely after.[8] *Nāṭyaśāstra* of Brahmā must have been in vogue till the eighth century CE as Dāmodara tells that his hero is adept in *Nāṭyaśāstra* by Brahmā.[9]

Textual Structure

The text of the *NŚ* comprises — *sūtra* (aphorism), *bhāṣya* (commentary in prose), *saṁgraha* (enlisting the topics) *kārikā* (subject matter inverses), *nirukta* (etymology), *ānuvaṁśya ślokas* (traditional verses) and *nidarśana* (exemplification). Bharata himself has defined two categories out of these — *saṁgraha* and *kārikā*.[10] Abhinavagupta says that these *saṁgraha, kārikā* and *nirukta* mean *uddaśa* (naming), *lakṣaṇa* (definition) and *parīkṣā* (test) respectively. Distiguishing between a *kārikā* and an *ānuvaṁśya śloka,* he says that *kārikā*s have been composed by Bharatamuni himself to explain the conncepts summarized in the *sūtras*, whereas the *ānuvaṁśya śloka*s were handed down to him through tradition from the *guru-śiṣya-paramparā*. Sometimes these *ānuvaṁśya śloka*s explain the meaning of the *sūtra*s precisely that they are included in the corpus of the *kārikā*s.[11] Abhinavagupta says that these verses have been included as *kārikā*s by Bharatamuni himself for providing space to the collective memory.[12]

Bharata is also remembered as a *saṁgrahakāra*. He systematized the earlier corpus. This led to multiplicity of layers in the text. Bharata appears to be citing available texts by the way of *Ārya*s, *ānuvaṁśya śloka*s, and the prose portion preceding such excerpts indicates that they are being reproduced from earlier sources. Abhinavagupta also agrees that Bharata has derived the *ānuvaṁśya śloka*s and *Āryā*s.

Their two opposite views with regard to the textual structure of the *NŚ* and its authorship can be called the *āstika mata* and the *nāstika mata*. The opponents again object that no systematic order has been maintained in presenting replies to these five questions. The proponents of the *nāstika mata* say that the text has not actually been compiled by a single person named Bharata, either some part of it was composed by him and the rest by his disciples, or that the whole text has been compiled simply by inserting portions from the text of Brahmā; with a view to establishing the authenticity of Brahmā's Nāṭyaveda.[13]

Abhinavagupta presents a threadbare analysis of the problem to establish that the complete text of the *NŚ* is homogeneous and authored by a single person named Bharatamuni, who has created this text in reply to the five querries made by some sages, led by Ātreya. The text of the *NŚ* has evolved in answer to these five questions, and so it is a homogenous text.[14]

These five questions are spelled out in the first chapter of the *NŚ* in the following way — (1) How did Nāṭyaveda originate? (2) Whom is it meant for? (3) What are its branches? (4) What is its extant/what are the criteria which authenticate it? (5) How is it practised?[15] *NŚ* can therefore be viewed as a discourse in reply to these five questions.

But then we find that there is a cycle of five questions recurring again and again. In the second chapter, there are five questions related to the construction and consecration of the theatre house.[16] The discussions on *nāṭya-maṇḍapa* and *raṅgadaivata-pūjana* lead to another set of five fresh questions related to *rasa-bhāva* in the sixth chapter.[17] Here the *munis* categorically mention that they are presenting a set of five questions again. There is a consciously maintained and sustained harmony in the discourse by the way of proposing the sets of five questions repeatedly. The order of five questions being raised is maintained even till the last chapter.[18]

I will come to the hidden inter-connections that are maintaned through rhythmic patterns of mathematical numbers.

With regard to the querries of *muni*s on the nature of *rasa* and *bhāva*, Bharata enumerates the *Nāṭyasaṁgraha*. The whole text of the *NŚ* presents an analysis of the structure of *nāṭya*. Bharatamuni says that there are five elements constituting *nāṭya* — three types of *abhinaya*s, music and songs.[19] Kohala, said to be the disciple of Bharatamuni, on the other hand, has enumerated eleven or thirteen constituents of *nāṭya*. The whole text of the *NŚ* consists of a systematic exposition of these eleven or thirteen elements as recounted in the *NŚ* VI.10.[20]

The holistic approach to arts and aesthetics is reflected in the concept of the *Nāṭyasaṁgraha*. The whole text of Bharata is a comprehensive exposition of these eleven fundamental elements of theatre.

Rasa	VI
Bhāva	VII
Abhinaya	VIII-XXVI
Dharmī (*modus operandi*)	XIII
Vṛtti (styles)	IXX
Pravṛtti (tendencies)	XIII
Siddhi (success)	XXVII
Svara (notes)	XXVIII

Ātodya (instruments)	IXXX-XXXI
Gāna (music)	XXXII
Raṅga (playhouse)	I-II-III

The World View Reflected in the Categories of the NŚ

Nāṭya not only combines all the *śilpa*s, but as a Veda it also initiates the *śilpa* of all types. These postulations of the Vedic seers have been adopted by Bharata to build the conceptual framework of the *NŚ*. Bharata uses the terms *kāma, chanda*s, *anukṛti, alaṅkāra, kāvya, kavi, gīta* and *rasa,* with their connotations as given in the Veda (Saṁhitās and Brāhmaṇa texts).

Aitareya says that there are two types of *śilpa*s — *daiva* and *mānuṣa*. The world as created by the God is *daiva-śilpa* and a piece of art produced by *anukṛti* (making once again) of *daiva-śilpa* is *mānuṣa-śilpa*. Extending the applicability of this concept of twofold art to music, Aitareya says that there are two types of *gīta* (song) — *daiva-gīta* (the divine song) and *mānuṣa-gīta* (the human song).

While the concept of *anukṛti* or *anukaraṇa* comes from the Brāhmaṇa texts, it has been defined in the context of *nāṭya* and has been supplemented with two other terms *anukīrtana* and *anudarśana*. *Anukīrtana, anukaraṇa* and *anudarśana* — these three concepts have been envisaged in the *NŚ* to define the creative process of *nāṭya*. The former is again redefined in the context of theatre as *bhāvānukīrtana*.

The correspondences and interrelations with the Vedic world view are established through retaining the same numbers in diverse categories; we find that if Aitareya defined two types of *śilpas* — *daiva* and *mānuṣa*, Bharata describes two types of *siddhis* — *daivī* and *mānuṣī*; two types of *prayoga*s or dramatic performances — *ābhyantara* and *bāhya*. There are two types of plots in a drama — *prakhyāta* and *utpādya*, two types of *dharmī* or *modus operandi* in a performance — *lokadharmī* and *nāṭyadharmī*. Again, there are three levels of existence *ādhibhautika, ādhidaivika* and *ādhyātmika* in the Vedic world view, there are three *vidrava*s, in the drama, three types of *nāṭya maṇḍapa*s — *vikṛṣṭa, caturasra* and *tryasra*; and sizes — *jyeṣṭha, madhya* and *avara*; three types of *prakṛti*s or *dramatis personae*; three types of *mārjanā*s in music; three types of beatings by hand (*tripāṇi*); three types of *laya*s, three types of stops (*triyati*); three types of circumambulation in *pūrvaraṅga* and so on. A performance in the theatre moves on three levels of time and three levels of space.

If four elements of *nāṭya* were derived respectively from the four Vedas to create the fifth Nāṭyaveda, there are four *mūla rasa*s, and they are invariably linked to the four *puruṣartha*s — *śṛṅgāra* to *kāma*, *vīra* to *dharma*, *raudra* to *artha* and *bībhatsa* to *mokṣa*.[21] Each of the four subsidiary *rasa*s is the *anukṛti* of its *mūla rasa*.[22]

These four basic *rasa*s have their four *sthāyī bhāva*s, so that there are four types of *abhinaya*s, four types of heroes, four *vṛtti*s, four *pravṛtti*s. Corresponding with these, there are four types of *ātodya*s (musical instruments), four types of *mukharāga*s or facial colours — *svābhāvika, prasanna, rakta* and *śyāma*; four types of *nyāya*s or ways for releasing arms (*śastramokṣa*) or four *alaṅkāra*s in poetry. Each one of the four *nāyaka*s has his own *puruṣārtha*. The attainment of *puruṣārtha*, therefore, is an integral part of the performance of *nāṭya*. Abhinavagupta explains that *bībhatsa rasa* is of two types — *kṣobhaja* (generated by anguish) and *udvegī* (born out of uneasiness). The former leads to disillusionment. This disillusionment clears the path to salvation. The latter author went even to the extent of adding a *mokṣaśṛṅgāra* to the trinity.

There is thus a logistics and an invariable interrelation of four *puruṣārthas*, four *rasas*, four *abhinayas*, four *vṛttis*, four *pravṛttis* and four *nāyakas*.

Table

Puruṣārtha	*Kāma*	*Dharma*	*Artha*	*Mokṣa*
Rasa	*Śṛṅgāra*	*Vīra*	*Raudra*	*Bībhatsa*
Avāntara Rasa	*Hāsya*	*Adbhuta*	*Karuṇa*	*Bhayānaka*
Abhinaya	*Āhārya*	*Vācika*	*Āṅgika*	*Sāttvika*
Vṛtti	*Kaiśikī*	*Bhāratī*	*Ārabhaṭī*	*Sāttvatī*
Pravṛtti	*Dākṣi-ṇātyā*	*Māgadhī*	*Pāñcālī*	*Pāñcālī*
	Āvantī	*Āvantī*	*Māgadhī*	*Māgadhī*
Nāyaka	*Dhīralalita*	*Dhīrodātta*	*Dhīrod-dhata*	*Dhīraśānta*

The five *artha-prakṛtis*, five *sandhis*, five *avasthās* not only provide tools for the analysis of the complete structure of a dramatic text, but they also are invariably linked together. They are in correspondence to the concepts of five *mahābhūtas*, five *yajñas* and so on. There are six types of *alaṅkāras* in recitation of a text, seven notes in music. If there are sixty-four types of *hastas*, there are sixty-four *sandhyaṅgas*. These numbers are related to structural levels of the text and its performance as well as the psychic levels of theatre experience. We thus see that the text of the *NŚ* unfolds a systematic design based on a coherent view of life and philosophical vision.

I will now refer to some of the views presented by the modern scholarship with regard to the problems in the text.

Two Recensions

There has been an acceptance of different manuscript-traditions and difference of versions in the text of the *NŚ* right from the days of Lollaṭa, Udbhaṭa, Śaṅkuka, etc., i.e. sixth-seventh centuries CE. The work developed into two recensions right from its inception. Abhinava points out the variations in different sets of manuscripts of the *NŚ* with reference to the reading in the following *kārikā* of the *Rasādhyāya* —

शृङ्गारहास्यकरुणा रौद्रवीरभयानकाः।
वीभत्साद्भुतसंज्ञौ चेत्यष्टौ नाट्ये रसाः स्मृताः।।
एते ह्यष्टौ रसाः प्रोक्ता द्रुहिणेन महात्मना।। — *NŚ*, VI.15.16

insisting that the reading in the later half of this Kārikā

बीभत्साद्भुतशान्ताश्च नव नाट्ये रसाः स्मृताः।।

is equally authentic and is recorded in ancient manuscripts.

There is alternate reading for the first line of the next *kārikā* —

एते नव रसाः दृष्टा द्रुहिणेन महात्मना।।

On the basis of the differences in readings in various manuscript groups, M.R. Kavi advocated the theory of two recensions into the categories of A and B maintaining that the recension A is of a later origin, and is influenced by Sphoṭa School of Kaśmīr Śaivism. Recension B is older in origin and was followed by the adherents of Nyāya and Mīmāṁsā systems like Lollaṭa and Śaṅkuka, etc. The manuscripts obtained from Tamil and Andhra regions belong to the older recension B, whereas the manuscripts availaed from Ujjain and northern parts of the country represent recension A.[23]

Kavi pointed out the following differences in recension B — (i) addtional forty verses in the fifth chapter, (ii) division of ninth chapter into two; causing difference in order of chapterization, (iii) introduction of later terminology from Piṅgalaśāstra for Gaṇavidhāna in the alternate sets for chapter fourteen and fifteen (iv) definitions in *Anuṣṭup* metre in recension B whereas recension A has Upajāti metre (v) shifting of twenty-sixth chapter to thirty-five in recension B (vi) division of chapter thirty-six into two, thus raising the number of chapters to thirty-seven in recension B.

The KM and Kashi editions follow recension A, while some chapters of the *NŚ* published by Hall, are close to B. Ramaswami opined that *śānta rasa* had no place in the Bharata's scheme.[24]

Other editors of the *NŚ*, M.M. Ghosh and K.S. Ramaswami did not agree with Kavi. Ramaswami argued that the duality of recensions is not responsible for changes evinced from the manuscripts, but it is the amendments made by the commentators.

Rajendra Nanavati who has re-examined the issue of two recensions finally sees them as two versions — the longer one (LV) represented in the north Indian manuscripts, and the shorter one (SV) preserved in south Indian manuscripts. The SV agrees with the commentary of Abhinavagupta.[25]

A.K. Warder thinks that the first chapter. of the *NŚ* is a later addition. He sees the composition of the *NŚ* in various stages. The text as we have it, is the final stage of the development of *Naṭasūtra*s referred by Pāṇini (IV.3.110), so that "what we have now is not the work of one writer but the outcome of a long period of practical stagecraft". Abhinava refers to three recensions of the *NŚ* and even out of these three, the most aunthetic one has come down to us in two versions, differing to some extent in arrangement. Cosidering this, Warder says that "the earliest stratum of the text was in prose-*sūtra*s. Then a parallel version in *kārikā*s was made. The first five chapters were added in the final stage."[26]

Modern scholars however opine that all the *ānuvaṁśya śloka*s have not been derived by Bharata from earlier traditions; prose pieces have been incorporated in the *NŚ* at eighty-seven places and after sixty-five such pieces *ānuvaṁśya śloka*s also occur, and these prose-pieces along with the *śloka*s produced after them belong to the original text composed by Bharata.[27] Kane also agrees that Bharatamuni has composed the *NŚ* both in prose and verses.[28]

Even if the *NŚ* was a homogeneous text with various layers of its text like *sūtra, bhāṣya, saṁgraha, kārikā, nirukta, ānuvaṁśya śloka*s and *nidarśana*, but after its composition, some portions were added in the text either by the disciples of Bharata, the *sūtradhāra*s or the actors or the copyist. S.K. De regards the *NŚ* as a developing text, and defines four stages of its development. In the first stage the prose portions were composed, in the second the *kārikā*s were added, in the third, *sūtra* and *bhāṣya* were incorporated in the text and finally the *NŚ* came out in its present form in the fourth stage. Kane, on the other hand, thinks that chapters six, seven and eight were composed at one time, and chapters from seventeenth to twenty-fifth were composed at another time. Prose portions and the *Āryā* verses had already been composed before that. He thinks chapters first to fifth and chapter thirty-sixth to have been the later additions.

Jagirdar[29] regards the entire chapter III as an interpolation. Verma on the other hand has made an attempt to locate the portions which must have formed the original draft of the text on the basis of the *kārikā* (VI.10) which speaks of the eleven elements of *Nāṭyasaṁgraha*. His whole thesis is based on erroneous ground, as the very *kārikā* defining *Nāṭyasaṁgraha*, according to Abhinava, was given by Kohala. Verma says that the chapters Bhūmikāvikalpa (twenty-sixth) and Prakṛtinirūpaṇa do not form part of the original text, because they have not been listed in the 11 fundamentals (*Nāṭyasaṁgraha*). In the same way, the chapters dealing with courtesans (Vaiśikādhyāya), Sāmānyābhinaya and Citrābhinaya also do not fall within the scheme of this original text.

Kapila Vatsyayan, on the other hand, emphasizes over the inner coherence and sequence in the text of the *NŚ*. She finds the *NŚ* "a residual" "record of a deeper richer experience and wider oral discourse" and finds consistency in the whole text by pointing out the links between its *parokṣa* and *pratyakṣa* levels or the "implicit" and "explicit layers". The world view and cosmology inherited from the Vedic or Upaniṣadic tradition provide a unity and cohesiveness to the textual structure of the *NŚ*. The concept of seed (*bīja*) has been derived from this tradition and its manifestations together with the metaphor of tree have been adopted. The text rotationally moves from historical time to cosmic time and various orders of space, from celestial to terrestrial and from divine to human — maintaining a sequence. The Vedic paradigm of *puruṣa* and the *yajña* also becomes the "pervasive language" in the text of the *NŚ*.[30]

If *nāṭya* is a *pumarthopāya*, i.e. it leads to the *puruṣārthas*, Kāmaśāstra lies at its foundation as a Puruṣārthaśāstra. Bharata refers to Kāma in the sense of creative urge and desire and Kāmatantra in the sense of techniques and methodology for their manifestation.

Chapterization and Analysis of Contents

The chapterwise contents of the *NŚ* in different editions can be viewed from the table below —

Chapter	Vadodara Edn.	Kashi Edn.	KM Edn.	Kerala Edn.
I	Nāṭyotpatti	do-	-do-	-do-
II	Constrution of theatre	do-	-do-	-do-
III	Raṅgadaivata-pūjana	do-	-do-	-do-
IV	Tāṇḍava-lakṣaṇam	do-	-do-	-do-
V	Pūrvaraṅga-vidhi	do-	-do-	-do-
VI	Rasavikalpa	do-	-do-	-do-
VII	Bhāva-vyañjaka	do-	-do-	-do-
VIII	Uttamāṅgā bhinaya	do-	-do-	-do-
IX	Aṅgā-bhinaya	Hastā-bhinaya	Hastā-bhinaya	Hastā-bhinaya
X	Cārīvi-dhāna	Śarīrā-bhinaya	Cārīvi-dhāna	Śarīrā-bhinaya
XI	Maṇḍalavi-kalpana	Cārīvi-dhāna	Maṇḍala-kalpanā	Cārīvi-dhāna
XII	Gatipra-cāra	Maṇḍala-vidhāna	Gatipra-cāra	Maṇḍala-kalpanā
XIII	Kakkṣyāpra-vṛttidharmī	Gatipra-cāra	Karayuktu-dharmī	Gatipra-cāra
XIV	Chando-vidhāna	Pravṛtti-dharmī	Chandovi-bhāga	Kakkṣyāpra-vṛttidharmī

XV	Vṛttta-lakṣaṇa	Chandovi-bhāga	Chando-vṛttavidhi	Chandovi-bhāga
XVI	Kāvya-lakṣaṇa	Kāvya-lakṣaṇa	Alaṅkāra-lakṣaṇa	Vṛtta-vidhi
XVII	Kākusvara-vyañjana	Vāgā-bhinaya	Kākusvara-vidhāna	Lakṣaṇa-alaṅkāra diviveka
XVIII	Daśarūpaka-vidhāna	Bhāṣā-vidhāna	Daśarūpaka-lakṣaṇa	Bhāṣvi-dhāna
XIX	Sandhini-rūpaṇa	Kākusvara-vidhāna	Sandhy-aṅgavi-kalpa	Vākya-vidhāna
XX	Vṛttita-nirūpaṇa	Daśarū-paka-vidhāna	Vṛtti-vikalpa	Daśarūpaka-vidhāna
XXI	Āhāryā-bhinaya	Sandhi-sandh-yaṅga	Āhāryā-bhinaya	Sandhini-rūpaṇa
XXII	Sāmānyā-bhinaya	Vṛtti-vikalpa	Sāmānyā-bhinaya	Vṛtti-vikalpa
XXIII	Vaiśika	Āhāryā-bhinaya	Vaiśika	Āhāryā-bhinaya
XXIV	Pumtriyupa-cāra	Sāmānyā-bhinaya	Sāmānyā-bhinaya	Sāmānyā-bhinaya
XXV	Citrā-bhinaya	Bāhyopa-cāra	Citrā-bhinaya	Vaiśika
XXVI	Prakṛti-vikalpa	Citrā-bhinaya	Prakṛti-vikalpa	Citrā-bhinaya
XXVII	Siddhivyañ-jaka	Siddhi-nirūpaṇa	Siddhai-nirūpaṇa	Siddhivyañ-jakam
XXVIII	Jāti	Ātodya	Jāti	Jātivikalpa

XXIX	Ātodya-vidhāna	Tatavādya	Ātodya	Tatātodya-vidhi
XXX	Suṣira-vādya	Suṣirā-todya-vidhāna	Suṣira-vādya	Suṣirā-todyavidhi
XXXI	Tāla	Tāla-vyañjaka	Tāla	Tālavādya-vidhi
XXXII	Dhruvā	Dhruvā-vidhāna	Dhruvā	Dhruvā-vidhi
XXXIII	Gāyakavā-daka-guṇadoṣa	Avanad-dhavādya	Guṇa	Avanad-dhavidhi
XXXIV	Puṣkara-Avanaddha-vādya	Prakṛti-vicāra	Puṣkara-vādya	Prakṛti-vicāra
XXXV	Bhūmikā-vikalpa	Bhūmikā-pātra-vikalpa	Bhūmikā-vikalpa	Bhūmikā-vikalpa
XXXVI	Śāpa	Nāṭyā-vatāra	Naṭaśāpa	Nāṭyāvatāra
XXXVII	Guhya-vikalpa	XXXXX	Guhya-vikalpa	XXXXXXXX

We thus find that the scheme of chapters with slight variations in the nomenclatures is exactly the same in Vadodara and KM editions, whereas the Kashi edition considerably differs from the both.

Regarding the extant of the text of the *NŚ*, the tradition says that Bharatamuni composed a Ṣaṭsāhasrī — a compendium of 6,000 verses. No manuscript or printed edition of the *NŚ* has exactly 6,000 verses or *kārikā*s, the number of *kārikā*s in different editions ranges between 5,000 and 6,000, with considerable divergence in the number of verses chapterwise, as shown in the following table —

Chapter	Vadodara Edn.	Kashi Edn.	KM Edn.	Kerala Edn.
I	127	126	128	130+
II	105	105	111	104+
III	102	104	102	102
IV	320	321	326	329
V	174	215	220	220
VI	85	83	84	112
VII	121	124	130	180
VIII	177	172	174	176
IX	283	207	267	212
X	96	55	102	55+
XI	70	100	63	103
XII	236	57	187	68
XIII	86	226	79	224
XIV	133	83	120	88
XV	227	119	120	131+
XVI	128	169	124	181
XVII	150	123	137	118
XVIII	126	49	169	65+
XIX	154	77	123	84
XX	77	154	66	140
XXI	227	133	214	127
XXII	332	69	321	65

XXIII	80	215	73	221
XXIV	83	320	116	326
XXV	125	79	130	77
XXVI	38	122	26	127
XXVII	104	102	93	101
XXVIII	141	141	161	172
XXIX	119	149	125	125
XXX	12	12	13	13
XXXI	378	454	334	379
XXXII	437	484	442	473
XXXIII	23	270	22	350
XXXIV	304	79	259	96
XXXV	41	87	39	108
XXXVI	50	79	45	81
XXXVII	31	....	33	....

Lacunae in the Existing Editions

There are some glaring mistakes in the existing printed editions of the *NŚ* and these texts therefore need to be re-edited on the basis of fresh material. The following sources are yet to be properly utilized for revisiting the text of the *NŚ* —

1. Variants in the text of the *NŚ* cited by Abhinavagupta,
2. Variant readings noted by Abhinavagupta, and
3. Variants in the citations of the *NŚ* in the corpus of Sanskrit lieterature.

Variants in the text of the NŚ *cited by Abhinavagupta*

There are more than one hundred instances where Abhinavagupta, in his commentary on one chapter of the *NŚ*, cites lines from some other chapter. None of the editors of the editions published so far have bothered to tally the readings that the greatest exponent of the text of the *NŚ* himself has recorded in these excerpts. Many of these readings provided by Abhinavagupta deserve serious consideration. This is a matter of investigation whether the manuscript with both the text of the *NŚ* and the commentary of Abhinavagupta contained differences in the text of the *NŚ* and its citation in Abhinava's commentary.

It is true that Vadodara edition closely follows Abhinavabhāratī. But the editors of Vadodara edition did not care to check cross-references in *Abh*. It was natural that if Abhinava quotes lines from the last chapter of the *NŚ* in his commentary on the chapter I, the editors of the last volume may not have got the commentary on the chapter I. For example, Abhinava quotes the following two stanzas of the last chapter of the *NŚ* in his commentary on the very first *kārikā* of the first chapter:

य इमं शृणुयात् प्रोक्तं नाट्यवेदं स्वयम्भुवा।
कुर्यात् प्रयोगं यश्चैनं तथाऽधीयीत वा नरः।
या गतिर्वेदविदुषां या गतिर्यज्ञवेदिनाम्।
या गतिर्दानशीलानां तां गतं प्राप्नुयाद् बुधः।। — vol. I p. 4

The editors of *NŚ* (GOS edn.) cite it as a reference from chapter XXXVI, but these lines actually occur in the chapter XXXVII and there also the reading is very different from that of the *NŚ*.

K. Krishnamurthy edited the edition IV of the first volume for GOS. But the invalid reference and ignoring the reading in the citation of Abhinava is still there.

It is natual that an editor who is supposed to edit the first six chapters for the first volume in the series of four volumes of the text of the *NŚ*, will not bother about the readings that pertain to the other chapters. But it so happened in case of *NŚ* (GOS edn.) that Abhinava, in his commentary to the first chapter, is quoting *kārikā* from the same chapter at another place and the readings have not been noticed nor considered. In the fourth edition of the first volume under GOS edited by K. Krishnamurthy, we find Abhinavagupta commenting on the very first *kārikā* of the first chapter, quotes *kārikā* 19th of the same chapter,

इतिहासो मया दृष्टः . . . . *Abh.*, vol. I, p. 5

Only after a few pages in the same chapter and the same volume we read this *kārikā* as under —

इतिहासो मया सृष्टः सुरेषु विनियुज्यताम्।

You will agree with me that the reading *dṛṣṭaḥ* given by Abhinava in place of *sṛṣṭaḥ* makes a lot of difference, and it cannot be dismissed simply as the scriber's error if it really exists in the manuscript of *Abh.*

Abhinavagupta is very conscious of the debate on *śānta rasa*. He prepares a background right from the very beginning in his commentary for the support of theory of nine *rasa*s with *śānta* as the *mahārasa*. Commenting on the very first *kārikā* of the chapter I of the *NŚ* again, he refers to the view of Bhaṭṭanāyaka and cites the line from the sixth chapter of the *NŚ* —

स्वं स्वं निमित्तमादाय शान्ताद् भावः प्रवर्तते।
— *Abh.*, vol. I, p. 5

Krishnamurti refers this line from VI chapter but does not give the exact reference. This line occurs in the bracketed portion after the *NŚ* VI.82, and there the reading is —

स्वं स्वं निमित्तमासाद्य शान्ताद् भावः प्रवर्तते। — *Abh.* vol. I, p. 329

The difference between *ādāya* and *āsādya* has not only been overlooked, but the variant also has not been noticed.

Abhinava cites lines from chapter V of the *NŚ* in his commentary on the chapter I and not only the reference to this *kārikā* as given in the text of commentary in chapter I by the editors does not tally with its position in the chapter V in the same volume, but the readings at both, the places are also different.

नान्दीपदान्तरेष्वेषु ह्येवमस्त्विति नित्यशः।
वदेतां सम्यगुक्ताभिर्वाग्भिस्तौ पारिपार्श्विकौ।। — p. 21

The reference to this *kārikā* as given here is V.114, but in the same volume the *kārikā* is not there on V.114, it is V.109, and readings are sightly different —

नान्दीपदान्तरेष्वेषु ह्येवमार्येति नित्यशः

In the context of addition of *kaiśikī* as the fourth *vṛtti* in the performance, Abhinava says —

नु सा नाट्योपयोगिनी कथम्? आह – सैव यदि श्लक्ष्णेन शिलष्यतोचितेन नेपथ्येन सहिता भवति। यद् वक्ष्यति – शृङ्गार उज्ज्वलवेषात्मक इति।
— *Abh.*, vol. I, p. 22

The reference to the citation from the *NŚ śṛṅgāra ujjvalaveṣātmaka* is given as VI.50. Strangely, no such line is there in the same volume at VI.50! The words *śṛṅgāra ujjvalaveṣātmaka* do occur in the chapter VI of the *NŚ*, but in the prose passage after VI.45, and not exactly as quoted here.

तत्र शृङ्गारो नाम रतिप्रभवः। उज्ज्वलवेषात्मकः।
— *Abh.*, vol. I, p. 294

In the context of the proposal for adding *kaiśikī vṛtti* in the performance, Abhinava cites the following stanza in his commentary on the *NŚ* I.44-46 —

विचित्रैरङ्गहारैस्तु देवो लीलासमन्वितैः।
बबन्ध यः शिखापाशं कैशिकी तत्र निर्मिता।।

The reference given by the editor here is the *NŚ* XX.13, which is correct, but the reading given in the *NŚ* XX.13 is —

विचित्रैरङ्गहारैस्तु देवो लीलासमन्वितैः।
बबन्ध यच्छिखापाशं कैशिकी तत्र निर्मिता।। — GOS, vol. III, p. 86

Variants Suggested by Abhinavagupta

Abhinavagupta himself emerges as a master of textual criticism of the *NŚ*, and he informs of the variants that were noted by his predecessors or that he himself noticed in the manuscripts of the *NŚ*. Apart from the different readings in the citations from the *NŚ* in his commentary, he also informs of the variant readings. He might have collected information about the different readings in the text of the *NŚ* from various sources — copies of the manuscripts that he might have consulted and the oral traditions or the knowledge imparted to him from *guru-śiṣya-paramparā*. These variants discovered by him provide a substantial material for editing the *NŚ* and the same has not been used in the editions printed so far. Commenting on the *NŚ* II.9,

शतं चाष्टौ चतुःषष्टिर्हस्ता द्वात्रिंशदेव च।। — GOS, vol. I, p. 49

he remarks —

शतं चाष्टौ चतुःषष्टिर्द्वात्रिंशच्चेति निश्चयात् – इति केचित् पठन्ति।

This reading is also found in three of the manuscripts and has been noted by the editor here in GOS, vol. I, p. 49.

Again commenting on the *NŚ* I.57:

तदन्तेऽनुकृतिर्बद्धा यथा दैत्यैः सुरा जिताः

Abhinava says that here also is an alternate reading according to some of his predecesssors —

अन्ये त्वनुकृतिरिति नाट्यानुकाररूपा प्रस्तावनेत्याहुः, कृता तदन्तेऽनुकृतिः इति च पठन्ति।

This has also been noted by the editors of the GOS, vol. I.

In the *NŚ* IX.199, *karihastaḥ prakīrtitaḥ*, Abhinava seems to be refuting the opinion of Kīrtidhara who finds the reading *karihastau prakīrtitau* (with dual number in *karihasta*) acceptable. Here Abhinava tries to correct the reading on the basis of context. Again, in this very *kārikā*, in place of *tripatāko 'paraḥ* Abhinava informs that some read *khaṭakākhyāto 'paraḥ* (GOS, vol II, p. 75).

In the same way there is variance in the *NŚ* IX.200, in place of *karihastanivaṣṭāgrau.* He says that in place of *karihasta* there is a variant reading, as *kaṭiśīrṣaniviṣṭau dvau* that has been accepted by Abhinava.

He also informs that in place of *karihasta*, some *ācārya*s read *kaṭihasta*; in place of *niśumbhitakaraṇa* some read *niṣṭambhitakaraṇa* and explains that it is used to show the attitude of Maheśvara having struck the earth with his foot.

Lastly, Abhinava cites a very significant passage from the manuscript giving an alternate reading in the *NŚ* VI.45 where Buddha is described as the presiding deity of *śānta rasa*. This gives a new perspective to the whole concept of *śānta rasa*.

बुद्धः शान्तेऽब्जजोऽद्भुते इति शान्तवादिनः केचित् पठन्ति। बुद्धौ जिनः परोपकारैकपरः प्रबुद्धो वा। तत्रोत्पत्तिलक्षणमन्योन्याश्रयत्वान्न निश्चयकारि।

— *Abh.* vol. I, p. 293

Bharata Quoted in Other Texts

Bharata has been quoted in several later texts — Commentaries on Sanskrit plays, treatises on music, dance or drama. Readings from the excerpts produced by the later authors have also not been fully explored. There should be a dictionery of citations from Bharata's *NŚ*. One *Uddharaṇakośa* was prepared in two big volumes by B.L. Awasthi. It is still incomplete in many respects, and has not yet been published.

Seven very valuable commentaries on Śākuntala, commentaries on *Vikramorvaśīyam* : Koṇeśvarī, Prakāśikā and Kumāragirirājīyā, on plays of Bhavabhūti, Rājaśekhara, Murāri and other authors are yet to be published.

Several independent tratises on music, drama reproduce lines from Bharata's *NŚ*. These citations are required to be examined. I will end this discusion by giving examples of two texts — *Nāṭyapradīpa* (*NP*) and *Madanaprabodhinī*. The former is being edited by me and the latter has been edited and publsihed by me.[31]

NP is a text on dramaturgy written in the sixteenth century by Sundaramiśra. The manuscript (no. 41618) in Sampurnananda Sanskrit University library has 52 folios in the size of 9.2 x 4.2 written in Devanāgarī. Each page has 8 lines, and each line has around 30 syllables. It was copied in 1872 VS (CE 1815).

NP was composed in CE 1613. Suṇdaramiśra has composed this text to simplify the principles of dramaturgy in a nutshell. He cites several *kārikā*s from Bharata's *NŚ* as well as from the other texts on dramaturgy.

Madanaprabodhinī or *Śukasārikā* is said to have been authored by Bhāvila or Bhāyikapaṇḍita. The author of *Madanaprabodhinī* has cited as many as seventy-one *kārikā*s related to *nāṭya, nṛtya* and *gīta*, most of them are from the *NŚ*. I have edited the text from a single manuscript, I have also tallied these *kārikā*s, it is clear that the author of *Madanaprabodhinī* has reproduced verbatim from *NŚ*, and there are several variants.

He also reproduces the *NŚ* VI.15 accepting nine *rasa*s:

बीभत्साद्भुतशान्ताश्च नवनाट्यरसाः स्मृताः
— *Madanaprabodhinī, prakhyā* - III, p. 19.

In the definitions of Karaṇas and Aṅgahāras, he reads *nṛtya* in place of *nṛtta*.

I end this long discussion with the hope that some day a perfect edition of the *NŚ* will be in our hands.

Abbreviations

Abh. – Abhinavabhāratī
DR – Daśarūpaka
KM – Kāvyamālā
KSS – Kashi Sanskrit Series
NP – Nāṭyapradīpa
NŚ – Nātyaśāstra

Notes and References

1. *Śakuntalā or the Fatal Ring: An Indian Drama by Kālidāsa*, reprint in 1989 of vol. VI of the Works of William Jones, London 1799, p. 204.
2. *Bibliotheca Indica*, Calcutta, 1865 ref. N.P. Unni, 1998, Intro. p. 5.
3. Kapila Vatsyayan, *Bharata: The Nāṭyaśāstra*, Sahitya Akademi, Delhi, 1995.
4. *NŚ*, Vadodara, ed. K. Krishnamurthy, 1992, preface, p. 3.
5. Quoted in *Nāṭyaśāstra Meṅ Rasa evaṁ Bhāva*, Anvita Sharma, Varanasi, 2010.
6. *Bhāvaprakāśa*, X Adhikāra, GOS 45, pp. 286-87.
7. *Avaloka* on *DR* IV.2, and *Bahurūpa* on *DR* I.61.
8. *DR* I.62.
9. *Kuṭṭanīmatam*, verse 75.
10. *NŚ* VI.9, *NŚ* VI.11.
11. अत्रेति भाष्ये अनुवंशे भवौ शिष्याचार्यपरम्परासु वर्तमानौ श्लोकाख्यौ वृत्तविशेषौ सूत्रार्थसंक्षेपप्रकटीकरणेन कारिकाशब्दवाच्यो भवतः। — *Abh.*, vol. I, p. 290

12. With regard to two *āryā*s on *bībhatsa rasa* in the VI chapter Abhinava says —

ता एता ह्यार्या एकप्रघट्टकतया पूर्वाचार्यैर्लक्षणत्वेन पठिताः। मुनिना तु सुखङ्ग्रहाय यथास्थानं निवेशिताः।

Commenting on *NŚ* VI.72 again Abhinava says

तेषां न स्थायितेत्येतदर्थसूचिकामेव गुरुवंशान्तरप्रसिद्धमार्या पठति। — *Abh.*, vol. I, p. 328

13. एवं भरतमुनिः परवदात्मानं प्रकल्प्येतं ग्रन्थमभिहितवान्। अन्ये त्वियन्तं ग्रन्थं कश्चिच्छिष्यो व्यरीचत् तत्र ब्रह्मणेति भरतमुनिः प्रथमश्लोके निर्दिष्टः। कथं ब्रह्मन्नुत्पन्न इत्येतदेवमेकवाक्यत्वेन निर्वहति। तदनन्तरन्तु भवद्भिः शुचिभिरित्यादिभरतमुनिरचितो ग्रन्थः। मध्येऽत्र षट्त्रिंशदध्यय्यां यानि प्रश्नप्रतिवचनयोजनवचनानि तानि तच्छिष्यवचनान्येवेत्याहुः।

तच्चसत्। एकस्य ग्रन्थस्यानेकवक्तृवचनसन्दर्भमयत्वे प्रमाणाभावात्। स्वपरव्यवहारेण पूर्वपक्षोत्तरपक्षादीनां श्रुतिस्मृतिव्याकरणतर्कादिशास्त्रेष्वेकविरचितेष्वपि दर्शनात्।

एतेन सदाशिवब्रह्मभरतमतत्रयविवेचनेन ब्रह्ममतसारताप्रतिवादनाय मतत्रयीसारासारविवेचनं तद्ग्रन्थखण्डप्रक्षेपेण विहितमिदं शास्त्रम्। न तु मुनिविरचितमिति यदाहुर्नास्तिकधुर्योपाध्यायास्तत्प्रत्युक्तम्। सर्वानपह्नवनीयाबाधितशब्दलोकप्रसिद्धिविरोधाच्च।

अत्र केचिदाहुः – प्रश्नपञ्चकमत्रैवाध्याये तावन्निर्णीयते। उद्देशस्थित्या तद्विभागलक्षणपरीक्षापराणि चाध्यायान्तराणीति। अन्ये त्वाहुः पञ्चभिरध्यायैः पूर्वरङ्गविधानपर्यन्तैः प्रश्नद्वयं निर्णीतम्। सामान्याभिनयचित्राभिनयान्तैः शिष्टैस्तु प्रश्नत्रयमिति।

वयं तु ब्रूमः– नात्र क्रमः कश्चित्। अपि तु यथावसरं महावाक्यात्मना षट्सहस्त्रीरूपेण प्रधानतया प्रश्नपञ्चकनिरूपणरेणः शास्त्रेण तत्त्वं निर्णीयते। न तु क्रमः कश्चित्। एतच्च ग्रन्थव्याख्यानम्।

14. *Abhinavabhārati*, vol. I, p. 9.

15. नाट्यवेदः कथं ब्रह्मन्नुत्पन्नः कस्य वा कृते।
कत्यङ्गः किम्प्रमाणश्च प्रयोगश्चास्य कीदृशः॥ — *NŚ* I.3

16. भरतस्य वचः श्रुत्वा प्रत्यूचुर्मुनयस्ततः।
भगवञ्श्रोतुमिच्छामो यजनं रङ्गसंश्रयम्॥
अथवा याः क्रियास्तत्र लक्षणं यच्च पूजनम्।
भविष्यद्भिर्नरैः कार्यं कथं तन्नाट्यवेश्मनि॥2॥ — *NŚ* II.1-2

17. पूर्वरङ्गविधिं श्रुत्वा पुनराहुर्महत्तमाः।
भरतं मुनयः सर्वे प्रश्नान् पञ्चाभिधत्स्व नः॥1॥
ये रसा इति पठ्यन्ते नाट्ये नाट्यविचक्षणैः।
रसत्वं केन वै तेषामेतदाख्यातुमर्हसि॥2॥
भावाश्चैव कथं प्रोक्ताः किं वा ते भावयन्त्यपि।
संग्रहं कारिका चैव निरुक्तं चैव तत्त्वतः॥3॥

18. लोकस्य कस्य चरितं पूर्वरङ्गे द्विजर्षभ।
किमर्थं युज्यते ह्येष प्रयुक्तः किं करोति च॥
कस्माच्चैव मुनिः शौचं शुचिश्चरति सूत्रधृक्।

कथमुर्वीतले नाट्यं स्वर्गान्निपतितं विभो।
कथं तदायं वंशश्च नष्ट(ट?) संज्ञः प्रतिष्ठितः।
सर्वमेतद्यथातत्त्वं कथयस्व महामुने। — *NŚ* XXXVI. 12-14

19. *Abhinavabhāratī*, vol. I. p. 264.

20. रसा भावा ह्यभिनया धर्मी वृत्तिप्रवृत्तयः।
सिद्धिः स्वरास्तथातोद्यं गानं रङ्गश्च सङ्ग्रहः।।

21. तेषामुत्पत्तिहेतवश्चत्वारो रसाः। तद्यथा शृङ्गारो रौद्रो वीरो बीभत्स इति।
शृङ्गाराद्धि भवेद्धास्यो रौद्राच्च करुणो रसः।
वीराच्चैवाद्भुतोत्पत्तिर्बीभत्साच्च भयानकः।।४०।।

22. शृङ्गारानुकृतिर्या तु स हास्यस्तु प्रकीर्तितः।
रौद्रस्यैव च यत्कर्म स ज्ञेयः करुणो रसः।।४१।।
वीरस्यापि च यत्कर्म सोऽद्भुतः परिकीर्तितः।
बीभत्सदर्शनं यत्र ज्ञेयः स तु भयानकः।।४२।।

23. *NŚ*, Vadodara edn., vol I, 1992, Preface to the first edn. p. 65

24. Ibid.

25. *Nāṭyaśāstra of Bharata: An Attempt at Critically Editing Chapters I, II, VI and VII*, R.I. Nanavati, Vadodara, 2009.

26. *IKL*, vol. I, para 45-46.

27. Verma K.M.: 1958: 98-99.

28. Kane 1971: 16.

29. ITB, *NŚ*: 18-22.

30. Kapila Vatsyayan, p. 79, 91 in *History of Science, Culture and Philsosphy in India Civilization*.

31. *Madanaprabodhainī Prakhyā Spanda III* (pp. 1-96), ed. Radhavallabh Tripathi and Ramakant Pandey, Delhi: Pratibha Prakashan, 1998.

9

Doctrines of Advaita in the Vedic Hymns

N. Veezhinathan

THE culture of our land has been for centuries, and is still, the central and dominating culture of the world. The complex of attainments, beliefs, customs, traditions, moral eminence implying rectitude, justice, integrity and all other virtues, and the absence of all taint of anything petty such as self-seeking, self-interest and the like which form the background of our people, and which distinguish us from all other people give our particular culture its peculiar character. India means not a race but a culture. It is not so much a particular country, a geographical entity, but an idea — the idea that the world matters not, but the spirit in man does. The ancient Indians were truly men of culture in the sense that they possessed spiritual enlightenment. Our land is called Bhārata-varṣa. The term, *bhāratāḥ* etymologically means men of spiritual enlightenment, i.e. those who revel in their true nature which is self-luminous consciousness.

bhārūpe brahmaṇi ratāḥ bhāratāḥ

And this term is metaphorically applied to our land which abounds in such men of spiritual enlightenment.

Our ancients attained spiritual enlightenment as they pursued what is known as *Sanātana-dharma* which, as the name itself implies, has neither a beginning in time, nor will it have an end. In the words of Saint Augustine, it is "Wisdom Uncreate, the same now as it ever was, and ever will be." It was a "Single spiritual language which splintered into multiple, but parallel dialects" throughout the world. My revered Guru, the Paramācārya of Kāñcī has maintained in his discourses that there was only one religion for which there was no name and there was no need for a name, as it was the only religion. It was called *Sanātana-dhrama*. It is this religion with its spiritual language that spread all throughout the world. When there was a lapse in the religious-spiritual practices of the people, there was a need for new prophets to make their advent and convey the message to the people. Thus founded religions came into existence, registering some differences due to the new situations in which the message has to be given. It means that, though the fundamentals of all religions are the same, differences arose because of the place-time factor.[1]

Sanātana-dharma is our religion and it is enshrined in the Vedas. Each of the four Vedas consists of two parts — the ritual part called *karma-kāṇḍa* which forms the first part of the book and the knowledge part called *jñāna-kāṇḍa* which forms the later part of the book. There are four sections in each Veda. They are: Mantras (Saṁhitās), Brāhmaṇas, Āraṇyakas, and Upaniṣads. The Mantras are hymns in praise of Gods. The Brāhmaṇas deal with sacrificial rites and their significance. The Āraṇyakas shade off with the Upaniṣads which deal with the nature of the ultimate reality called *Brahman* or *Ātman*.

The Vedas have the power to reveal everything that is suprasensible. And this power they could derive only from their material cause, i.e. Īśvara who is their efficient cause too. From this it should not be thought that the Veda has an author, and so the basic view that it is *apauruṣeya* must be given up. The work, *Raghuvaṁśa*, for example, is of personal origin (*pauruṣeya*), because the author has composed it after ascertaining its sentence-structure (*vākya-jñāna*) preceded by the knowledge of the sentence-sense (*vākyārtha-jñāna*). In the case of the Vedas, however, Īśvara's knowledge of the sense and of the particular order (*ānupūrvī*) in which the words occur in it are contemporaneous. He reveals it to Hiraṇyagarbha at the beginning of each cycle precisely as it was in earlier cycles. In the language of Hiriyanna, he does not interfere with its content or with the order of its words. In this sense it is *apauruṣeya* and Īśvara who reveals it is omniscient.

The Vedas inculcate what is known as *dharma*. This word stands for the means of material prosperity (*abhyudaya*) and spiritual felicity (*niḥśreyasa*). The former results from the performance of deeds prescribed in the ritualistic section of the Veda, and the latter from the direct knowledge that the true nature of the *jīva* is the Self — the knowledge which could be arrived at by the study of the Upaniṣads, reflection and meditation.

This paper seeks to present the philosophical doctrines especially the doctrine of Advaita as could be gleaned from the hymns of the Vedas.

The principles of Advaita which find full expression in the Upaniṣads are foreshadowed in the Vedic hymns. These principles may be summed up as follows:

1. The Self is the only reality and it is the true import of the Upaniṣads;

2. The indeterminable *māyā* or *avidyā* is responsible for making the Self appear as Īśvara, the *jīva*, and the world;
3. The *jīva* is none other than the Self;
4. The world is non-real like the silver which appears where there is only nacre; and
5. The direct knowledge or realization of the true nature of the *jīva* as the Self is the sole means to liberation.

The Nature of the Self

The Upaniṣads refer to the Self as free from any relation to phenomenal elements, and also as real, consciousness, bliss and infinite.

The *Bṛhadāraṇyaka Upaniṣad* in its section entitled *Mūrtāmūrta-brāhmaṇa* first refers to the Self as having two forms, gross, and subtle,[2] and states that the gross one consists of earth, water, and fire, and the subtle one, of air and ether.[3] Having thus described the Self as consisting of these two forms, the Upaniṣad proceeds to deny them thus:

> Subsequent to the ascription of the two forms to the Self, since the Self is to be presented as free from any relation to the world, there is an instruction regarding the nature of the Self as "Not this, Not this" (*neti neti*).[4]

The two negative particles (*nañ*) deny the existence of the two forms ascribed to the Self and thereby instruct the latter as free from any relation to the world.

A doubt may arise at this stage that the text "Not this, Not this" referred to above merely negates the existence of the world without providing any instruction regarding the existence of the Self. In order to dispel such a doubt, the Upaniṣad states: "There is no other and more appropriate description of the Self than this, i.e. 'Not this, Not this'."[5] Since negation without any reference to a substratum is unintelligible, there is the principle which is different from the two forms that are negated and which serves as the substratum of the negation of the two forms. That principle is the Self wherein there is the absence of the world. It is, therefore, acosmic (*niṣprapañca*) in nature.

In the section entitled the *akṣara-brāhmaṇa* of the same Upaniṣad which contains the dialogue between Gārgī and Yājñavalkya, the latter describes the Self as *asthūlam, anaṇu,* etc.[6] These words must be taken in the sense of that where there is the absence of gross object, minute object, etc. They do not merely convey the absence of grossness, etc. but point to the substratum of their absence. And that substratum is the Self which is Advaita.[7] The word *advaita* means "that wherein there is absence of duality" (*na vidyate dvaitam yatra*). Sureśvara in his *Vārttika* on Śaṅkara's *Bhāṣya* on the *Bṛhadāraṇyaka Upaniṣad* states: "The word *dvaita* means the state of being manifold and the expression *advaita* points to its negation in a substratum."[8] It follows that the Self is the substratum of the absolute non-existence of diversity in all its forms, and thereby suggests that it is like nothing and unlike everything, and is free from internal differences.[9]

This view of the Upaniṣad that the Self remains as the substratum of negation of everything else is referred to in a hymn of the *Atharvaveda* when it extols the remnants of the sacrificial food by comparing them to the Self which remains as the substratum of the negation of every form of duality. The hymn is as follows:

> The objects consisting of names and forms are superimposed upon the '*Ucchiṣṭa*', i.e. the Self which remains as the substratum of negation of duality. In the *Ucchiṣṭa*, earth, etc.

> are falsely attributed. It is in this *Ucchiṣṭa*, Indra, the Lord of the heaven and Agni, the Lord of the earth are illusorily presented. As a matter of fact, the whole universe is falsely identified with it.[10]

The Self and Māyā-Avidyā

Avidyā, identical with *māyā*, is the power present in the Self. The text of the *Śvetāśvatara Upaniṣad* states:

> The sages, absorbed in meditation, discovered the power (*avidyā*) which is present in the Self-luminous consciousness and which is inextricably blended with the three strands of *sattva, rajas,* and *tamas.*[11]

It is said in the above text that *avidyā* is present in the Self. The relation between the two cannot be real, for the Self is sentient and the latter insentient. The cause of their relation is *avidyā* itself. *Avidyā* thus falsely related to the Self acquires a twofold power of veiling (*āvaraṇa-śakti*) and of revealing (*vikṣepa-śakti*). By the former power it veils the non-dual aspect of the Self thereby giving rise to the experience and the corresponding expression "The Self as non-dual bliss is not manifest". By the latter one, it illusorily presents the Self as Īśvara, the *jīva* and the world. The *vikṣepa* phase of *avidyā* gets itself transformed into gross elements of earth etc. and into the psychical apparatus. From the gross elements arise the world farther and farther above and farther and farther below, and also the gross bodies of man and beast, birds and reptiles, brambles and trees, and lice and mosquitoes. The psychical apparatus consists of seventeen factors, viz. the five senses of knowledge, the five senses of action, the five vital airs, and the internal organ in its twofold aspect as the intellect and the mind. These constitute what is known as the subtle body. It may be added here that the mind is the predominant factor of the subtle body. The point that is of importance here is that the conceptions of Īśvara and the *jīva* are based upon *avidyā*. This we shall explain later on.

The texts of the *Aitareya* and the *Chāndogya Upaniṣad* state that prior to creation, i.e. during the period of dissolution, what existed is only the Self identified with the world (in its latent form). The world could be present in *avidyā* only, as it is its primal cause. So when it is said that the Self alone identified with the world existed prior to creation, it must be understood that the Self alone existed by being associated with *avidyā* wherein the world remains in a latent form.[12]

This view of the Upaniṣads prefigures in the hymns of the *R̥gveda* and Śaṅkara in his work, *Śataślokī* or *Vedānta in Hundred Verses* records it.

The hymns are:

> Before the creation of the world, there existed neither the lord of death, nor the nectar of the divine beings; there did not exist the sun and the moon — the marks of day and night. There existed only *That one* (*tad ekam*) which is free from any activity and is associated with *avidyā* (*svadhā*). Nothing existed apart from it.[13]

These hymns occurs in the *Taittirīya Brāhmaṇa* too.[14]

Śaṅkara refers to this hymn in his commentary on the *Vedānta-Sūtra*[15] and states that the word *ānīt* in the hymn merely conveys the existence of the cause, i.e. the Self. He adds that it should not be taken in the sense of 'vibrated' or 'breathed'; for, the *Muṇḍaka* text "He is without *prāṇa* and without mind; He is pure"[16] speaks of the ultimate material cause as free from all such attributes as the *prāṇa* etc.

Śaṅkara explains the import of this hymn in the *Śataślokī*.[17]

Yet another hymn of the *R̥gveda* refers to the principle of *avidyā* as the factor that conceals the world prior to its creation. That hymn is:

> Prior to the creation of this world, there existed *avidyā*, the primal cause. The world is concealed by it. Just as the water mixed with milk cannot be differentiated from it, in the same way the world which remains in a latent form in *avidyā* could not be distinguished from it.[18]

The characteristics of *avidyā* are set forth in the following hymn:

> *Avidyā* has four distinguishing features: She is ever young; has resourcefulness to bring in a relation between incompatible things (viz. the sentient Self and the insentient world); possesses the persuasive skill in directing the attention of men to external objects; and is endowed with the power to enshroud the scriptural teachings. The *jīva* and Īśvara rest therein like birds; and, the sense organs function towards their objects (because they are falsely identified with the Self by *avidyā*).[19]

Śaṅkara sets forth the view expressed in this hymn in the *Śataślokī*.

The Self as Īśvara and the Jīva

The Śruti text explains the nature of the *jīva* on the analogy of a reflected image. The *Brahmabindu Upaniṣad* states:

> The Self of all things is verily one. It is immanent in each and every being, and thus it appears to be one (as Īśvara) and many (as the *jīvas*). This is similar to the moon which, although one, appears to be many in water contained in various receptacles.[20]

On the basis of this and other similar texts, the Advaitin maintains that the Self which is pure and simple, and which is consciousness gets itself reflected in *avidyā* and the mind.

The reflected image is known as the *jīva*. The *jīva*, in other words, is the Self associated with the characteristic of being a reflected image (*pratibiṁbatva-viśiṣṭa-caitanya*). The consciousness-element in the blend is termed *Ātman* and it is real, while the charateristic of being a reflected image (*pratibiṁbatva*) is non-real. In relation to the reflecting media and the reflected image, the Self acquires the adventitious feature known as the original (*biṁba*). As associated with this feature, the Self is known as Īśvara. Īśvara thus is the Self associated with the characteristic of being the original (*biṁbatva-viśiṣṭa-caitanya*). The consciousness-element in the blend is designated as *Brahman* and it is real, while the feature of being the original is non-real. It comes to this that the essential nature of both Īśvara and the *jīva* is the Self which is real. It is only the states of being Īśvara (*Īśvaratva*) and of being the *jīva* (*jīvatva*) that are illusorily superimposed upon the Self.

Īśvara, being the Self that serves as the original (*biṁba*), is not overpowered by *avidyā*, his limiting adjunct. The characteristics of a revealing medium will be presented only in the reflected image (*pratibiṁba*) and not in the original (*biṁba*). Īśvara thus is not affected by *avidyā*; on the other hand he controls it. Of the two powers that characterize *avidyā*, viz. the *āvaraṇa-śakti* and the *vikṣepa-śakti*, the *āvaraṇa-śakti* is inactive in his case. His essential nature, viz. the Self is never concealed from him. He is ever aware of His identity with it and so He is ever-released (*nitya-mukta*). The *vikṣepa-śakti*, however, is operative. Consequently, the world of variety appears to him, but he at the same time realises that it is nothing more than an apparent diversification within himself.

The *jīva*, on the other hand, being the reflected image is overpowered by the characteristics of the revealing media, viz. *avidyā* and the mind. It has lost sight of its true nature, the Self, sees through the veil of *avidyā* the phenomenal world of individuality and multiplicity, takes it to be real, performs deeds — righteous and unrighteous, and experiences their fruits by undergoing unending cycle of births and deaths. It can hope to find permanent freedom from this suffering only in the utter extinct of *avidyā*. And it is possible only through Self-realization.

It follows that, according to the Upaniṣads, the *jīva* is the Self immanent in *avidyā* and the mind; and, Īśvara is the Self that transcends *avidyā* and the mind. This view we find expressed in the following hymns of the *Ṛgveda*.

(i) Two birds, viz. Īśvara and the *jīva* co-exist in a tree, i.e. the physical body. Of these two, the one, viz. the *jīva* experiences cheerfully the fruits of its (good) deeds (and painfully the fruits of its bad ones), while the other, viz. Īśvara, without experiencing fruits of any action, merely manifests as the witness of the *jīva* etc.[21]

(ii) The *jīva*, overpowered by *avidyā*, has forgotten its true nature and falsely takes the phenomenal world to be real.[22]

Śaṅkara summarises the view expressed in these hymns in the *Śataślokī*.[23]

Another hymn refers to the *jīva* as the reflected image of the Self in several psycho-physical organisms.

> The Self gets reflected in each and every psycho-physical organism.[24]

Furthermore, the following hymn makes a pointed reference to the fact that the true nature of the *jīva* is concealed by *avidyā* and so the *jīva* is concerned with acquiring material ends only.

> O, Men! you do not know the Self from which proceeds the entire world. There is something interposed between you and the Self. It is *avidyā* similar to mist. Your true nature is concealed by it and so each one of you entertains false notions such as 'I am a human being', 'I am an agent of actions and the experient of the fruits of actions' and the like. And you desire for securing happiness here and hereafter.[25]

The Self and the World

The *Chāndogya Upaniṣad* in the section entitled Śāṇḍilya-vidyā defines the Self as *tajjalān*, i.e. that (*tat*) from which the world arises (*ja*), into which it is reabsorbed (*li*), and from which it derives existence and manifestation (*an*).[26] Again, in the same Upaniṣad it is said that "All these beings originate from the Self (*ākāśa*) alone, and they merge in it."[27] Śaṅkara in his commentary on the *Vedānta-Sūtra* observes:

> It is well known that anything from which something originates and in which it merges must be its material cause, as for instance, earth is of paddy, barley, etc. Never indeed is an effect noticed to be absorbed in anything other than its material cause.[28]

From this it follows that the Upaniṣads convey the Self as the material cause of the world.

The Self is known to be the efficient cause as well from the Upaniṣads. An efficient cause is the one who has the knowledge of the things to be created, desire to bring about them, makes a decision after deliberation and puts that decision into effect. The *Taittirīya* text states: "The Self desired, 'let me become many, let me be born'; It deliberated and having deliberated has created all this."[29] The *Chāndogya* text declares: "That Being deliberated, 'I shall become many, I shall be born'; it created fire."[30] The *Aitareya* text declares: "The Self deliberated, 'let me create the worlds'; and it created all these worlds."[31]

From these texts it is known that the Self after deliberation has made a decision to become many and it has put the decision into effect. In other words, the Self has *jñāna, icchā,* and *kṛti* in regard to the origination of the world. Hence it is viewed as the efficient cause of the world. Another text of the *Taittirīya* expresses clearly that the Self manifested itself (into the form of the world) by itself. When it is said that the Self *manifested itself* into the form of the world, it is known that it is the material cause of the world. And when it is said that the Self manifested into the form of the world by itself it is known that it is the efficient cause of the world.

The Self that serves as the *bimba-caitanya,* i.e. Īśvara is the material and the efficient cause of the world. He is the material cause in the sense that the consciousness-element in him is the substratum of *avidyā* whose transformation is the world. He is the efficient cause in the sense that the consciousness-element in him comes to be associated with the characteristics of having the knowledge of the world to be created (*jñāna*), the desire and resolve to create the world (*icchā*), and of putting the resolve into effect (*kṛti*). These characteristics are only the manifestations or the modes of *avidyā*. It must be noted here that the past merits and demerits of the *jīva*s which abide in *avidyā* in a latent form serve as the cause for the rise of desire on the part of Īśvara to create the world.

The following hymns of the *Ṛgveda* set forth the above view:

(i) The world which remains in a latent form in *avidyā* is

manifested into a gross form by the supreme power, viz. deliberation on the part of Īśvara regarding the process of creation.[32]

(ii) On noticing that the merits and demerits that abide in the minds of the *jīva*s are in the process of fructifying, Īśvara attains the desire to create the world.[33]

Śaṅkara restates the view set forth in the above hymns in the *Śataślokī*.[34]

The following hymn of the *Atharvaveda* explains in a graceful and aesthetically pleasing manner the process of creation of the world by Īśvara:

> The Self is the bridegroom, and it joins in bonds of holy matrimony with the bride, *avidyā*. Deliberation upon the method or process of creation and the past merits and demerits of the *jīva*s for whose enjoyment the world is to be created — these constitute the bridal party.[35]

The world does not have any independent existence or manifestation apart from the Self. The Upaniṣads declare that the world is *Brahman*, or *Ātman*, or the *Puruṣa*, i.e. the Self. Compare:

(i) All this indeed is *Brahman*;[36] and,
All this is *Ātman* only;[37]

(ii) All this is *Brahman* only;[38]

(iii) All this is but *Ātman*;[39]

(iv) This world is *Puruṣa* only.[40]

Śaṅkara in his commentary on the *Vedānta-Sūtra* states:

> The use of words 'all' and '*Brahman*' in co-ordinate relation in the text 'All this indeed is *Brahman*' is meant for the denial of the world in *Brahman* and not for proving that *Brahman* is of

> the nature of the world of diverse forms.[41]

It is in this sense we have to understand the following hymn of the *Ṛgveda*:

> The present world and the one that existed in the past and the other that would come into existence in future are the Self only.[42]

Self as Liberation

The *jīva*, falsely identifying itself with the body-mind complex, has lost sight of its identity with its true nature, the Self. It must get itself detached from its relation to the mind, the relation caused by *avidyā*. And *avidyā* could be removed by the direct knowledge of the true nature of the *jīva* as the Self. To achieve this the *jīva* must first rise above the life of sensual impulse and act as a moral being. It must cultivate the will to turn the mind toward righteous thoughts when it is troubled by the sinful ones. Attaining "betterment of character" or cleansing of the heart" by the performance of moral deeds prescribed in the Veda, without any selfish end in view, and by pursuing Vedāntic study (*śravaṇa*), reflection (*manana*) and meditation (*nididhyāsana*), it would attain the realization of its true nature as the Self. The *jīva* would become free from *avidyā* and also from its relation to the mind. This is stated in the following hymn of the *Ṛgveda*:

> When a man realizes his true nature as the Self with the aid of the mind that is pure, then he leaves *avidyā* and *avidyā* too moves away from him.[43]

Such a one would continue to live in the body till the merits and the demerits that have caused the body by being present in which he has attained Self-realization are exhausted. He is known as a *jīvan-mukta*. His life has two phases: it is either *samādhi* when he turns inwards and loses himself in the Self; or the condition known as *vyutthāna* or reversion to empirical life. In this state he would give expression to his mystic experience. Being the substratal principle of the whole world, he feels his presence in every being. Sage Vāmadeva, having attained the realisation of his true nature, states:

(i) I am Manu; I am the sun; I am the sage Kakṣīvān; I glorify the sage Kutsa, the son of Arjunī by such acts of homage as prayer; I am the omniscient sage by name Uśanā; O men, discern me as of the form of every being.[44]

(ii) Even when I was in the womb of my mother, I knew the appearances of Gods; Prior to realisation of my true nature as the Self, I was protected by physical bodies which are invincible; now I have flown away from the nest, i.e. the body like a falcon by realizing my true nature.[45]

Āṁbhṛṇī, the daughter of the sage Ambhṛṇa, expresses her experience of the Self thus.

(i) I am the supreme Self; I am the substratal principle of Rudras, Vasus, Ādityas, Mitra and Varuṇa, Indra and Agni and two Aśvins.

(ii) I am the one who bestows large fortune to people.

(iii) I am the one who is immanent in the heaven and the earth.[46]

The following hymn too in the *Taittirīya Āraṇyaka* refers to the mystic experiences which a realized soul recounts.

In my earlier births as a person or an animal, when I was under the realm of *avidyā*, I was known or spoken of by words such as 'human being', 'divine being', 'cow', or 'horse'. These are mere names only. There is no substance in them.

I am the Self, the substratal principle of everything — movable and immovable.[47]

The source of certitude of the Truth of Vedānta is the experience of the realized souls.

Conclusion

Man who is a member of a society must act not as impelled by natural impulses, but in accordance with what is expected of him. His actions are governed by role-conferring rules and practices which are prescribed in the Vedas. The Vedas constitute the Śāstra as they impart (*śāsanāt*) the knowledge of the Self — the knowledge which subserves the most desirable end, liberation (*hita*).

Notes and References

1. I owe this way of presenting the views of the Paramācārya of Kañcī, and also the reference to Saint Augustine to Prof. R. Balasubramaniam.
2. *Bṛhadāraṇyaka Upaniṣad*, 2.3.1.
3. Ibid., 2.3.2,3.
4. Ibid., 2.3.6.
5. Ibid.
6. Ibid., 3.8.8.
7. Ibid., 4.3.32.
8. *Bṛhadāraṇyaka Upaniṣad-bhāṣya-vārttika*, 4.3.1807.
9. *Advaita-ratna-rakṣaṇa*, p. 2.
10. *Atharvaveda*, 11.9.
11. *Śvetāśvatara Upaniṣad*, 1.3.
12. (i) *Aitareya Upaniṣad*, 1.1.1.

    (ii) *Chāndogya Upaniṣad*, 6.2.1.
13. *Ṛgveda*, 8.7.17.2.
14. *Taittirīya Brāhmaṇa*, 2.8.9.

15. *Vedānta-Sūtra*, 2.4.8.
16. *Muṇḍaka Upaniṣad*, 2.1.2
17. *Śataślokī*, 24.
18. *Ṛgveda*, 8.7.17.31.
    Cf. *Śataślokī*, 25
19. *Ṛgveda*, 8.3.16.3.
    Cf. *Śataślokī*, 26.
20. *Brahmabindu Upaniṣad*, 12.
21. *Ṛgveda*, 1.164.20
22. Ibid., 1.6.16.4
23. *Śataślokī*, 27.
24. *Ṛgveda*, 4.7.33.3.
25. *Ṛgveda*, 8.3.17.7.
26. *Chāndogya Upaniṣad*, 3.14.1
27. Ibid., 1.9.1
28. Śaṅkara'a *Bhāṣya* on the *Vedānta-Sūtra*, 1.4.25
29. *Taittirīya Upaniṣad*, 2.6.1.
30. *Chāndogya Upaniṣad*, 6.2.3.
31. *Aitareya Upaniṣad*, 1.1.1, 2
32. *Ṛgveda*, 8.7.27.31.
33. Ibid., 10.129.4.
34. *Śataślokī*, 25.
35. *Atharvaveda*, 11.8.1.
    Ibid., 11.8.2.
36. *Chāndogya Upaniṣad*, 3.14.1.
37. Ibid., 7.25.2.
38. *Nṛsiṁhottaratāpiṇī Upaniṣad*, 7.
39. *Bṛhadāraṇyaka Upaniṣad*, 2.4.6.
40. *Śvetāśvatara Upaniṣad*, 3.15.
41. Śaṅkara's *Bhāṣya* on the *Vedānta-Sūtra*, 1.3.1
42. *Ṛgveda*, 10.90.2.

43. *Ṛgveda*, 8.6.13.4
44. *Ṛgveda*, 3.6.15.
45. Ibid., 3.6.16.1
46. (i) Ibid., 10.125.1
    (ii) Ibid. 10.125.3
    (iii) Ibid. 10.125.6.
47. *Taittirīyāraṇyakam* 1.11

10

Ṭīkā Paramparā
The Tradition of Interpretation[1]

Kapil Kapoor

INDIA has a long, continuous and cumulative tradition of commentaries on seminal intellectual text. Knowledge has always enjoyed a privileged status in India — the sheer amount of knowledge-literature, that is, texts of knowledge available in Sanskrit, is amazing.[2] However that vast knowledge literature can grow opaque and be lost over long stretches of time. There is (i) the availability of the text, (ii) the ability to understand the text, and (iii) the relevance of the text. The continuous and cumulative *ṭīkā paramparā*, the commentary tradition, ensured all the three, — availability, comprehensibility and contextual relevance of the texts. Almost all the major intellectual texts have been cumulatively commented upon.

The commentaries take many forms from bare annotation (*pañjikā*) to exhaustive, encyclopaedic analysis (*mahābhāṣya*).[3] What Sri K.A. Subramania Iyer says about the purpose and value of commentaries is true of commentaries in general:

> [These] . . . supplied the context and brought out the full implications of the main idea . . . [they also explain] the logical sequence [of topics and ideas] . . . [handing down the old

> tradition] was also one of the original motives of those writers . . . [they also placed the text in the context of the totality of philosophical systems].[4]

Above all as Vāmana-Jayāditya say in the first *kārikā* of their *Kāśikā*:

> The purpose is to bring together and unify the . . . knowledge that lies scattered in vr̥ttis, bhāṣyas and all śāstras . . .

The seminal texts of knowledge over a period of time tend to (i) grow opaque, and/or (ii) become asymmetrical with the context, and/or (iii) their connection with the tradition of knowledge in that domain becomes incoherent. If the Indian intellectual texts have not become 'dead' and are still studied in the learned, though now relatively esoteric, tradition, it is because the *ṭīkā paramparā* has kept them alive and pertinent. As we have already noted, some of India's most brilliant minds have been exegetes — Yāska (approx. ninth century CE), Śabarasvāmin (first century CE), Kumārila Bhaṭṭa (sixth century CE), Ādi Śaṅkara (seventh century CE), Śrī Rāmānuja (eleventh century CE), Madhvācāryā (thirteenth century CE), Jñaneśvara (fourteenth-fifteenth century CE) right down to 'The Great Moderns', Sri Aurobindo, Mahatma Gandhi, Radhakrishnan, Vinoba Bhave (who all wrote commentaries on the *Bhagavad-Gītā* in the illustrious line of Śaṅkara and Rāmānuja). As noted earlier,[5] existence of this continuous, cumulative tradition of interpretation apart from attesting the society's commitment to knowledge also attests the freedom of mind that the culture allows the individual to exercise in reaching different, competing interpretation/construction. Freedom to interpret means the freedom to think. Above all, this tradition ensured continuity of the habits of mind, of what is called, the culture of a community.

II

What is the 'continuity' of a civilisation? We ask this question because the 'continuity' of Indian civilization is etched in the public cognition and enshrined in the folk vocabulary. Pt. Bhagvat Sastri of Pune once used[6] the metaphor of a river for this knowledge-centred civilization — *bhāratīya jñāna paramparā sanātana gaṅgā pravāha*, Indian knowledge tradition is timeless and continuous like the flow of the river Gaṅgā. *Sanātana* (age-old/ancient/timeless) and *śāśvata* (given, unchanging, always true) are in fact the two almost fixed adjectives for this *saṁskṛti*, culture, in the ordinary speech of the people. The 'continuity', therefore, is the continuity of thought and of the texts that embody that thought and 'tradition' is the mechanism of transfer of ideas enshrined in these texts from one generation to the other.

Knowledge has always enjoyed a privileged status in India. The sheer amount of knowledge-literature, that is, texts of knowledge, available in Sanskrit, is amazing[7] and the tradition has several knowledge typologies for this large body of literature to classify and arrange the compositions in a hierarchy of their status as valid discourses of knowledge. There is for example the fundamental division between *śāstra* and *kāvya*. In such typologies, the Vedas are assumed to be repositories of 'non-contingent' knowledge, knowledge that is independent of time, place and person, the kind of knowledge that is coded in the laws of science, for example. We have the well-known threefold division of all *vāṅmaya*, verbal discourse, into *śruti-smṛti-kāvya*. *Śruti* is directly apprehended knowledge, totally non-contingent. This covers the Vedas and the Upaniṣads — texts that handle metaphysical questions. *Smṛti* is next in degree — it is non-contingent knowledge but one that is recalled and therefore there is the intervention of a thinker. This applies to the primary texts of philosophy and the six auxiliary sciences. *Kāvya* is knowledge that is contingent on an individual, his particular perception and his location in time and space. A fivefold typology is set up by Pāṇini (seventh century BCE), the celebrated grammarian — *dṛṣṭa, prokta, upajñāta, vyākhyāna* and *kāvya*. He substitutes *dṛṣṭa*, 'grasped by visual perception', for *śruti*, 'grasped by aural perception'. He divides *Smṛti* into two categories: (i) restated by someone else (*prokta*), and (ii) found/constituted again (*upajñāta*). This division distinguishes between, say, the *Nyāya-Sūtra* of Gautama and the *Aṣṭādhyāyī* of Pāṇini, which is a re-formulation and extension of the knowledge available in the long line of earlier grammarians. He adds a new category, commentary (*vyākhyāna*), a fact that recognizes the importance of this kind of "renewal" literature in the Indian intellectual tradition.

As we had noted in an earlier study,[8] contrary to the popular impression, knowledge in India has not been confined to learned texts, nor has it ever been, a repository of the few. Along with the learned, scholarly tradition, there has always been a parallel popular tradition of exposition of texts, the *kathā, pravacana paramparā*, which has all through mediated between the learned tradition of the texts of learning and the ordinary masses. Even Śaṅkarācārya, one of the greatest minds, besides being a composer of numerous intellectual texts, was also a *pravacanakāra*, a popular expounder, who travelled through the length and breadth of India addressing village congregations and explaining to them and sharing with them his understanding of Vedānta.[9] Similarly, Śrī Rāmānujācārya expounded, his Viśiṣṭādvaita philosophy, for twelve years in Tamil, the people's language, in the village of Melkote near Mysore. In fact, there are strong reasons to believe that Śaṅkara's learned commentaries originated in his popular discourses. The popular expositions are marked by an abundance of illustrations and analogies, *upamā* and *dṛṣṭānta*, borrowed from activities of day-to-day ordinary life of the people — the spheres of ornaments, cooking, family relationships and obligations, activities of importance to the day-to-day life (such as digging wells). Even in logic, in the five-step syllogism, the third step is *udāharaṇa*, a real life example, the applied example " . . . characteristic of India's practical outlook and its practical conception of proof . . .".[10] Both these attest the fact that in India, knowledge is not a privileged discourse, nor a discourse of the privileged. And what decisively attests the non-esoteric and non-elitist nature of knowledge and above all its continuity is the fact that what was once the learned vocabulary of Indian thought is today a part of the ordinary language of the people. Trans-disciplinary philosophical terms such as *jaḍa, cetana, jīva, ātman, saṁsāra, dhyāna, kṣamā, dayā, maitrī, karuṇā, aṇu, jñāna, jñānin, citta, buddhi, pratyakṣa* continue to be present in almost all Indian languages and, what is more significant, are present as ordinary words in the speech of the people. Not only the terms of philosophy, even technical terms of grammar, *saṁjñā*s, such as *vṛddhi* and *guṇa* are high frequency words in the ordinary speech of the speakers of almost all Indian languages. Further, even the conceptual propositions,[11] as maxims, are a part of the ordinary thinking of the people. It is not just a question of words or clauses being present — it is a matter of ideas permeating and continuing to be alive. It is also an example of what may be unequivocally termed as a true democratization of thought in India. This democratization makes possession of the *right* knowledge[12] a civilisational value in India.

III

Great value thus has always been attached to knowledge

and that is why tremendous intellectual effort has gone into maintaining the texts of knowledge. As we have noted elsewhere[13] even though Indian culture is not bibliolatorous, it has accorded a special status to certain texts, the texts of knowledge, and made them perennial objects of study. The difference, however, is that there has been a complete freedom to interpret and come up with competing interpretations, a freedom that is not always present in other cultures. A distinction therefore has to be made between the conformist, undifferentiated study of a single sacred text and a freely interpretive study of an intellectually important text (such as the *Ṛgveda*) that generated a multiplicity of what are often the contending interpretations.[14] *Śruti* and *Smṛti* texts as texts of knowledge have been objects of perennial study.

But it has not been simple, this successful maintenance of texts. We had explained in an earlier study[15] that various processes have been involved in this story of loss, recovery and renewal. Some texts, many in fact, it is reasonable to presume, must have been irretrievably lost. A text is lost when it (i) gets dispersed and portions of the text become unavailable for the time being; (ii) grows assymetrical with new known facts and so ceases to be relevant or grows outmoded, that is, obsolete or anachronistic, and (iii) becomes opaque and no longer makes sense. Tradition records in India repeated loss and recovery of its seminal cultural texts. Even in known/written history we can observe the operation of both loss and of various text-recovery/ renewal mechanisms.

Renewal needs to be understood as a different process, one that in course of recovery or maintenance involves extension or deepening of the thought. These processes deserve to be studied though the evidence is scarce and culture specific. The intellectual texts with the passage of time tend to become opaque and be lost. When a text grows asymmetrical[16] with what it seeks to explain and loses its relevance and position as a primary text in a given domain of knowledge, it may finally get dropped[17] from the people's consciousness. But dynamic communities do not allow their systems of thought to die. A civilisation such as India's that puts a premium on knowledge would strive and develop techniques for maintaining its texts. As we have described elsewhere,[18] oral cultures have built-in mechanisms for the recovery of texts. As it is, strong cultures resist both kinds of loss — loss due to the text-internal factors and loss due to the text-external, contextual factors — to preserve culturally central systems of ideas. A culture may, therefore, employ one or any of the following seven text maitenance/renewal mechanisms to keep the thought alive and re-contextualised:

1. **Commentary (*Ṭīkā*)** such as Kātyāyāna's *Vārttika*, 350 BCE; Patañjali's *Mahābhāṣya* second century BCE; *Kāśikā*, seventh century CE; and Śaṅkara's *Bhāṣya*;

2. **Recension** (a critical revision) such as the *Cāndra Vyākaraṇa*, fourth century CE, a Buddhist recension of the *Aṣṭādhyāyī* that interestingly eschews what it believes is its philosophically loaded technical vocabulary; the *Jainendra Vyākaraṇa/Śabdānuśāsana*, composed in the fifth century CE by Devanandin (or Siddhanandin), and the *Aṣṭāvakra Gītā*;

3. **Redaction** (a re-arrangement) such as *Rūpamālā* of Vimala Sarasvatī, *Siddhānta-kaumudī* of Bhaṭṭojidīkṣita, sixteenth century CE and *Laghusiddhānta Kaumudī*, of Varadarāja, eighteenth century CE;

4. **Adaptations**: The *Haimaśabdānuśāsana* by Hemacandrācārya, eleventh century CE, an adaptation of Pāṇini's grammar to describe Prākṛta,

contemporary spoken Prākr̥tas or Śaṅkaradeva's Assamese adaptation of *Vālmīki Rāmāyaṇa* and such other adaptations, thirteenth-fourteenth centuries onwards in almost all Indian languages.

5. **Translation**: For example, all the many translations of major literary and philosophical texts in almost all the modern Indian languages, fourteenth century or so onwards; Hindi paraphrase of the *Aṣṭādhyāyī* by Srinarayana Misra and English translation of the text with incorporations from *Kāśikā* by S.C. Vasu (1898).

6. **Popular exposition**: The *kathā-pravacana paramparā*, a hoary tradition, has been chiefly instrumental in both the maintenance and renewal of texts of thought.[19] The two parallel traditions, the learned and the popular, have been all through and are even today mutually enriching each other and contributing in equal measure to the development of thought through processes of paraphrase, explication, verification, falsification, illustration.

7. **Recreation**: Both the *Mahābhārata* and the *Rāmāyaṇa*, for example, are maintained by repeated creative use of its themes and episodes, by recreations, such as those by Bhāsa and others who composed works on themes, characters and episodes from these two patronymic epics.

IV

Of all these mechanisms, commentary or *ṭīkā* is the primary mechanism for the renewal and maintenance of texts.

India has a long and continuous interpretive tradition.[20] Pāṇini's *Aṣṭādhyāyī* (seventh century BCE) indicates the presence of literature of commentaries, *vyākhyāna* (Act. IV.3.66) and Patañjali, in his *Mahābhāṣya*, lays down the broad rudiments of the mechanics of *vyākhyāna* or explanatory interpretation (1.1). Commentaries were written on almost all the major texts belonging to different types of literature, *vāṅmaya* (literally, "permeated by speech"). Pāṇini has distinguished four classes of literature from the point of view of authorship and their status as discourses of knowledge:

1. *dṛṣṭa*: revealed (by unknown thinkers)
2. *prokta*: (IV.3.101) composed by one different from the one who taught, viz. Chandas and Brāhmaṇas.
3. *upajñāta*: discovered/laid down by someone (IV.3.115), viz. Pāṇini's own *Aṣṭādhyāyī*.
4. *kṛta*: (IV.3.87, 116) or ordinary compositions, viz. *ākhyāyika*s, poetical literature, etc.

To this he adds the fifth class of literature, *vyākhyāna*, the commentary, thus attesting to the existence of this form of exposition prior to his times. The rule IV.3.66, suggests that the object of commentary, the thing to be explained "must be a book" (Vasu 1980: I.772).

The Commentary tradition is a *cumulative* tradition, i.e. a number of commentaries on a given text follow each other, each succeeding commentary taking into account and building on the preceding one. We may illustrate this with reference to two disparate texts: the *Mīmāṁsā-Sūtras* of Jaimini and Pāṇini's *Aṣṭādhyāyī*. These two offer examples of (i) *interlaced* commentaries which interpret and build up the meaning of the object text from within a single school of thought. On the other hand, we have (ii) *chronologically* sequential commentaries that take into account the preceding commentaries but which differ in their basic assertions from each other in some ontological category or categories and epistemologically in the relative ordering of the means of knowledge. Major commentaries and interpretations of the *Bhagavad-Gītā*, are thus not commentaries on each other but independent commentaries on the same text.

It is not possible to understand a text without an equally close study of the commentaries. Thus for a proper understanding of the *Mīmāṁsā-Sūtras*, we have to fall back on its major commentaries, and commentaries on commentaries. Sir Ganganath Jha has recorded, and reviewed, the major ones in his introduction to his English rendering of Kumārila Bhaṭṭa's *Ślokavārttika*, (Ganganath Jha 1983: pt. ii-iii). Mīmāṁsā is a science of judicial interpretation of the sacrificial portion (*karma-kāṇḍa*) of the Vedas just as Vedānta is that of the *jñāna-kāṇḍa*, portion dealing with knowledge. The oldest commentary now available is the *Bhāṣya* by Śabarasvāmin, popularly known as *Śābara-Bhāṣya*. This *Bhāṣya* mentions older, now unavailable, commentaries chief among which is the *Vṛtti* of Upavarṣa. Śabara's commentary is divided into *adhikaraṇa*s (topic-divisions) and each *adhikaraṇa* has been given headnotes. Further, Śabara has given lucid and copious notes on each *sūtra*. Each topic-*adhikaraṇa* is logically explained, and he has discussed the for and against of the author's views. Above all, he develops in a systematic manner the system of word-meaning relationships, and is a major contributor to the recognition of links that bind and that had long been developing between interpretation and language. Next we come to Kumārila Bhaṭṭa, who wrote his great commentary on *Śābara-Bhāṣya*. His work is divided into three parts, known under three different names: (i) *Ślokavārttika*, which discusses the first section of the first discourse (*adhyāya*) dealing with Tarka, principles of argumentation, (ii) *Tantravārttika*, dealing with the last three sections of *adhyāya* I and whole of *adhyāya*s

II and III and (iii) *Tupṭika,* dealing with *adhyāyas* IX-XII, a short commentary. Kumārila has often dissented from Śabara's readings, and his major focus is on valid epistemology-valuation of the means of knowledge. He has discussed at great length the nature and status of *śabda* as a means of knowledge, the nature of cognition involved therein, sentence and the shift in the meaning of words (*Ślokavārttika* V.6; VI-XIII; XXIV-XXVI) and the role of grammar, *vyākaraṇa,* in interpretation and its limitations (*Tantravārttika: adhikaraṇa* 9). In his work, Kumārila Bhaṭṭa displays astounding range and command of linguistic knowledge. On the *Ślokavārttika,* there are two well-known subsequent commentaries, and on the *Tantravārttika,* there are six well-known commentaries. This closes the list of major interlinked commentaries on Mīmāṁsā.

Besides these interlaced commentaries, we also have chronogically sequential, direct commentaries on the *Mīmāṁsā-sūtras.* Prabhākara Miśra wrote a commentary on *Śābara-Bhāṣya* called *Bṛhatī* (available only as an incomplete MSS) and is being mentioned here separately, for he interpreted Mīmāṁsā and *Śābara-Bhāṣya* differently according to his own school. Śālikanātha's *R̥juvimalā* is a commentary on this of the ninth century. Śālikanātha's work gives an insight into the Prābhākara system. Among independent works on the Mīmāṁsā may be mentioned the *Śāstradīpikā* of Pārthasārathi Miśra (fourteenth century). Madhvācārya (fourteenth century) also wrote a commentary on the *Jamini Sūtra* known as *Nyāyamālā.* He has not, however, commented upon each *sūtra* as was done by Śabara and Kumārila. This work is very valuable and ranks first amongst the work of those writers who commented upon the *adhikaraṇas* as a whole but not on each *sūtra* separately. The seventeenth century onward saw a renewed interest in the Mīmāṁsā system: Appayadīkṣita's *Upakramaparākrama*, Apodeva's *Mīmāṁsānyāyaprakāśa*, Khaṇḍadeva's *Mīmāṁsākaustubha*, Gāgābhaṭṭa's *Bhāṭṭacintāmaṇi*, Nārāyaṇa Bhaṭṭapāda's *Mānameyodaya*, all seventeenth century; Kṛṣṇayajvan's *Mīmāṁsāparibhāṣā* (eighteenth century CE).

The commentary literature is indeed endless; we have listed here only those that are very frequently used and cited in discussion of the Mīmāṁsā philosophy.

V

What motivated this enormously rich body of literature of interpretation, this *ṭīkā paramparā*? Even though a culture is not bibliolatrous, it would often accord a special status to a text or texts. A distinction may thus be proposed between a text that is repeatedly made to conform to, or 'produce', one given reading and a text that has provenly generated competing philosophies (viz. *Ṛgveda*) as the source of different philosophic systems. Where the interpretive traditions originate and are built around such 'sacred' texts, — sacred in the sense of being the source-books for ideas, customs and practices, — a rigorous system of interpretation, a science of exegesis, tends to develop for great store is laid by the exact knowledge of the meaning of these texts. From the beginning, of the three paths laid out to guide an individual's conduct in life — *karman* (action), *upāsanā* (devotion), *jñāna* (knowledge) — 'knowledge' is held to be superior, though it is recognized that it is a highly complex entity and that *dharma* is the superordinate principle of life, — it is *dharma* which determines the validity and value of knowledge and conduct. Thus the sanctity of properly acquired valid knowledge no doubt generated the scholarly pursuit of interpretation, and, hence we note the growth and development of *darśana* known as Mīmāṁsā, the system of interpretation attributed to Jaimini (third century BCE).

The task of interpretation is threefold:

1. to determine and explain the meaning of the text;
2. to establish the relevance and significance of, and sometimes to amend, the rules of conduct or the significance of, a thesis when they grow out of tune with either the usage or the knowledge of the time, and
3. to re-contextualise or articulate the rationale or/and the rationality of the assertions and, that way, defend against counter-philosophies or objections.

Basically what sets the interpretive process in motion, therefore, is not just the symbolic and the seemingly irrational text alone, but also the *ambiguous*, the *contradictory*, the apparently *meaningless* and *controversial* propositions or ideas. Apart from this, the very nature of Indian intellectual discourse demands explicatory commentary.[21] Indian texts are a product of the oral tradition and as oral texts they are a disembodied storehouse. As oral texts, they are:

1. de-contextualised statements,
2. composed in complex and abbreviated *sūtrāic* syntax,
3. made terse through devices of economy such as class-markers, meta-terms, technical terminology, understood repetition and ellipsis, etc., and more importantly,
4. unlike contemporary Western texts, statements of conclusions and not descriptions of the processes "this (the author's) own mind has gone through in arriving at the doctrine,"

5. organized in an intricate thematic (or topic) organisation, and
6. at least in the Śruti-literature, are expressed in a symbolic language.

The commentator, the *ṭīkākāra* therefore has his threefold task cut out for him — he has to:

1. determining the meaning through
    (a) *explication* of a clearly worded statement, focusing perhaps on particular lexical choice, if need be;
    (b) *establishment* of the meanings of a seemingly clear or of a multivalent statement;
    (c) *determination* of the symbolical meaning, of a transparent, statement.
2. establishing the relevance, and
3. articulating the argument for and the sustainability of the thought-system.

There are specific text situations, which set these interpretive processes in mention. The content or meaning of a text has an internal validity and an external validity, an inner conference and an outer coherence. In itself, internally, a text may (i) conform to the visible facts, or (ii) be neutral with respect to them, or (iii) be asymmetrical, or (iv) be meaningless, or (v) be ambiguous. Ambiguity may be (i) lexical or (ii) prepositional, asymmetry, on the other hand, may take any of the three forms (i) contradiction within the proposition where one part of the text is asymmetrical with some other part; (ii) contradiction between the text, its content, and the known laws of this world (implausibility) and, (iii) between the text and the cultural context both general and of the whole composition (inappropriateness). With respect to the rest of the text, the statements may be (i) discontinuous, when for example the topic is changed suddenly or when there are a series of apparently unconnected words (ii) superfluous or repetitive, and (iii) contradictory when it says one thing at one place and something quite the opposite in another place. The Mīmāṁsā theories use the term *arthavāda*s for the three kinds of statements, — those that are in conformity with known facts (*anuvāda*), those that are against the known facts (*guṇavāda*), and those that are neither against the known facts nor are provable by perception (*bhutārthavāda*), viz. "Indra uplifted his thunderbolt against Vṛtra".

A *discontinuous* text needs 'fillers' or explication for example, Patañjali in 1.1 of the *Mahābhāṣya* reads off words of current usage one by one. But cites *contextualised* words from texts. Why? Because words from texts are in the given form, while words cited from daily use may be found in any of the many forms. *Repetitiveness* often adds proportion to the idea and is to be justified on that ground. *Contradiction* may be apparent or real. Apparent contradiction appears in the *Mahābhāṣya* (1.1) where it is first said that form (*ākṛti*) is changeless (*nitya*) while substance (*dravya*) is *anitya*. Later it is said that substance (*dravya*) is *nitya* and *ākṛti* is *anitya* and both the theses are justified. Real contradictions may be found in the *Manu-smṛti*, in matter of foods for example where something is proscribed at one place and then allowed at another place. Such contradictions are resolved through meta-rules (see below) II.2d.

The incidence of these elements or 'triggers' differs from one kind of text to another and accordingly we talk of different types of exegesis. We may distinguish between:

1. Vedic (Śruti) exegesis
2. Smṛti exegesis: (a) Darśana (philosophy), (b)

Vyākaraṇa (grammar)

3. Kāvya exegesis

Vedic exegesis overwhelmingly faces the problem of symbolic expression and is marked by a multiplicity of schools, approaches and methods of interpretation. Modern European interpreters are divided into two schools, — one regarding the *Ṛgveda* as predominantly an Indo-European document so that its interpretation demanded the basis of comparative philology and comparative mythology and consequently keeping the traditional commentators in the background as of little or no help. The other school, however, preferred the orthodox Indian tradition, represented by Yāska and Sāyaṇa, to the modern philological methods.

Smṛti exegesis wrestles more with conceptual and categorial problems and depends heavily on reasoning as a mode of exposition. It banks heavily on Mīmāṁsā principles and methods. It accepts the epistemological role of language and secondly borrows from and extend the concept of Nyāya, meta-rules, both learned and of common life (*loka-nyāya*). Thirdly, they adopt and refine the mode of disputation: the *tarka-vidhi*. Śaṅkara's various commentaries on diverse Smṛti-texts, are supreme examples of Darśana-Smṛti exegesis.

The Kāvya exegesis employs the analytical models of the long line of poeticians from Bhāmaha (first century CE) to Jagannātha (seventeenth century CE), models that are built on the two sources of grammar and the theory of word-meaning relationship. The theory of symbolic meaning articulated by Ānandavardhana must be recognized as the characteristic instrument of interpretation in Kāvya exegesis, as Kāvya is chiefly constructed with suggestion (figurative meaning) and therefore its interpretation leans heavily on theories of verbal symbolism in its exposition.

The whole exercise of *vyākhyāna*, therefore, resolves itself into *arthanirdhāraṇa* (the determination of meaning).

VI

The learned tradition, which forms the core of this popular tradition, seeks to determine the meaning of the text according to the accepted *paddhati* and in the shared meta-language. This imposes certain conditions on the interpreter. There is in the tradition the concept of *adhikāra*, the problem of competence to interpret. A process of saturation, resulting in participation mystique, must set in before the eyes are ready to see and the mind to grasp (*Anirvam* 1937: 326). This 'process of saturation' involves mastering all the pertinent knowledge. The boundaries of this universe of knowledge have been described by Rājaśekhara — the four Vedas, the five sub-Vedas, Itihāsa (history), Dhanur-veda (military science), Gāndharva-veda (dancing), Āyurveda (medicine and surgery), Gāna-veda (music); the seven auxiliary sciences — Śikṣā (phonetics and phonology), Kalpa (ritual or conduct, individual and social), Vyākaraṇa (grammar), Nirukta (etymology), Chandas (metrics and prosody), Jyotiṣa (astronomy), Kāvya (literary composition) and six *vidyā*s (disciplines) — Vārtā (commerce, agriculture, animal husbandry), Kāma-sūtra (sex and sexual life), Śilpa-śāstra (sculpture, painting and architecture), Arthaśāstra (polity), Sāhitya-vidyā (poetics) and Ānvīkṣikī (philosophical disputation). Besides, says Rājaśekhara, each Śāstra, the seminal scholastic work of discipline, is like a river, small (*alpa*) in the beginning and grows vast (*vipula*) and more vast with the passage of time. It is the exegetical scholarship and exegetical literature (*Bhāṣya, Vṛtti, Ṭīkā, Samīkṣā, Pañjikā, Kārikā* and *Vārttika*) which is responsible for the refinement, extension and increasing precision and profundity of knowledge. A learned man who takes upon himself the task of interpreting a Śāstra has to have mastered all this knowledge — twenty-two sciences and the commentary literature — if he is to make an enduring contribution to knowledge. Great exegetes of the Indian tradition — Yāska, Patañjali, Śabara, Kumārila Bhaṭṭa, Śaṅkara, Rāmānuja and Madhvācārya were such men.

The interpreter conducts his inquiry following a given pattern, *vyākhyāna-prakriyā* that is a part of the *śāstra-paddhati.* A self-contained total act of interpretation includes (i) what the earlier thinkers of the same school *sampradāya,* have said (ii) the differing opinion *matāntara,* and (iii) the context, *prasaṅga.* It consists of paraphrase, explanation, example, counter-example. Since an interpretation can be arrived at only through controversy, the *śāstra-paddhati* permits only one kind of *kathā* (controversy) — the *vāda.* Thus *vādakathā,* which is the best of *kathā*s will continue until truth is arrived at. Almost all the philosophical treatises we know of have adopted *vādakathā.*

The exegesis tradition (*ṭīkā-paramparā*) produced the *śāstra-paddhati,* a method of reading texts, and its existence defined India as an interpretive community. The *śāstra-paddhati* (i) imposes certain conditions on the interpreter through the twin concepts of *adhikāra* and *adhikārin,*[22] (ii) requires the *vyākhyāna-prakriyā,* a total act of interpretation involving (a) what has been said earlier, (b) the opposite point of view, *matāntara,* (c) the original and the changed context, *prasaṅga,* and (d) the linguistic paraphrase and explanation, (iii) allows only one kind of argument structure or *kathā* which is *Vedakathā* (*Nyāyasūtra* 1.2.1.), (iv) accepts broadly, with school-specific variations, four *pramāṇa*s in this begining-to-end strength hierarchy: *pratyakṣa* (perception); *anumāna* (inference);

upamāna (analogy); and *śāstra-vacana* or *śabda* (verbal testimony). Finally, the *śāstra-paddhati* dominantly employs ten instruments of exegesis which may be classed as those pertaining to:

A. The Interpreter's belief system

1. *sārvabhaumasiddhānta* (the principle to be upheld)

B. Verbal testimony

2. *śruti*
3. *darśana-smṛti*
4. *itihāsa-purāṇa dṛṣṭānta*

C. General Rules of Interpretation

5. *saṅgati* (coherence)
6. *paribhāṣā nyāya* (rules of interpretation)
7. *loka nyāya* (rules of interpretation) (judgement from common experience)

D. Language

8. *nirvacana* (etymology)
9. *vyākaraṇa* (grammar)
10. *śabda-śakti* (lexical and propositional meaning including verbal symbolism).

In the polyvalent philosophical texts, the interpreters search for *mūla-siddhānta,* the core meaning of the text in accordance with the assumptions of the *sampradāya* to which they subscribe. Thus in his *Gītā Bhāṣya,* Śaṅkara as an exponent of the *nivṛtti-mārga,* seeks to establish the principle that liberation from sorrow is attained only through a particular knowledge (*Vivekacūḍāmaṇi* 58).

The use of verbal testimony in philosophical exegesis is generally ancillary — to support a position, it is rare for an interpreter to argue a position purely on verbal testimony. In grammatical exegesis, verbal testimony is infrequent. In Kāvya exegesis also, other texts are cited only as examples of parallel use. Its extensive use in philosophical exegesis argues the strong intertextuality of the philosophical texts as well as a continuity of thought. For instance, a recent commentator of the *Gītā*, Swami Ramsukhdas, cites 51 sources as evidence apart from major commentaries and *ṭīkā*s.

Saṅgati, a text-internal strategy, is used (i) to eliminate contradictions, and (ii) to reinforce a thesis in one part of the text with the help of other parts of the text. The exercise is philosophical/linguistic while the governing principle is a reconciliation of thought also achieved through application of meta-rules (see Śrī Rāmānuja, *Gītā Bhāṣya*, 11.20, 24).

Meta-rules, *paribhāṣā*s, a signal achievement of the Indian logico-grammatical-philosophical system,[23] of two kinds — *śāstric* and *laukika* — have an important place in grammar, philosophy, poetics and literature. They are used widely in Śāstra-exegesis in grammar to interpret and determine the domain or order of application of, for example, Pāṇini's rules; in Mīmāṁsā they are employed to resolve contradictions (*Mīmāṁsā-Sūtra* 3.3, 4.3), to fill in gaps (MS 6.4) and to ascertain the right meaning — for determining the meaning of ambiguous or polyvalent text — between propositional and contextual, for example (MS 1.11, 3.1, 4.1, 6.1). In poetics, meta-rules are chiefly employed to ascertain the meaning of a rich text, to decide between possible meanings, lexical, lexical *versus* propositional, direct *versus* indirect.[24] *Nyāya*s are also employed in literature as analogies to reinforce or substantiate a proposition.[25] In *Vivekacūḍāmaṇi*, Śaṅkara employs various *nyāya*s (repeatedly) also as part of his analogical reasoning.[26]

The instruments of interpretation described so far are

decision-procedures to decide between available meanings — but the establishment of meaning in the first instance is a matter of establishing a correlation between the form and its referent, and this is a philological/linguistic exercise that depends on *nirvacana* (etymology) and *śabda-śakti* (semantics), and the categories and structure of language (*vyākaraṇa*). Thus grammatical categories are available as exegetical devices in all textual situations to interpret, to disambiguate or to exclude meaning.[27]

The relation between *śabda* and *artha* (*pada-padārtha sāmarthya*) has been the central problem in Indian philosophy and language and practically all aspects of this problem have been analysed to understand the type and nature of meanings and the process of cognizing meanings. The tradition also offers competing theories of meaning — *sphoṭa, apoha* and *dhvani,* which from Bhartṛhari to Ānandavardhana provide a wide-ranging and incisive discussion of the problems of direct and indirect language use. These theories became powerful instruments of interpretation, in particular Ānandavardhana's theory of textual symbolism which captures the profound interpretation-related insight that

> the human psyche is endowed with certain characteristic schemes that are always available, and when it is confronted with unfamiliar actions and situations it reacts, on the one hand by adapting old schemes to the new object (accommodation) and, on the other, by adapting the new phenomenon to old schemes (assimilation). The interpretive process likewise includes two phases (which occur here in a fixed order). . . . Todorov 27.

Major exegetes employ these devices to interpret the texts and differ from each other in using one instrument more than the other. Thus, for example, compared to Rāmānuja,

Śaṅkara employs verbal testimony only as *antima pramāṇa* (as the *stuti* also says) after perception and inference, his dominant epistemology being *anumāna* — logical inference; with Rāmānuja's textual coherence, what is said elsewhere in the text is very important. Exegetes also differ in the sources cited — thus with Śaṅkara, the *Bṛhadāraṇyaka Upaniṣad* is a great favourite, while Rāmānuja cites the Vedas more often than does Śaṅkara.

VII

Rājaśekhara in *Kāvya-mīmāṁsā* (p. 12) gives a complete list of different kinds of commentaries. He distinguishes eight kinds:

> commentary that explains the ideational content of a *sūtra* is called *vṛtti*; analysis of a *vṛtti* is *paddhati*. *Bhāṣya* is a detailed analysis that takes into account the possible objections and counter-arguments. *Samīkṣā* gives an explanation of the intended and deeper meanings and issues implicit in a *bhāṣya* analysis. A mere indication of meaning in the simplest and briefest language is *ṭīkā*. Explanation of only the difficult words is *pañjikā*. A brief statement of the meaning of a *sūtra* is *kārikā*. In the same manner, an analysis of the unexpressed or suggested meaning and implications of a *sūtra* is called *vārttika*. These are Śāstra-divisions.

K.A. Subramania Iyer has very concisely and cogently explained the value of commentaries (K.A. Subramania Iyer, 1969). Commentaries are needed to understand serious works — the Śāstras — because of the style in which they were composed. Most of them are composed either in *sūtra*s or in *kārikā*s. *Kārikā*s are different from *sūtra*s. In *sūtra*s the author does not deliberately achieve brevity by economising even on syllables and *varṇa*s (sounds). Moreover, even the *kārikā*s are complete sentences and clear even without a commentary. Yet, even the *kārikās*, like the *sūtras*, are meant to be understood with the help of explanation.

> These further explanations supplied the context and brought out the full implications of the main ideas. . . . In understanding the meaning of a stanza, a knowledge of the context is absolutely essential and it is not always easy to understand it from the stanza itself. It is no wonder that many authors wrote commentaries on their own *Kārikās*.
>
> — K.A. Subramania Iyer, 1969, p. 51

The context would include basically the philosophical assumptions of the writer or/and the school to which the writer belongs. Thus, for example, Bhartṛhari, the philosopher of grammar and the author of the *Vākyapadīya*, was a Vivarttavādin a fact we come to know from his own *Vṛtti* — and not from his *Kārikās* — and this knowledge is crucial to our full comprehension of the nature of grammatical categories he postulates. Context helps resolve other problems also. In certain texts, such as *Vākyapadīya*, it is the context provided by the commentaries which enables us to understand that in *Vākyapadīya*, the author proceeds from one topic to another in a somewhat logical sequence. It is when the context is known that there is a change of the significance of the words . . . becoming clear. The commentaries (except the *Vṛtti*) give the context for each *Kārikā* and sometimes for the *kāṇḍa* or *samuddeśa* as a whole. Sometimes, in the middle they recapitulate the points already made and indicate what is coming (K.A. Subramania Iyer, 1969, p. 50).

Again, later commentaries often interpret a text in the light of later developments of thoughts. This on the one hand requires careful reading to separate the old from the new, and on the other, it develops the discipline, at the same time, the commentators as also the writers of primary texts, are extremely careful about handing down the old tradition faithfully, and this, in fact, 'was also one of the original motives of those writers' (K.A. Subramania Iyer, 1969, p. 50).

The commentaries also place the given text in the context of the philosophies and compare the discipline-specific categories with the categories of other disciplines. Thus, for example, in the discussion of the denotation of words — 'universal or particular' — Helārāja highlights the fact that the grammarians, 'universal' is what Patañjali had long ago posited — that which comes to the mind when a *śabda* (word) is articulated (*Mahābhāṣya*, 1.1.). This, Helārāja says, is close to the Vijñānavādins' position who believed only in the reality of the different momentary states of consciousness and for whom "some things figure as common properties while other things figure as distinguishing features" (K.A.S. Iyer, 1969, p. 51). 'The grammarians' word denotes this thing which figures in the momentary consciousness, the *śabdārtha* and not the object of external reality, the *vāstavārtha*. This interpretation of a Bhartr̥hari category would be missed in the absence of Helārāja's commentary.

A telling example of how necessary it is to have access to learned commentaries in order to reach a proper interpretation of the text has again been cited by K.A.S. Iyer from Helārāja on the *Vākyapadīya*, III.1.3. Bhartr̥hari, discussing substance (*dravya*), the particular denotation of words, says that *ātman, svabhāva, śarīra* and *tattva* are synonyms of the word *dravya* (substance). Helārāja points out that all these words including *dravya* are synonyms for the ultimate ontological category, substance, in the different systems of philosophy (*yathādarśana*). Advaita calls it *ātman;* Sāṁkhyas call it *vastu;* Sattā-dvaitavādins call it *svabhāva* and the Cārvākas call it *tattva*. Thus Helārāja explains that the words are synonymous — but not in Bhartṛhari's system. If this insight is missed, there is bound to be crucial misinterpretation.

In this way, the commentaries, achieving their ostensible purpose of determining precisely the meaning, also accomplish the much greater task of unifying scattered knowledge. Vāmana-Jayāditya say in their first *Kārikā* of the *Kāśikā*:

> The purpose is to bring together and unify the grammatical knowledge that lies scattered in *Vṛttis*, *Bhāṣyas* and all Śāstras, analysing verb-roots and nominal-stems. — *Kāśikā, Atha Pratyāhāra*, I.

In fact, in the work of the great exegetes — Jaimini, Śabara, Patañjali, Śaṅkara, Kumārila, Helārāja, Bhaṭṭojidīkṣita and Nāgeśa — even the discipline boundaries are transcended and all knowledge is tied up into an interrelated whole.

VIII

As an example of Smṛti interpretation, one may examine Śaṅkara's commentary on the second chapter of the *Bhagavad-Gītā*. Śaṅkara, typical of his method, begins by isolating the key declarative statement (verse 11, that the *Gītā* is a text of the *nivṛtti-mārga*), rather the key apparently unacceptable proposition in that (*aśocyas*) and then through a chain of reasoning and varieties of *pramāṇas*, establishes the truth of that proposition.

He divides the seventy-two-*śloka* chapter into five *prakaraṇas*, topic divisions (*ślokas* 1-30, *paramārthadarśana*; 31-38, *laukikanyāya*; 39-53, *vivekabuddhi*; 54-67, *sthitaprajñā*, and 68-72, *jñānaniṣṭhā*), and then places its ideas in the context of the overall purpose of the whole text as he sees it. Then the argument is built in the known structure of disputation, and the *pravṛtti-mārga* is the *pūrva-pakṣa*.

He depends heavily on logical inference and his frequency structure is a 'If-so-then-because-but-hence' structure; verbal testimony comes in only to support an interpretation proposed on other evidence. Among general rules of interpretation, all the three — *saṅgati, paribhāṣā* and *nyāya* — are employed in different measures. Śaṅkara's queries (*saṁśaya*s) takes the interrogative linguistic forms, 'How is X.Y?' 'Why is X reported?' 'What does X mean?' 'What does it mean here?' 'Does X contradict Y?' 'Why the shift from X to Y?' 'Why is X repeated?' These interrogations suggest that his textual problems are problems of seeming irrationality, repetition, contradiction, discontinuity and opacity. And he handles most of these through (i) *śabdārtha* and (ii) language structure (grammar). His recurring explanatory structures — 'If . . . ,' 'And . . .', 'X also . . .', 'Because . . .', 'But . . .' 'Besides . . .', 'Just as . . . so also', are structures of logical argument; there is no effort to attribute symbolic meaning to expressions.

IX

To sum up, Sanskrit interpretive tradition, empirical and methodological, is the foundation of India's intellectual history and an evidence of how Indian minds confronted the texts on free and equal terms. It is an essentially linguistic and philological tradition — the question recurrently asked are — 'Why is X used to repeat the content of Y?' 'Is the denotation of X plausible or acceptable?' 'What is the connection between X and Y?' 'Does X include Y?' 'Why do the mutually contradictory X and Y appear?' 'Why is X repeated?' These questions are asked and answered at all levels of language structure — *pada, vākya, caraṇa, saṁghaṭana.* And to handle these doubts, a method of interpretation slowly evolved into a convention common to all disciplines

— it originated in an effort to make sense of the earliest symbolic poetry in India, attained its richest expression in the Smṛti-exegesis, and underwent its final categorical extension once again in a work addressed to the problem of verbal symbolism in poetry.

One interesting extension would be a study of the interpretation of non-verbal texts in the Indian tradition and of the modes of interpretation common to the verbal and non-verbal texts, for non-verbal artefacts — such as the image of the god and goddess — function as very powerful 'texts' in Indian culture, and the verbal texts of orality are constituted partly by non-verbal elements. The *Aṣṭādhyāyī* has many non-verbal elements of organization, for example, marking sections or topics by pitch variation, composition designed for rendering the text in *eka śruti svara* and mnemonic ordering and binding in places. There is a structure of elements, and a grammar of the image of Lord Śiva for example, and its constitutive elements have meaning or meanings, and even have an 'etymology' deriving as some of them do from the ancient Indus Valley Civilization.

Notes and References

1. For a full discussion of the commentary tradition in India, please see Kapil Kapoor, *Text and Interpretation: The Indian Tradition*, New Delhi: D.K. Printworld, 2005.
2. We get some idea of this from the fact that despite losses due to calamities and vandalism, more than million Sanskrit manuscripts are still in existence. They are sometimes preserved carefully, as is the case with European collections, but more often they are just stock-piled and stored in private collections and public libraries, with a large number of them not even catalogued yet. Sanskrit word for literature is *vāṅmaya*, compositions in words/language. The primary texts in this *vāṅmaya* span a large number of disciplines, — philosophy, medicine, grammar, architecture, geography, literary theory,

political economy, logic, astronomy and mathematics, biology, military science, sociology, metallurgy, agriculture, mining, shipbuilding, veterinary science and commerce, besides the sixty-four arts and crafts that are conventionally enumerated and include, for example, sculpting, bangle-making, etc.

3. Rājaśekhara in his *Kāvyamīmāṁsā* (ninth century CE) in chapter 1, lists eight forms.

4. *Bhartṛhari,* Poona: Deccan College, 1969, pp. 50-51.

5. *Vākyapadīya,* kāṇḍa 1, kārikā 8-10.

6. At a lecture in the Department of Sanskrit, Sagar University, Sagar, 1995.

7. See footnote no. 2.

8. *Knowledge, Individual and Society in Indian Traditions,* Chandigarh: Saini Memorial Foundation Lecture, Panjab University, 2002.

9. In a personal conversation with Śrī Śaṅkarācārya of Śāradā Pīṭha, Śṛṅgerī, it was confirmed that in the seventh century apart from the fact that Sanskrit was a very widely understood language, the Indian speech community was covered by five Prākṛtas and that Śrī Śaṅkarācārya gave his discourses in Prākṛta followed later by his composition in Sanskrit, the pan-Indian language of learning.

10. Betty Heimann, *Indian and Western Philosophy: A Study in Contrasts,* London: George Allen and Unwin, 1937, Ist Indian edn., Delhi: Aman Publishing Company, 1994, pp. 86-87.

11. Such as '. . . death is certain for the born' (The *Bhagavad-Gītā,* 2.27).

12. As we have said elsewhere, "The goal of knowledge in the Indian tradition therefore is so very different — it is to promote the freedom of the individual. Of course, what constitutes 'freedom of the Individual' in our thought has to be clearly understood. . . . For true individual freedom, the only goal has to be *mokṣa*. So the individual seeks/pursues his *mokṣa*. But the instrument or means of *mokṣa* is knowledge. But what knowledge? That which promotes *dharma*, which is defined in *Mahābhārata* as that which promotes the general welfare of mankind. So the individual has to seek knowledge that promotes what the *Bhagavad-Gītā* calls *loka-saṁgraha*, the collective

well-being. Knowledge informed by *dharma* binds the individual and the society." (See, "Knowledge, Individual and Society in the Indian Tradition" an Endowment Lecture delivered at Panjab University, Chandigarh, December, 2001, to be published by Panjab University).

13. Kapil Kapoor, "Some Reflections on the Interpretation of Texts in the Indian Tradition", in *Structures of Signification*, ed. H.S. Gill, vol. I, Delhi: Wiley Eastern Limited, 1990.

14. Bhartṛhari says: "Monism, Dualism and any Number of Points of View (*pravādā bahudhā matāḥ*), all equally valid, are all rooted in and argued from the Veda" (*Vākyapadīya*, 1.8).

15. Vyāsa Paramparā, "Text Renewal Mechanisms, Max Müller and His Comtemporaries" in *Proceedings of the Max Müller and Contemporary European Scholarship*, 2000 Seminar, 15 and 16 December, Calcutta: Ramakrishna Mission Institute of Culture, 2001, pp. 117-35.

16. As would be the case of a book dealing with medicinal plants which have since become extinct.

17. Particularly in the oral tradition, where texts occupy space in the mind and that space has to be economically used and according to priorities.

18. See, "Vyāsa Paramparā, Text Renewal Mechanisms, Max Müller and European Scholarship" in *Max Müller and Contemporary European Scholarship*, Proceedings of the International Seminar Ramakrishna Mission Institute of Culture, Kolkata, 2000 pp. 117-35. The discussion of 'Recovery' process here in section II is based on this paper. But I make a distinction now in this paper between 'Recovery' and 'Renewal' mechanisms.

19. This *kathā-pravacana paramparā* continues to be vigorous and alive even today with many distinguished expounders of Upaniṣads, Vedānta, *Bhagavad-Gītā* and *Rāmāyaṇa* drawing huge crowds in their live discourses and having millions of devoted followers across the country. Sri Morari Bapu is just one example. Their discourses are learned but *sārasa* and in the functional mode laid down by *Nāṭyaśāstra* make profound thought accessible to the people.

20. The tradition of interpretation in India is (i) hoary, (ii) continuous, and (iii) cumulative, originating as it does in the

Ṛgvedic exegesis. It is hoary because in any case while dealing with this tradition we are dealing with the world's earliest poetry and the earliest prose. The attested tradition begins with Yāska, the eighth century BCE *nairukta*, "expositionist", who composed his *Nirukta* to explain and determine the meanings of 2041 *parokṣa*, 'obscure', uses in the *Ṛgveda*.

21. Through several devices, the writers, achieve economy-class-makers, metaterms, technical terminology, understood repetition, ellipsis, eschewing the verb "hardly ever use a verb and of the cases only a few are to be met. . . . The nominative and ablative singular prevail, and long compounds are constantly employed. All our ideas are thrown into the form of nouns, mostly abstract, and even the participles have become rare. This style is the formulas rather than of discourse. . . ." (Bhandarkar, 1883).

22. "A process of saturation, resulting in a participation mystique, must set in before the eyes are ready to see and mind to grasp" (*Anirvan*, 326). The "process of saturation" involves, among other things, mastering all the pertinent knowledge — the four Vedas, the five sub-Vedas, the seven ancillary sciences, the six *vidyā*s and the available *ṭīkā*s (Rājaśekhara, op. cit., 1).

23. Pāṇini's *Aṣṭādhyāyī* expressly includes some *paribhāṣā*s (viz., 1.1.66, 1.3.10, 1.4.2, 3.1.2, etc.) while others are inferable (cf. Kielhorn, 1887). Patañjali enunciated the latter. Jaimini's *Mīmāṁsā-Sūtra* has both *sūtrātmaka* and *jñāpaka siddhānta* rules. In the *Nyāya-Sūtra,* the *paribhāṣā*s are given a logical foundation and explanation. Nāgeśa Bhaṭṭa's eighteenth-century *Paribhāṣendu-śekhara* is an authoritative study of 134 metarules.

24. See Vāmana 2.15-18, Viśvanātha 4.2 ff, 4.4 ff and Mammaṭa 10.457 ff.

25. See Bhartṛhari, *Nītiśataka* 28, 9-10, 6, 68; *Kumārasambhava* 4.31-36; *Raghuvaṁśa* 8.38-56; *Abhijñānaśākuntala* 2.3 ff; *Rāmacaritamānasa* 5.57; *Pañcatantra* 5.3.

26. Of the serpent in the rope (verses 138, 198, 235, 388, 405, 570; of water in a mirage (verse 27), of the tree's indifference to the falling leaf (verse 556), of indestructible space in the destructible jar (verse 134), of wave and water (verse 204), of gold and the transient form of the ornament made out of it

(verse 26.2), of dream-reality (verses 170-72). Sometimes to establish one idea, he uses a series of analogies — to establish the need of self-knowledge he uses three different analogies in verses 170-72, 252, 448, 458.

27. See, for example, Swami Ramsukhdas (1987: 201) on the significance of pronouns in the *Bhagavad-Gītā* (1.21.23; 1.32-33, 36, 37, 39; 3.2; 11.4, etc.); on gender and agreement (*BG* 18.5; 2.38, 5.11); on person and agreement (*BG* 2.12; 3.11); on the shift from *kartṛ-vācya* (agentive construction) to *karma-kartṛ* (impersonal construction) (*BG* 2.68); on demonstrative pronouns (*BG* 13.1; 6.39; 11.19-21, 26, 28, 33, 45, 51), and on the domain of qualifiers (*BG* 17.9; 4.20; 12.17, 19).

11

Importance of Arṇava-vihāra-vilāsa
In the Context of Cultural Scene of Odisha

Keshab Chandra Dash

ANCIENT Odisha or Kaliṅga had a remarkable history in the field of sea-borne trade which was started long before 350 BCE. At its greatest extent the ancient state of Kaliṅga extended from the river Gaṅgā to Godāvarī, including some parts of modern West Bengal, Odisha and Andhra Pradesh. The navigable rivers, including the Gaṅgā, Mahānadī, Vaṁśadhārā and Godāvarī provided access to the interior, where precious and semi-precious stones were found, and their deltas provided natural harbours. From these harbours, the people of the region traded by sea with Ceylon in the South, with Burma in the East, and further afield with the states of the Malay archipelago, Indochina and China. As per the geographer Ptolemy, the ports like Nanigaina (Purī), Katikardama (Kataka) and Kannagara (Koṇārk) appeared in the kingdom of Kaliṅga in the second century CE. But he did not refer to the important ports of Manikapatna, Palur, Chelitalo, Kaliṅgapatnam, Pithuṇḍa and Khalkatapatna elsewhere in his works. Writing later in the ninth and tenth centuries CE, Arab sources mention Odisha, Gañjam, Kaliṅganagar, Keylkan, Al-Lava and Nubin. After the fifth century, ports included Balasore, Pipili, Gañjam, Harishapur,

Chandabali and Dhamra.[1] It is said that once upon a time the Chilika Lake was also an important harbour, but later became unusable for deep water vessels due to silting.[2] By CE 400, Odisha was the hub of a trade network that stretched from ancient Rome to China.

The *Brahmāṇḍa Purāṇa* describes Chilika as a major harbour where thousands of ships came to trade, coming from Gaṅgāsāgara, Burma, Malaya, Siam, China, Sumatra, Java, Bali, Borneo and Ceylon. The Purāṇa says the ships were protected by sheets of cast-copper and propelled by wheels attached to their bottoms driven by a steam engine. Bags that could contain air were inflated or deflated so that the ships could move above or below water.[3]

The Odia Mariners

Sādhavas were the ancient mariners of the Kaliṅga Empire. They used ships called Boitas to travel to distant lands. Kārttika-Pūrṇimā (full-moon-day of the month of Kārttika) was considered an especially auspicious occasion by the Sādhavas to begin their long voyages. Coconuts, earthenware, sandalwood, cloth, lime, rice, spices, salt, cloves, pumpkins, silk *sārīs*, betel leaves, betel nuts, elephants, and precious and semi-precious stones were the main items of trade. Sometimes, even women were allowed to navigate as Sādhavas. Oriya navigators were instrumental in spreading Buddhism and Hinduism in the East and the South-East Asia. In addition, they disseminated knowledge of Indian architecture, epics such as the *Rāmāyaṇa* and the *Mahābhārata*, Indic writing and Sanskrit loanwords in many Indo-Chinese languages such as the Khmer and the Indonesian.

Oḍisī Culture and Marine Trade: A Relation

The maritime activity of Kaliṅga was so extensive that what is now called the Bay of Bengal was once called as "Kaliṅgodara"[4] or the "Sea of Kaliṅga" due to the dominance of Oḍiā ships.[5] Though the ancient ports in Odisha coast have become inactive due to gradual silting of the river mouths and maritime trade is almost extinct, yet the racial memory still preserves the past tradition "Khudurukuṇī-oṣā" in race memories the romantic stories of young maidens waiting for the return of their sailor brothers; "Bālijātrā" or "Boita-bandāṇa-utsava" held for five days every year on the full-moon-day of the month of Kārttika (in October/ November) to bid farewell to the Oḍiā sailors at the river ports; "Baṛa-oṣā"which is linked with the boat-making tradition of yore; "Ākāśadīpa" festival is celebrated to remember the artificial lighthouses along the coast of Odisha and so on.

Khudurukuṇī-oṣā

Khudurukuṇī-oṣā or Maṅgalā-oṣā festival is celebrated on all the Sundays of the month of Bhādrava (August-September) mostly in coastal regions of Odisha by Oḍiā women and girls worshipping the Goddess Maṅgalā for the safe return return of their husbands and brothers[6] from the foreign countries after completing their trading with lots of profit. The festival is also known as "Maṅgalā-oṣā", "Ta'poi-oṣā"or "Bhālukuni-oṣā" in different regions of Odisha. It starts from Bhādrava-kṛṣṇa-pratipadā (the first day of the month of Bhādrava) and ends on Bhādrava-Pūrṇimā (the full-moon-day of the month of Bhādrava).

Bālijātrā or Boita-bandāṇa-utsava

Balijātrā is popularly known as Bālijātrā at present that

literally means "journey to Bali". Although the festival is performed all over the state at present, Bālijātrā at Cuttack is the most popular. This festival is held in the city of Cuttack at "Gaḍagaḍia-ghāṭa" of the Mahānadī River, to mark the day when ancient Sādhavas (Oḍiā sea-borne traders) would set sail to distant lands of Bali, as well as Java, Sumatra, Borneo (all in Indonesia) and Sri Lanka for trade and cultural expansion. They sailed in large vessels called Boitas.

The festival marks its beginning at the end of the Kārttika-Pūrṇimā (in October/November), and goes on for a period of seven days right from the full moon. This is the specific time that was considered auspicious by the Sādhavas to begin their voyage in vessels called Boitas. The scientific cause of starting voyage on "Kārttika-Pūrṇimā" is to take advantage of the wind blowing this time. "Ajhāla" or big fabrics were used to carry "Boita" or vessels by the wind.

On Bālijātrā festival of Kārttika-Pūrṇimā an Oriya lyric is usually recited, i.e. *Ā-kā-mā-vai, Pāna-guā-thoi. Ā-kā-mā-vai* connotes the month of Āṣāḍha, Kārttika, Māgha and Vaiśākha of Oriya calendar. While the period from Āṣāḍha to Kārttika (Āṣāḍha, Śrāvaṇa, Bhādrava, Āśvina and Kārttika, i.e. July-September) was the season of outgoing voyage and Māgha to Vaiśākha (Māgha, Phālguna, Caitra and Vaiśākha, i.e. January-April) was considered to be the season of the return voyage. Apart from other places of Odisha, Bālijātrā is celebrated with much pomp and grandeur in the historic city on Kārttika-Pūrṇimā. Besides the Bālijātrā festival at Cuttack, it is performed by all sects of people over the state along the banks of their nearby rivers, ponds or lakes, etc.

Ākāśadīpa Festival

Ākāśadīpa festival is also celebrated on the Kārttika-Pūrṇimā to remember the artificial lighthouses along the coast of

Odisha that speaks volumes about the glorious maritime heritage of ancient Odisha.

Boita: Ninth-century Relief panel of a ship at Borobudur in Java, built during the Śailendra dynasty.

Baḍa-oṣā Festival

Baḍa-oṣā festival is linked with the boat-making tradition of Odisha. On the fourteenth day of the month of Kārttika, Lord Dhavaleśvara-Mahādeva is worshipped mostly by men as a custom. Devotees fast on this day. The lord Dhavaleśvara-Mahādeva in the state of Orissa is an extremely famous and largely known among all the localities of the state.

Classification of Ships

King Bhoja in his book, *Yuktikalpataru,* classifies ships or boats according to their size.[7] According to him ships are of mainly two types such as (a) Ordinary (*sāmānya*): boats or ships which are used in river traffic or waterways fall under this class and (b) Special (*viśeṣa*): comprising only sea-going vessels. All these two types of ships are further subdivided into ten divisions each.[8]

a) Ordinary Ships/Boats (river-going Vessels)

Names of Ships	Length (in Cubits)	Breadth (in Cubits)	Height (in Cubits)
Kṣudrā	16	4	4
Madhyamā	24	12	8
Bhīmā	40	20	20
Capalā	48	24	24
Patalā	64	32	32
Bhayā	72	36	36
Dīrghā	88	44	44
Patraputā	96	48	48
Garbhārā	112	56	56
Mantharā	120	60	60

b) Special Ships/Boats (sea-going vessels)

Dīrghikā	32	4	3 1/5
Taraṇī	48	6	4 4/5
Lolā	64	8	6 2/5
Gatvarā	80	10	8
Gāminī	96	12	9 2/5
Tarī	112	14	11 1/5
Jaṅghālā	128	16	12 4/5
Plāvinī	144	18	14 2/5
Dhāriṇī	160	20	16
Veginī	176	22	17 3/5

According to the position, length of cabins, ships are also classified into three categories such as — Sarvamandirā, Madhyamandirā and Agramandirā.[9]

Sarvamandirā types of vessels have the largest cabins extending from one end to the other.[10] Basically these are used for transportation of royal treasure, goods, horses, and women.

Madhyamandirā types of vessels have their cabins in its middle part.[11] These are used in pleasure trips by king. These types of ships are very much useful in rainy season.

The ships which have their cabins towards their prows are called Agramandirā.[12] These types of ships are suitable to be used in dry seasons after the rains have ceased, for long voyages and also for naval warfare.

Shapes and Decoration of Ships

To look fanciful the prows of ships are designed comprising heads of different animals and birds such as the head of a lion, buffalo, serpent, elephant, tiger, duck, peahen, parrot, frog and men. Pearls and garlands are to be attached or hung from these beautifully shaped prows. Four colours such as white, red, yellow and blue are recommended for painting.

Selection of Wood

Vr̥kṣāyurveda mentions on the classification of different wood such as — brāhmaṇa, kṣatriya, vaiśya and śūdra along with their different characteristics. According to King Bhoja brāhmaṇa class of wood is light and soft and can be easily joined to any other kind of wood. The second kṣatriya class of wood is light and hard and cannot be joined with any other kind of wood. The wood which is soft and heavy belongs to vaiśya class whereas śūdra class of wood is characterized by both hardness and heaviness.[13] Out of these four varieties of wood kṣatriya class of wood is considered to be the best one for building ships,[14] whereas ships made of timbers of different classes possessing contrary properties are not good and comfortable.[15]

Besides the classification of ships and good and bad qualities of different ships King Bhoja warns, intened for the sea-going vessels, not to use iron to join together the planks of bottoms which will inevitably expose them within to a magnetic field and lead them to risks. So the planks of bottoms of ships are to be joined together or mortised by means of materials other than iron.[16] He also permits the use of four types of metals in the sea-going vessels such as gold, silver, copper or the alloys of these three metals.[17] As a matter of fact nowadays the boat-builders of Odisha use a specific type of grass and coir fibre to sew up the planks of bottoms of their boats.[18]

Early Textual Sources

As the *Yājñavalkya Smṛti* says

> *ye samudragā hṛdayā dhanaṁ gṛhītvā adhikalābhārthaṁ prāṇadhanavināśasaṅkāsthānaṁ samudraṁ gacchati te viṁśaṁ śatakaṁ māsi māsi dadyuḥ*

Since time immemorial sea-borne trade has been highly developed in Odisha. The *Sthala Purāṇa* named *Khudurukuṇivratakathā* is one of the ample examples of the development of such sea-borne trading of Oḍiās. Besides different Oḍiā sects of people, a specific type of vaiśya category of people has appeared in Odisha called Sādhavas (at present they are titled as Sāhus/Sahoos) who have the duty to import and export different goods through sea-borne trading. They used to start their journey for this purpose on

Kārttika-Pūrṇimā and would return on Bhādrava-Pūrṇimā.

Written Evidences in Odia literature

Odisha has a long tradition of writing, preserving as well as conserving manuscripts in its different corners. The manuscripts found so far in Odisha have not only proved the intellectual growth of the state but also sustained the cultural base for continuity if its tradition and to disseminate the knowledge for renewal of human enquiry. In such a context the present manuscript titled *Arṇava-vihāra-vilāsa* written by Dvija Bhāgirathī Dāśa is notworthy.

Arṇava-vihāra-vilāsa written by Dvija Bhāgirathī Dāśa

Although it is very small in its texture, it becomes a specimen of boat-making tradition in Odisha. The text of this manuscript consists of twelve folios including one blank page (twenty-three pages are written). Out of which only nine pages descriptive with text and the other fourteen pages are illustrated with different pictures of boats.

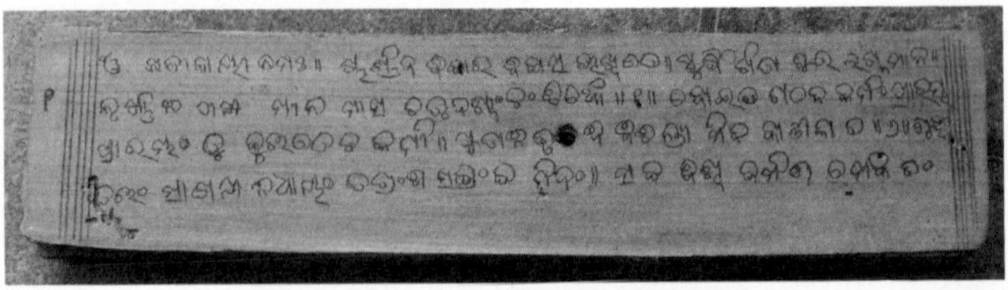

Text of *Arṇava-vihāra-vilāsa*

The text of this manuscript is written in Oḍiā script whereas the language is a blend of Oḍiā and Sanskrit languages. It begins with a *maṅgalavākya*: *Om kālikāyī* (*yaiḥ*) *namaḥ* and completes with the colophon *sampūrṇamidaṁ pustakam*. Dvija Bhāgirathī (*camakaryate*). *Munirapi matibharamaḥ . . . mama doṣa na vidyate.*

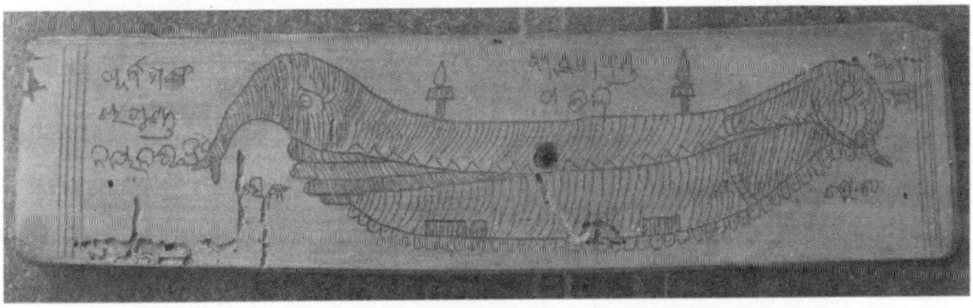

Illustrations of different Boats

The manuscript is available at the library of Centre for Advance Research in Sanskrit, Sri Jagannatha Sanskrit Vishvavidyalaya, Srivihara, Puri, Odisha. It has been procured on 17 August 1987 as the cover page shows.

In this context of the versatile spectrum of culture of Odisha, the boat-making tradition has its own utility. The location map of Odisha experiences not only the grace of the sea but also the sacred flow of rivers. Similarly, the ancient picture of Odisha shows a tradition of naval merchandise which bears the testimony of boat-making tradition. This maritime trade in Odisha continued for a long period starting from the period of the Vedas and declined in the sixteenth century CE with the decline of the Gajapati dynasty. Today, the descendants of these ancient mariners (Sādhavas) generally bear their last name as "Sāhu" as a symbol of their own tradition.

References

1. Sila Tripati, *Early Maritime Activities of Odisha on the East Coast of India: Linkages in Trade and Cultural Developments*, Marine Archaeology Centre, National Institute of Oceanography, Dona Paula, Goa.
2. Sila Tripati and K.H. Vora, *Maritime Heritage in and around Chilika Lake, Odisha: Geological Evidences for its Decline*, Marine Archaeology Centre, National Institute of Oceanography, Dona Paula, Goa.
3. Bhagaban Panda (1997), *Maritime Activities of Odisha, Economic History of Odisha*, Indus Publishing, pp. 117ff.
4. The text is *kaliṅgodra* most probably due to printing error.
5. Bhagaban Panda (1997), *Maritime Activities of Odisha, Economic History of Odisha*, pp. 117ff; Sila Tripati, *Early Maritime Activities of Odisha on the East Coast of India.*
6. *oṣā koṭhire yāi vasi. bhāīṅka śubha se manāsi* ।
   voilā maṅgalā uddhāra. mahā saṅkaṭu pāri kara ॥
   daśa varaṣa helā gale. āpaṇā rājyaku naile ।
   asāra sapana dekhili. teṇu tumbhaṅku āśrākali ॥
   bho devī maṅgalā gosāin. śubhe āsive sāta bhāī ।
   dekhivi voli nayanare. praveśa hoilā mandire ॥
   emanta bāñchā kari vālī. kare ghenilā dīpāvalī ।
   samaste hulahuli dele. maṅgalā nāma sumarile ॥
7. *Sāmānyañca viśeṣaṇca naukāyā lakṣaṇadvayam* ।
8. Ordinary Ships/Boats
   rājahastamitāyāmā tatpādapariṇāhinī ।
   tāvadevonnatā proktā kṣudreti gaditā budhaiḥ ॥
   ataḥ sārddhamitāyāmā tadarddhapariṇāhinī ।
   tribhāgenotthitā naukā madhyameti pracakṣate ॥
   kṣudrātha madhyamā bhīmā capalā paṭalā bhayā ।

dīrghā patrapuṭācaiva garbharā mantharā tathā ॥
naikādaśakamityuktaṁ rājahastairanukramam ।
ekaikavaddhaiḥ sārddhaiśca vijānīyāddvayam dvayam ।
unnatiśca pravīṇā ca hastādarddhāṃśalakṣitā ॥

Special Ships/Boats

rājahastadvayāyāmā aṣṭāṁśaparivāhinī ।
naukeyaṁ dīrghikā nāma daśāṅkenonnatāpi ca ॥
dīrghikā taraṇirlolā gatvarā gāminī tariḥ ।
jaṅghālā plāvinī caiva ghāriṇī veginī tathā ॥
rājahastaikakaikavṛddhā naukā nāmni vai daśa ।
unnati pariṇāhaśca daśāṣṭāṁśamitau kramāt ॥

9. *samṛddhā vividhā proktā sarvamadhyāgramandirā* ।

10. *sarvatomandiraṁ yatra sā jñeyā sarvamandirā* ।

11. *madhyato mandiraṁ yatra sā jñeyā madhyamandirā* ।

12. *agrato mandiraṁ yatra sā jñeyā tvagramandirā* ।

13. *laghu yat komalaṁ kāṣṭhaṁ sughaṭaṁ brahmajāti tat* ।
dṛḍhāṅgaṁ laghu yat kāṣṭhaṁsughaṭaṁ kṣatrajāti tat ॥
komalaṁ guru yat kāṣṭhaṁ vaiśyajāti taducyate ।
dṛḍhāṅgaṁ guru yat kāṣṭha śudrajāti taducyate ।
lakṣaṇadvayayogena dvijātiḥ kāṣṭhasaṅgrahaḥ ॥

14. *kṣatriyakāṣṭhairghaṭitā bhojamate sukhasampadaṁ naukā* ।

15. *vibhinnajātikāṣṭhajātā na śreyase nāpi sukhāya naukā* ।
naiṣā ciraṁ tiṣṭhati pacyate ca vibhidyate sariti bhajjate ca ॥

16. *na sindhugādyārhati lohabandhaṁ tallohakāntairhriyate hi loham* ।
vipadyate tena jaleṣu naukā guṇena bandhaṁ nijagāda bhojaḥ ॥

17. *dhātvīnāmato vakṣe nirṇayaṁ tarisaṁśrayam* ।
kanakaṁ rajataṁ tāmraṁ tritayaṁ vā yathākramam ॥

18. Sila Tripati, *Traditional Boat-Building and Navigational Techniques of Southern Orissa*, 1999, New Series, vol. XLII, Royal Asiatic Society, Colombo, Sri Lanka.

12

India as Depicted through the Persian Sources

Mansura Haidar

VALUABLE works have already been produced on the description of socio-religious milieu in India during the medieval period but there are some aspects which still need to be retouched as there is plenty of information available in the hitherto unexplored works. India's material and spiritual magnetism and its geo-political and strategic position necessitated the incessant arrival of newcomers from far and near. A constant inflow of or just a trickling of people continued for a variety of reasons. Mutribi, the famous poet, who spent a long-time at the court of Mughal ruler Jahangir writes in his *Khatirati Mutribi* that travelling is a fruitful venture and coming into contact with scholars and philosophers is essential. The movement should not be motivated by a desire for accumulation of wealth but for purposes of acquisition of knowledge. As would be discussed later, many outsiders looked forward to and basked under the patronage of the most benevolent sovereigns and obliging nobles. Iliyas Nizamuddinov rightly says that:

> India — over a period of several centuries represented the people of different countries — as a land of wealth and riches, majesticity and grandeur — a country of secrets and deeply

> embedded values. India attracted people through waves of spiritual flow and radiance of its gold and silver. Due to its magnetic charm, interest in India was bound to be great. Each and every soul directly or indirectly connected with literature, fine arts and philosophy was eager to see it, get acquainted with its life and understand the customs and traditions, habits and cultural style of Hindus in all its ramifications. Besides, such scholars who did not get good opportunity to develop their scholarly trade in their homeland also moved to India, where a better future was guaranteed. Moreover, the route to Mecca through India was much cheaper and safer than the one which ran through Iran where the same was very expensive and took much longer time; the travellers and pilgrims did not always feel secure and free.[1]

The missionaries, merchants and manufacturers freely entered the country as the geographical condition of India was favourable for travelling and the hospitable land, with all its fine opportunities, was willing to welcome and accomodate them.

In his *Muntakhab-ut-tawarikh*, Hakim bin Tura in the context of merchants of East India Company emphasizes the fact that:

> *ru ba hind awurdan-i saudagaan biwajh nist*
> *ruzgar-i hind ra mahotajo khakastar kunand*

> The frequent ingress and egress of the merchants (British) to India are not without reason.
>
> They earn profits and impoverish India.[2]

The people who sojourned in India or simply read about it were tempted to write something about this magical land of wonders. Its philosophy, religious beliefs, customs and practices which all seemed to be as strange and complicated as they were novel and pleasantly different. The sources, therefore, offer interesting perception of foreigners and useful information about Indian faith and beliefs, their assessment of Indian ethos, socio-religious conditions and the evaluation of Indian system. In this paper, therefore, an attempt is being made to provide such information and highlight the various aspects of socio-religious condition of India on the basis of comparatively less known and unexplored sources.

Although the Mongols did not produce their own history as they did not possess a script of their own till Phagspa appeared on the scene and except the two famous books, namely *The Secret History of the Mongol Dynasty* and *Oltan Topchi,* the only sources of information were the accounts of aggrieved external chroniclers of conquered countries. The Perso-Central Asian traditions of historiography had enriched the historical treasure of Mongol rulers. The West and Central Asian chroniclers had compiled several books dealing with the thirteenth to eighteenth century period and they not only wrote about the Central and West Asian history and culture but also threw ample light on Indian society and culture. Some of these sources can be mentioned here — *Tarikh-i-, Wassaf, Tarikh-i-Yamini, Tarikhul Muajjam, Tarikh-i-Uljaitu,* and several others. From amongst such chronicles, the one compiled by Banakiti, popularly known as *Tarikh-i-Banakiti* (its full name is *"Rauzatu ululalbab fi marifatuttawarikh walansab"* as is mentioned by Qazvini in the Foreword of *Jahankusha-l-Juvaini*) is not very popularly known in India though it contains several interesting details about Indian socio-religious milieu. The city of Banakit is situated in Central Asia on the borders of the river Sayhoon and if Yaqut is to be believed, this place was famous for its scholars. The author, therefore, originally belonged to Central Asia. The name Banakit appears in the medieval sources together with the Shash (Tashkent) as Shash Banakit. The author, a Central Asian, had dedicated one portion of his book to the account of India, and it is not so widely used a book. The account presented by the author seldom suffers from any basic misconceptions though certain confusing statements are sometimes found. It is indeed praiseworthy how an author had tried to assimilate and reproduce interesting information about an alien country which he never visited. It is quite likely that he might have studied travelogues and some Indian works, the translations of which were available in Persian or he may have acquired his knowledge from the accounts of Alberuni and others — the deep study of which had been undertaken by him as mentioned by himself in his book. Besides, in accordance with the prevalent traditions of historiography, the author must have consulted almost all the works written before him. Banakiti has an edge over the other contemporary Persian sources as the author here concentrated upon a particular region and avoided writing a general history. It is unlike *Tarikh-i-Wassaf* which is written in difficult Persian and studded with difficult Arabic phrases. The language of this work is simple Persian devoid of any florid or verbose descriptions which makes its reading easy. Similarly, the author gives valuable information about Jews, Christians, Hindus, Chinese and Moguls. The contents of the book are concisely and precisely presented and are useful as a supplement or as a corroborative or corrective source, and by and large, the information given is authentic. *Tarikh-i-Banakiti* provides certain details which had solved the long-standing historical complications and confusions — it is here that its value lies. The author Fakhruddin Banakiti was associated with the court of Ghazan Khan and was also Malikush Shuara (poet laureate) of Ghazan Khan. The family to which Banakiti belonged had a claim to scholarship, learning and closeness with the court. His father Tajuddin Abul Fazl al Banakiti had compiled Maysur. The *Tarikh-i-Banakiti* covers a large period extending from the account of Adam up to the accession of Abusaid in AH 717, though the author remained alive until AH 730. Banakiti does not waste his time and energy in writing unimportant and unnecessary details and seems to have confined himself to the relevant description with a sense of history, whatever it meant in the medieval times. It is difficult to call it a general history as it primarily deals with the region which can be called Eurasia though with a short sketch of a few outlying regions also.

The book consists of one prologue and one editor's note in addition to a total of nine *qism*s (parts). Since the author was writing his book at the court of a Mongol Khan, hence the choice of number nine which is considered to be sacred among Mongols with particular emphasis on Buddhism — a religion adopted by most of the Ilkhanid rulers seems to be understandable. Out of these nine *qism*s, only one deals with India whereas the others throw light on the early history from Adam and Eve to Prophet Noah and his descendants. The history of the various Prophets and the pre-Islamic and Islamic dynasties as well as detailed description of Jews and the Christians form the basis of the first six chapters. The seventh part deals with the history of India. The last two portions are dedicated to the history of Chingiz Khan and his descendants. Since the author was associated with the court of Ilkhanids, he had particularly provided detailed history of that dynasty. Since the work is not so widely known and used in India or other places even in the context of Mongols, it seems essential to bring to light the facts given therein.

The account of India presented by Banakiti comprises fourteen separate chapters (*fasl*s) dealing with different subjects concerning India. The part dedicated to India and entitled "The history of Hindus and their lands" with a description of Hind-i-stan and the account of its rulers from Basudev to Sultan Alauddin spreads over thirty pages. The first introduction in a paragraph brings to light that there do exist in India two diffrent groups of people — Hindus and Muslims. The number of the rulers is given as twenty-three only which is surprising at the outset till one goes deeper into the framework of the author's presentation. The above account of the sovereignty of these kings is said to have extended up to 1,200 years which is covered by the author under three units of description of India and its people and the age. Secondly, the account of Shamkuni (Śākyamuni) Buddha and his teachings and the rules of metempsychosis; the third part dwells upon the history and culture of rulers of the two groups — Hindus and Muslims.[2] Extremely interesting information is provided by the author about India's socio-religious condition, customs and traditions:

> The faith of the entire country of India, Kashmir and the Chinese people is that: the world — the universe — existed from time immemorial and its origin and end is not known to any human being. All that exists emanates from God. The theory of monism and monotheism is harped upon as God is the Creator of the world and just as shadow cannot be separated from the person and the person cannot be disconnected from his shadow, the created are part of the one Creator. Both the Muslims and the non-Muslims believe in monotheism, in the oneness of God who is Omnipotent, Omniscient and Omnipresent. He has no beginning and no end. He has no equator or alike. There were so many prophets who cannot be counted and described separately.

The author seems to be aware of the numerous prophets —

1,24,000 among Muslims and similarly innumerable *tīrthaṅkara*s among the Jains, Buddhists, etc. The concept of Alakh Nirañjan (adopted later by Nanak) had also been popular.

The entire period of the world had been divided, says Banakiti, by the Hindus into four ages called Caturyuga of unequal lengths — each having its own peculiar name which characterizes it. All the prophets, learned men, astronomers and even Śākyamuni who had been their last prophet agree that the first *yuga* was to be called as Kṛtayuga, i.e. Age of creation of the world. The *yuga* refers to a period. The first period spreads over 70,28,000 years and in their language lakh means hundred years in all. The second period and third are called Tretāyuga (three-fourth) and Dvāparayuga. The second period extends over 12,96,000 years and the third means half of the whole which spreads over 8,64,000 years. The fourth period is called Kaliyuga — i.e. one quarter of whole consisting of 4,32,000 years. It is this age in which we are living. From this, the last age 5,393 years have already passed till this time (i.e. AH 717). When this period of Kaliyuga comes to an end, all over again the Kṛtayuga would start its new cycle once again.

The author further describes how brāhmaṇas and the rulers of India have written their works on varied interesting subjects. He refers to the *magnum opus* of Ustad Abu Raihan Alberuni whom he described in the following words:

> Abu Raihan who had spent several years in the service of Mahmud of Ghazni and sojourned in India for a long period learnt their language, acquainted himself with their learning and works. The versatile Alberuni translated the choicest and the world-famous works. One of their best works known for its excellence was *Bantakil* which was rendered into Arabic by him and brought into *Kitabi Qanuni Masudi*. It was an

> ancient historical record of immense value. Another work Kamalshri Bakhshi Kashmiri's *Tarikh-i Jadid* which is also held in high esteem. All the details contained in the above works relating to the world have been translated by him. Banakiti says that the title Brahmā means leader — one who shows the path. Brahmā is also like prophet and is ever alive and does not perish as he is immortal like angels. The class of people having taken the name after him, is known as brāhmaṇas who have a deep religious inclination and knowledge. The translation of Alberuni shows that twelve years are *caturyuga* and 1,000 *caturyugas* form one *kalpa*. He explains at length what Alberuni had written in his work. The account of the development of astronomy, the zodiacs, the Kalkal and Sakkal and other details are also given.[5]

The second chapter deals with the physical features and geographical details of India. There follows a brief description of seven *iqlims* in the third chapter — the various parts of India fall within the different climes and this realm has a common climate within regional areas. The land of India had the shades of three climes. The surrounding regions of India have also been discussed including the river Ganges, plains, forests, mountains, valleys and rivers. In certain areas (e.g. Kashmir) the snow falls and there is cold and frost. All this information is given in the fourth chapter which introduces India as a geopolitical entity. The mountains of India are high and beautiful but the highest peak is that of (Himalayas) one which had been highly appreciated by Firdausi and Tusi.[6]

It is interesting to note that the city of Kannauj is the one which finds a prominent place in the account of Banakiti and is frequently mentioned in different contexts though other cities have also been described. The reason for this can be deduced from his own description. He says that the territories of Kannauj are famous as the possessions of Baidu, just as the city of Mathura is said to be associated with Basudev. There is a passing reference to Multan, Delhi, Konkan, Tana. He says that the entire area of India consists of 7000 parts of cities and villages which are very populous and prosperous. They have a beautiful spring season with multi-coloured flowers. The place Somnāth is treated as the exclusive centre of idol worship. Malabar, Ghur, Kolam, Siwalik and its 125 villages and cities have also been discussed. Malwa had been presented as a decaying place for the past fifty years where thronging of thousands of people was heard earlier. The rest of the chapter deals with the routes connecting internal and regional parts for travellers, traders and men of pen.

The most interesting part of Banakiti's book is his observations on the apostles of Hindus. Referring to the version found in Kamalshri Bakhshi Kashmiri, he says that there are innumerable Hindu gods and goddesses but the most important amongst them are: Maheśvar, Viṣṇu, Brahmā besides Aromint *nāstika*, Śākyamuni. Each of them had their own separate followers. Some of them are idol worshippers; others are fire worshippers. The most respected and widely worshipped god is Maheśa who is believed to have not been born as yet, has no father and mother but has sons and a wife. He is immortal. It is also said that he has three eyes — one is the sun the other is the moon, the third is fire. They dance and sing as part of their worship. The followers of Viṣṇu are the *arbabī riyāẓat* (strugglers in the way of God) and the followers of Brahmā worship fire and all the brāhmaṇas belong to that group. The Armantiyans believe that there are twenty-four apostles. After them the entire process of creation would come to an end. Nāstikas believe that hell and heaven do not exist and the concept of retribution and goodness and wickedness have no significance. The entire human species will disappear as the grass grows and is cut down later on.

The author describes the conquest of Sind by Muhammad bin al-Qasim and the cities of Bhira and Multan were conquered and named by him as Mansura and Mamura. He came to India up to Kannauj, and returned via Qandahar and Kashmir after a treaty of peace with Indians. None after him came to conquer India until Mahmud of Ghazni — says the author and gives a short account of Subuktagin and of Mahmud who invaded India. The description of the Ghaznavids is followed by an account of Muhammad bin Ghauri's invasion and fall of Sultan Mahmud's dynasty, rise of Qutbuddin Aibak, Iltutmish, Razia, Mongol invasions, the court politics of Turkish slaves are just given in passing. Since Banakiti was a contemporary of Sultan Alauddin Khalji who was still reigning when Banakiti finished his work in AH 717, the usurpation of throne, the murder of Jalaluddin Khalji and the suppression of rebel *amīrs*, purchase and later punishment of turncoats had also been recorded. Although Banakiti had dealt with the political history and account of Indian religions only without referring to efflorescence of culture and development of trade, he gives the names of the poets at the court of Mahmud of Ghazni namely Abul Qasim Rafi, Abu Bakr Jawari, Nizami, Uruzi, Ali Sufi Nizami Muniri Samarqandi, Asiri Nishapuri. Notwithstanding the fact that history suffers from few chronological and factual details, the information contained in this concise work well known for its precision, greatly supplements, supports, corroborates and contradicts other contemporary sources. It also shows how closely the developments at Delhi were being observed by the neighbouring chroniclers. The work proves the interest shown by the Central and West Asian scholars in the history and culture and socio-religious thought and condition of India.

Apart from the invaders, chroniclers and intellectuals alike were also absorbed in the layers of deposits of multifarious cultures throughout the span of India's cultural history. Its sages produced a saga of wisdom. Those who renounced the world for a permanent salvation, yearned for spiritual peace, chose solitude and lived in interiors of mountains. The poets and fortune-seekers who sold their talents for a higher price flocked here. All have left behind a marvellous philosophical treasure. Whether it was the call of Buddhism, Bhakti movement or Sufism, each aroused the finer feelings and constructive side of human life. The easily available patronage to artists, poets, men of letters attracted the best available talent from all over the world. The travellers, Sūfīs, savants, scientists men of the fine arts, warriors, physicians trickled into its soil from the neighbouring and far-off regions. Each and every detail regarding Indian life, culture, social values, ethos, dresses, etc. have been depicted in the miniature paintings available in illustrations of manuscripts or in the word portraits in the form of books preserved in various libraries. The travelogues, collected works of poets, anthologies of literary and intellectual personalities, autobiographies of men of action are all full of such information which is both illuminating and useful. Chroniclers like Shami, Yezdi, Hatifi, Ghayasuddin, Isfazari and others had greatly appreciated the rich and beautiful India.

Babur had given a very interesting account of the flora and fauna, customs and traditions of India, which shows the curiosity and wonderstruck feelings of a newcomer. He writes: "Hindustan is of the first climate, the second climate, and the third climate — of the fourth climate it has none. It is a wonderful country, compared with our countries, it is a different world; its mountains, rivers, jungles and deserts, its towns, its cultivated lands, its animals and plants, its people and their tongues, its rains and its winds are all different. Once the water of Sind is crossed, everything is in the Hindustan way (*tariq*), land, water, tree, rock, people and horde, opinion and custom. Pleasant things of Hindustan are that it is a large country and has masses of gold and silver. Its air in the rains is very fine. Sometime it rains 10, 15 or 20 times a day, torrents pour down all at once and rivers flow where no water had been. While it rains and through the rains, air is remarkably fine not to be surpassed for healthiness and charm."[8]

"Another good thing in Hindustan is that it has unnumbered and endless workmen of every kind. There is a fixed caste (Jami) for every sort of work and for everything, which has done that work or thing from father to son till now."[9]

When Babur's homesickness reaches its optimum point, he starts criticizing the conquered land and comparing it with the lost and far-off homeland. "Hindustan is a place of little charm. There is no beauty in its people, no graceful social intercourse, no poetic talent or understanding, no etiquette, no nobility or manliness. In the arts and crafts there is no harmony or symmetry, there are no good horses, no good meat, no good grapes, melons or fruits. There is no air, no cold water, no good food or bread in the market. There are no baths and no *madrasa*s. There are no candles, torches or candlesticks. . . ."

It should be noted that Babur's short period of a few years (1526-30) mostly spent in wars and suppression of rebellions kept him confined to a particular region in India.

He could not see all parts of India where the running water, falls, bath houses, *madrasas*, etc. could be seen. His reactions are no different from those of the homesick Indian merchants and moneylenders who had to live in the Central Asian lands for the sake of commercial transactions but their yearning for their homeland made them feel that: "the pleasure, that can be had in one's own courtyard cannot be had even in Balkh or Bukhara".[10] The poet like Shaikh Hazm also looked forward to an escape as his nature had no agreement with the fashions and manners of that country.

Akbar, who was born and brought up in India and spent his whole life here, had an experience of longer period. His appreciation for India had been described by Abul Fazl:

> Shall I portray the beauty that charms the heart, valour or weave romance of their vivacity of intellect and their lore? The inhabitants of this land are religious, affectionate, hospitable, genial and frank. They are fond of scientific pursuits, inclined to austerity of life, seekers after justice contented, industrious, capable in affairs, loyal, truthful and constant. The soil of India is for the most part arable and of such productive power that the same land is sown three times in many places and three harvests, or more, are taken in a single twelve-month period and the vine fruits in its first year.

Being a land of thousand charms, India was bound to become the centre of attraction. Iltutmish had invited learned men from all over the east. Muhammad bin Tughlaq also loved the company of erudite scholars. Under the Mughals, the Persians and the Central Asians dominated the cultural sphere. Such was the extensive patronage offered to men of fine arts that allegedly there was a "brain drain in Persia" due to large-scale exodus of men of talents particularly poets, physicians, scientists, artists and philosophers. Certain poets like Qasim Kahi realized this:

> O Kahi — you are a nightingale in the garden of Kabul.
>
> You are not a kite to flock to Hindustan,

Nevertheless Kahi himself could not resist the temptation and lived in India for several years.

The heart of poets of Persia and Central Asia melted at the very thought of India. Each one of them looked forward to a journey to their land of dreams, i.e. India. The Persian poet Saib Tabrizi had echoed the feelings of many when he wrote in his couplet that:

> There is no head wherein desire for thee danceth not; even as the determination to visit India is in every heart.

This "desire for something afar from the sphere of their sorrow" was not without purpose. Numerous reasons had played their role to make India a centre of gravity — a place of attraction which may better be heard from the poetic vision and flourishes of these outside elements themselves who became a part and parcel of Indian political, literary and scientific world.

Babur recorded his appreciation for Indian architecture but Jahangir also writes:

> I mounted with the ladies in order to go round and see the courts and buildings on the Shakkar tank, founded by former rulers of Malwa. . . . I remained in this enchanting place until the evening, and was much delighted with the pleasantness and greenness of the surrounding open spaces.

There are many chroniclers who had never visited India but simply wrote on hearsay. For example, Ibni Arab Shah writes in his famous work *Ajaibul maqdur fi awadir-i Timur* that "The city of Dehla (Delhi)" is a "great city, where various arts —

and men skilled in them are gathered, a home of merchants, a mine of gems and scents."[10] The seventeenth-century Uzbeg poet Mashrab who is well-known and widely appreciated for his composition had also visited India. In one of his couplets he writes:

> Go round — circumambulate the Kaaba Mashrab, directing yourself towards India
>
> Saying "Be an alchemist and run away from Gold.

Another seventeenth-century Uzbeg poet Mohammad Ishaq Shaukat Bukhari was born in Bukhara. He was a talented poet and thinker. Having completed his education at Bukhara, he moved to Khurasan but left the place as his relations with the ruling elite of the place were not cordial. He went to Isfahan where he spent the life in abnegation and modesty. Shaukat had left behind a treasure of poetic works and had for some time worked with the famous poet Bedil also. Shaukat belonged to that category of poets who composed their verses in "Indian Style" and adopted "Sabke Hindi". The Indian society had the tradition of learning and offering patronage to the learned men. Saib had pointed out that:

> happy that company who are intoxicated with each other's speech,
> Who through the fermentation of thought are each others' red wine,
> They do not break on the stone of criticism one another's pearls (i.e. verses),
> but rather strive to give currency to the wares of one another's shop,
> when their genius tends to become blunted,
> They are each others' whetstone.

It was generally believed that "visit to India promised a better future and greener pastures".[11] The Safavid poet Qazi Ahmad of Qum had beautifully summed up the situation.

> I am going to India, for there, the affairs of clever people march and go ahead nicely; whereas liberality and generosity had vanished from the men of (this) time to the land of the Blacks (i.e. India).[12]

It was not only the desire for patronage and better emoluments alone that attracted and made the poets to leave their homeland, they also looked forward to learn something from men of letters and bask in the Indo-Persian literary milieu. Even in Iran which is said to be the land of learned men and of the best bureaucracy (*ahliqalam*), the poets like Ali Quli Salim felt that:

> There exists not in Persia the means of acquiring perfection;
> Henna does not develop its colour until it comes to India.[13]

Once they started for India, these poets were almost certain about a hopeful future. Talib says,

> O flower of this garden, leave it Leave it;
> sheave it or else there will be vexation;

Talib "alludes his proposed journey to India and; bids himself leave his black (bad) luck back home in Persia; because no one would take a black as a present to India".[13]

While away from home, the poets were bound to undergo hazards of journey and sojourn, but they seldom bothered about these difficulties though they were fully aware of these and were gladly prepared to face them in order to visit India. The famous Central Asian poet Rudaki who is said to be the trendsetter and the veteran poet of the modern Persian language had pointed out to this situation.

> The thorn that will prick me when I go to India, is better than staying home with a bunch of fragrant flowers in my hand.[14]

Similarly, the departure from India to back home was a painful experience. Abu Talib Kalim of Persia says:

> I am the captive of India, and I regret this misplaced journey; whither can the feather flutterings of the dying bird convey it; Kalim goes lamenting from India (dragged thither) by the eagerness of his fellow-travellers; like the camel bell which traverses the stage on the feet of others; though longing for India I turn my regretful eyes backwards in such fashion; that, even if I set my face to the road, I do not see what confronts me.[15]

The Central Asian poets were equally enchanted towards India and were eager to visit this wonderland. In their poems, love for India is explicitly visible. One such poet was Mushfiqi Bukhari who visited India and had a deep longing for India. The ancestors of Mushfiqi came from Merv. Haft Iqlim says that he was born and passed away at Bukhara. *Akbarnāmā*, *Muntakhabut Tawarikh* and several other sources of Akbar's reign refer to this poet who had richly contributed to the world of poetry. The most famous poem of Mushfiqi which speaks of the vagaries of common man's fortune is *Shikayat uz zulm*. As the title denotes it is a "complaint against tyranny" mainly relating to economic deprivations of scholars of his age who did never see nor knew even the colour of gold. Mushfiqi's account is available in all the anthologies like *Tazkiratul Ashab*. *Muzzakkira-i Ahbab*, etc. He was born in 1538 and died in 1586. Akbar had given him an audience at Pak Patan in 1578.[16] He was poet laureate of Uzbeg ruler Abdullah Khan's court. An outspoken man like Mushfiqi who did not even spare his own patron and ruler Abdullah Khan, was particularly enchanted towards India and wrote about India and pleasant sweet-natured and hardworking Indians:

> The land of India is a sugar field; its parrots all sell sugar; its black Hindus are like honeybees in their turbans and long coats.

Sir Syed Ahmad Khan (*Asar-us-Sanadid*, 2006, pp. 134, 708) says that the area of Chandni Chowk, Delhi, was an eight-sided 100 by 100 chowk surrounded by extremely beautiful shops, on its north is the Begam ka Bagh beyond which is 460 *gaz* long bazaar with a canal. Ghalib had also mentioned about it.

Linchoten, who happened to be in India in 1583, describes the varied classes of Indian population with their chief characteristics. Brāhmaṇas are said to "be most esteemed, of great authority, for the king doth nothing without their counsel and consent. About their sealing thread, whereby they are known which they never put off though it may cost their lives, for their professions and religion will not permit it". Linchoten, however, appears to be particularly overawed by the smartness of *baniās*.

> The Gusarates and banianes are of the country of Cambia: many of them dwell in Goa, Diu Chaul, Cochin and other places of India because of their trade and traffique in merchandise, which they use much with all kinds of wares as corne, cotton, linen, nil, rice, and other wares, specially all kind of precious stones wherein they have great skill. They are most subtle and expert in casting of accounts and writings, so that they do not only surpass and go beyond all Jewes and other nations thereabouts, but also the Portugals: and in this respect they have no advantage, for that they are very perfect in the trade of merchandise . . .[17]

In the poems of Uzbeg poet Ali Shir Navoi, India and Indians have been frequently mentioned, e.g. in his *ghazal*s and poems: "the locks of the beloved play with the bewitching and heart-stealing face in such a way; as a Hindu child plays with the flowing (*abiju*) water".[18] At another place, he says:

> If a beloved charms and attracts and wins over the heart, it hardly matters whether she is Chinese, Armenian or Indian. If the beauty is manifest, there is no harm if the complexion is white, wheatish or black.[19]

The description of places and people of India frequently found in Persian and Central Asian works of prose and poetry has other shades and shadows also. One Persian poet Urfi had thus showered praises on Kashmir:

> Each and every soul — even though a sizzling or completely burnt one; if it gets a chance to reach Kashmir it is bound to acquire all feathers all over again to fly high in the sky; even though earlier it were like a completely fried kabab of chicken, it comes alive.

Appreciation for Gujaratis is also available in couplets. Muzakkirai Ahbab records the following episode. Certain Khwaja Ayyub was the son of Khawja Abul Barka who happened to be a well-known and trustworthy senior noble (*az akabir-i-mutabar*) of Shahri Sabz. He had an excellent sense of humour and aesthetics. When Humayun had sent Khwaja Ayyub as an envoy to Gujarat, the enjoyable company of the Gujaratis had so excited and pleased him that he stayed on there and gave himself completely to pleasure activities. Humayun was so enraged at his behaviour that after the conquest of Gujarat, Khwaja Ayyub was thrown into prison at his order, yet the story of Khwaja's appreciation of and addiction to the pleasantries of Gujarat and love for Gujaratis had inspired a poet Maulana Shahidi to write a *ghazal* in praise of the Gujaratis:[20]

> Gujaratis are all full of charm. Unique they are and their exclusiveness is visible; clearly as a candy in a glass; they are clean and sparkling as silver.

Praising the beauty of Indian damsels Maulana Adham says:

> In each and every corner of the country of Hindustan; there are black-eyed beauties, all of them are a calamity; for the faith and a devilish fairy after one's life. The Indian women were not merely such "Labelle dame sans merci", as they had many other laudable qualities additionally. Makhtum Quli,[21] the world renowned poet of Turkmenistan, addresses them "you are a beauty! Red-Crimson-you are, you can be called Gauri — yes — Gauri you are in India as a sugar in Bulgaria — a honey, you are a fresh flower which opens its petals and blooms with love, you are a Zulaikha of Yusuf and a Laila of Majnun."[22]

Indian women have been greatly appreciated by the newcomers for their fidelity, fine nature and motherhood qualities, while evaluating women of the world, Mirza Aziz Kuka had commented that the most beautiful women can be found in Yemen, the best conversationalists are Iranian ladies, the most forbearing and tolerant are Uzbeg women but the Indian women have been rated as the highest in the category for being excellent mothers who nurture their children in the most commendable manner. Central Asian poets had written several poems on Indian damsels. While appreciating the loyalty of an Indian woman, the following couplet is attributed to Abdul Qadir Bedil, the famous and much applauded Indo-Uzbeg poet, by the author of *Bazmi Khayal* and *Yusuf*:

> *dar tariqi ishq bazi kam zi hindu zan mabash*
> *kaz barai murda sozad zinda jani khwesh ra*

In the ways of love, do not lag behind a Hindu damsel,
As she burns herslf alive on the pyre/dead body of her husband.

It is interesting to note that the incidents of such devotion among Central Asian women were also recorded as is evident from the following anecdote: In one of the works of Muhammad Saleh entitled *History of Balkh and Bukhara* there are short biographical sketches of the ruling elite and also of the common people existing during the reign of Ashtarakhanid dynasty. Together with this was bound another manuscript entitled "Reminiscences and Recollections of Abulbaqi — The Son of Shah Quli Shibarghani". Through the evidence of the author it is learnt that certain Mahammad Amin Tashkandi had compiled the *Tuzukat or Remembrances of Abdul Baqi* (dated 1679-80). The tragic end of Abdul Baqi is recounted thus:

Abdul Baqi went to India and happened to visit Benares. While taking bath in Ganges, when he was drowning he recited quickly O Benares — O Benares — O Benares — I can no longer hold out myself on to the river. He had thereafter drowned. Having heard about the drowning of her husband, the wife of Baqi at once rushed to Benares. On the bank of the Ganges she is said to have decorated herself and her neck and head particularly adorned with all her valuable beautiful jewellery. Having done that she recited the memorable words and jumped into the river at the same place where earlier her husband took the last leap. Her following last words have been recorded: "Here itself the goblet and the cup were broken, and the wine also did not remain". Her words and those of her husband became the popular proverbs commonly used amongst the people and got wide currency. It is indeed interesting to note that even a great scholar Fariduddin Attar has used these very words in his poem.

The affectation for enchantment for Indian surroundings and people was not confined to the poets alone as the writers of prose and history also seem to be equally seized of Indian fever. The renowned chronicler of middle ages, Gardizi writes:

> The people of India are skilful, clever and shrewd. They make good and subtle things. From their midst come many sages, specially in the province of Kashmir. Their arts are very prodigious.

Another significant chronicler who wrote much about India was Mahmud bin Wali who happened to be in India for six and a half year, i.e. from 1624-31. He writes:

> The author of these lines wished to see the wonders and marvels of the world. Since India is full of rare diversities, fine monuments and secret openings, in July 1625 I started from Balkh for the said country.

Although the exact date of birth of Mahmud bin Wali is uncertain, the subsequent events seem to indicate that he was born sometime in 1595-98. It can be deduced from the suffixed name "Balkhi" that Mahmud bin Wali was born in Balkh. He went to Bukhara to acquire education. His brilliance is very well reflected through his one *masnavī* (epic poem) *Mahabat Nama* and a *divān Najm-i-Saqib* at an early age. His inclination towards Sufism took him to the famous saint Shaikh Saiyid Mirak Shahi Husayni under whose patronage he developed his knowledge about mysticism and wrote a book *Rawiah-i tayyiba* the widely acknowledged work which he dedicated to his *pīr*. During his three years' stay at the Mughal court, Mahmud compiled a versified work *Akhlaq-i-Husayni* comprising 6,000 verses in 1628. His work *Bahrul Asrar fi Manaqibul Akhyar* is a mine of information and combines his eyewitness account with his historical knowledge. When Mahmud watched the ritual bathing in the Jumna (Yamuna) by the side of Man Singh's temple at Mathura he was extremely excited as was Mahmud Ghaznavi decades earlier.

> When the Hindus, men and women, great and small, rich and poor, go to the banks of the river and without hesitation, cloak or modesty mix together and rejoice in the sound of bells and perform their ceremonies, while myriads of capricious persons stand on the bank with hopeful, enthusiastic hearts and watch them. Many are Muslims who are attracted by the ceremony and mix with them.

At another place he recounts,

> since the immensity of India is full of seemly people, garnished with numerous rarities and symbols which witness the perfect force (of God) and landscapes, illuminated by refinements and abundant grace, and the traces of creation and the secrets of invention are to be found there, the bird of my intention took off in flight in that direction.

It should be noted here that the attachment of these people did not come to an end with the onset of modern age. The poets and writers of the nineteenth and twentieth centuries were equally zealous admirers of India. Mukhtumquli (Turk, Maghtumquli 1733-89) was whole-heartedly accepted as "the greatest representative of Turkmenian literature. Not only in pre-Soviet and Soviet Turkmenistan but also in today's Turkmenistan as well as in the literary world all over, he is recognized as a talented and immortal name in the sphere of poetry. He was a master of words, ideas, expressions and imagination. As a child Mukhtumquli studied in the Khivan Madrasa of Shirghazi and proved his worth ultimately as a poet of world fame. Mukhtumquli used two norms de plume

"Makhlas" and Firaqi or Piragi (one who is separated from pleasure of union with his beloved). He wrote many of his poems to his beloved Mengli whom he could not marry. The name suggests that the lady may be an Indian. It is interesting to note that Mukhtumquli's pen-names both reflect his love and sincere feelings for India which seem to pervade and completely dominate his poems. Mukhtumquli had time and again recalled India as a land of peace, love and riches. He yearned for it: "A victim of a heavenly truth; my spirit life is my treasure; and my dream from narrow cage is pining and striving for Hindustan" while appreciating India's bounties, he writes:

> God has endowed Indians with the best possible land; just as he has given to stork extraordinary sharp eyes; Indian lands have been provided with every kind of wealth.

Elsewhere he describes India as a place where there is: the constant chirping of birds and pigeons; the beauty of peacock's delightful feathers; the bird makes a thousand noises. This is the attraction and here lies the grandeur of India. Again, he says:

> The stork says: I fly high over sky; to go to Baghdad to drink its holy water I return to India's warmth in its winter season when that land is full of blooming and beaming flowers.

He proudly admits,

> Yes-yes, I do possess still O friends; what do I do, my heart is burning my dear; where the markets are empty and destroyed; my shop happens to be there; restlessness and flames of burning fire are my indicator here; I am the one who had sacrificed his life in love's sphere; But why should I wander in vain homeless in desert when my Indians are there.

In his *Khayāl-i-Hindustan* he says,

> We sacrifice all for the sake of right cause; all the wealth and riches, life and honour; our mind is fixed on the road to our destination; in my heart and mind is the thought of India; upward goes the road to India; Turkestan remains behind; All are like pilgrimage centres.

The famous Uzbeg poetess Zulfia's imagination was always struck by the multifarious fancies and lightning of Indian blitzkrieg. While describing the gala, beautiful and warm assembly of poets, Zulfia recalls in her poem *Mahfil-i-Shairan* how that evening had turned the brightness of the day into the black night just as the dark clouds of India cover the atmosphere to make it pleasant from one end to another. There was greenery like the arlas silk of Bengal. When the Indian damsel starts here loud melody, it seems brightness and light had completely covered the place. The Indian sandalwood (*candana*) with all its fragrance and delicate and elegant decorative style appears to attract and intoxicate all and sundry. India with all its old civilization and new culture had come of age, becoming a young country again. The grand nightingales of Punjab had started singing the songs.

An echo of the same fervour can be noticed in the following poem, which conveys the feelings of Central Asian neighbours who were concerned about the bloody struggle which Indians undertook against the British imperialists:

> Indian patriots are aspiring for Independence — The victim had become hawkish — These sons of brāhmaṇas by whose beaming faces and light-hearted cajolery the red tulip and red gold blush into infamy; they are quick-witted, far-sighted, experienced, hard working, whose every look and sight makes the *firaṅgī* feel agitated and ruffled. Their very origin is from our soil — all that fine breeze, nice colours, spring season we get only from them. The opening of our route is through

> Kashmir our dust — i.e. we are harmless, just look inside yourself to see, that all these feelings emanate from us. The spring, the breeze, the mountains, all acquire colour from us.

India the Great

An Uzbeg poet Ghaffur Ghulam's poem entitled *Azim Hindustan* written on the sixth anniversary of Independence Day of India seems to convey the feelings of many: O people of India, your history is splendid — full of grandeur, your existence spreads over myriads and myriads of years. Your ancient majestic civilization which is contemporary to the civilizations of Egypt, China and Babylon compares favourably with them. So many conquerors went to your garden-like country with their army; trampled your flower beds and crushed your blossoms. The very attraction and heart-catching beauty of your land became its enemy. Its gold and silver and its riches have turned into chains for it. There was some inherent hidden and perennial strength underneath your calm; there was anguish and suppressed anger sleeping inside you. It suddenly became a tempest, a tornado on the land of Ganges. You have suffered so much agony and sorrow. Ultimately you got your lost position, now in Punjab no stranger would come to rob you, no adversity, no sudden calamity would fall on the poor peasant. Today — on the happy day of Independence — auspicious day of deliverance from the tyrant conquerors we send you our congratulatory messages. The country of India, the shape of which resembles that of heart. Today many hearts are delighted — jubilant and inebriated with extreme happiness. It had rightly been pointed out by the Prime Minister Jawaharlal Nehru that the Independence — the liberty — is the first step towards peace and prosperity.

O pious land of India, may your attraction and captivating charm survive and be longer lasting — like the sun, your brightness may remain for ever. Furgat had appreciated the charm of your beauties, O land, that the dot on their forehead is the delight of my heart; who can now dare to scale the wall and throw the shadow of tyranny on the fort of peace and prosperity. The friendship with hard-working people is the proof of safety; the brotherhood and fraternity is the guarantee for peace and stability; Uzbekistan — the friend and supporter of Soviet Nations in Asia; raising the flame of freedom, scattering the rays of freedom and shedding lights around. On this occasion, on a spring morning, the heart of Hindustan is congratulating you. Each and every soul, people of Uzbekistan, Soviet land sends you Tabriklar (congratulations) say in one voice, with all sincerity and honesty that until the world is in its place, the existence of human beings continues, let the slogan that we are brothers rent the world.

The rich legacy of travelogues is a prized possession of historical archives which serves as a lighthouse for analytical directions and a rear window to keep through the recesses of the past. Unlike the soil of Central Asia or other regions in the East where arrival of travellers was a rare phenomenon due to the alleged vagaries of tribalism and religious bigotry as well as for reasons of lack of better trade facilities, India continued to receive a galaxy of travellers at regular intervals. One such roaming raconteur — Francois Bernier — a liberal French physician of the faculty of Montpellier (1656), sailed to Surat towards the end of 1658 (nearly in 1659) and sojourned at the Mughal court for eight years receiving his salary in the capacity of a physician. His account of India with particular reference to Delhi, Agra, and Kashmir as compiled in 1663-71 in the French language was rendered into English by Irving Brock. In his foreword addressed to the king (namely, Aurangzeb), Bernier refers to him as "a master to whom he was accountable", and stresses that he was offering him this history which could provide the ruler "some hours of amusement" due to "varied and several great and extraordinary incidents". To his readers, he provides "facts and occurrences", for he was an eyewitness to a number of politically significant events, including the war of succession among the sons of Shah Jahan; Qandahar affairs; Mughal relations with contemporary rulers particularly Persia, the achievements and episodes of Mir Jumla, Jai Singh and Jaswant Singh; the stories of Jahan Ara and so on. Besides such matters as political events, description of flora and fauna, details of army organization (including those of heavy and light artillery), administrative reforms, Bernier's travelogue touches upon each sphere of Indian life and his keen observation brings alive the socio-religious arena of the past.

Bernier found India to be "an extremely fertile country" as province of Bengal alone surpassed whole of Egypt not only in the production of rice, corn and other necessities of life but also in innumerable articles of commerce which are not cultivated in Egypt such as silks, cotton and indigo. The land was also "pretty will-tilled". In the neighbourhood of Delhi was produced corn, sugar, indigo three or four other kinds of pulse. Merchandize from India was sent to Pegu, Tanasseri, Siam, Ceylon, Achorn, Macassar, Maldives, Mozambique from where commodities including precious metals were brought, cotton cloth of every sort (fine and coarse, while one-coloured) were exported to Japan by Hollanders. In the Qasim Bazaar silk factory alone, there were 700 to 800 natives working for the Dutch and an equal proportionate number employed by the British and others.

Kashmir shawl industry alone surpassed those of Agra, Patna and Lahore.

Despite such prospects of trade and agriculture, the circumstances counteracted their riches. India indeed was a rich country of poor people. Bernier says that the gold and silver after circulating in every other part of the world finally get absorbed "swallowed up or lost" in some measure in Hindustan, but the abyss for gold and silver has inhabitants who seem to be poorer than elsewhere as much of gold is spent either in ornaments worn both by men and women or in the pay of the royal officials. Bernier adds that the habit of burying gold and silver was paramount among peasantry artisans and merchants both Muslims and the Gentiles particularly among the latter who "possessed almost exclusively the trade and wealth of country" and concealed it for a rainy day. This habit of burying precious metals — thus withdrawing them from circulation was the principal cause of their apparent scarcity in India. Problems were aggravated through sandy deserts, barren mountains with their badly cultivated or untilled soil. The artisans were naturally indolent (either due to necessity or otherwise) and were manufacturing carpets, brocades, embroideries, gold and silver cloth, various sorts of silk and cotton goods used in the country or even exported. Without anticipating that the worst was yet to come in the wake of colonialism, Bernier moaned that peasants and artisans groaned under cruel and oppressive rule as the king was the sole proprietor of the land and the absolute authority exercised by governors or contractors over artisans and merchants of towns and villages was further injurious. The *kazi* had limited powers and no other agency of justice could assist these have-nots. Nevertheless, says he — the condition of artisans in and adjacent to Delhi and Agra was much below. "The arts in

India would long ago have lost their beauty and delicacy if the monarch and principal nobles did not keep in their pay a number of artists who worked in their houses and teach the learners. The protection afforded by powerful patrons to such merchants and tradesmen who pay workmen rather higher wages tends also to preserve the art." The professional mobility was prohibited as the son had to adopt the profession of his father. Although the vice of flattery pervaded all ranks but the sale of offices was not done so often and openly as in Turkey where allegedly instances of basket grants and purchase of offices were mentioned Bernier gives a graphic and picturesque description of the then prevailing social condition. He says that most towns in India were made up of earth, mud and other wretched materials. Due to thatched houses, conflagrations were possible and once during his stay in India there were 60,000 roofs consumed by fire. Although the cities generally looked decaying, the bazaars reminded Bernier of point neuf of Paris not so much because it was a "rendezvous of all sorts of mountebanks and jugglers" but presumably because they displayed "exquisite workmanship", beautiful gold jewellery, excellent muskets, forting pieces and other finesse. The population was "sufficiently abundant" and of "brown complexion". The urban setting was adopted to a warm climate. People wore light garments, small turban of delicate material and slippers, for six months at least, everyone sleeps in the open air without a wrapper. The Indians drank pure, fine water or lemonade avoiding wine probably due to hot climate. Bernier watched the bathing ceremony at the time of eclipse of 1666 when the Indians both men and women stood in the water of Jumna (Yamunā) up to the waist, their eyes focused to the sky waiting for the commencement of eclipse to take the plunge. The traveller records the varied tricks of the *yogīs*. He was highly amused to see the astrologers (including a half-born Portuguese) squatting and telling future and fortune just for a paisa. While they "sat with a book of zodiac spread before them, silly women flocked and disclosed before them every secret — whispering all transactions of their lives". No one ventured to marry outside his caste, hence many good girls remained unwed due to the non-availability of high caste grooms. Bernier dwells upon the gruesome details of the *satī* custom and stresses that "Great Mughal though a Muhammadan permits these ancient and superstitious practices not wishing or not daring to disturb the Gentiles in the free exercise of their religion". With similar approbation, he says that the Jesuites have church in Agra and a building which they call a college for spreading the doctrines of their religion.

Finally, how did the city of Agra look like in Bernier's days? Comparing the town with Delhi, Bernier records confidently that Agra had been "a favourite and more frequent abode" of the Mughals since the days of Akbar who had built it and had named it Akbarabad. It "surpassed Delhi in extent, multitude of residences belonging to nobles and *rājās* and is full of the good stone or brick houses inhabited by private individuals and in the number and convenience of its caravansarais." Agra had two mausoleums — the Sikandara and the Taj Mahal. According to Bernier:

> Tajwara monument of astonishing work which deserves much more to be numbered among the wonders of the world than the pyramids of Egypt — those unshaped masses yielding no satisfaction while within them is very little that is creditable either to human skill or human invention.

Bernier further says that "four or five of the streets in Agra where trade is the principal occupation are of great length and houses are tolerably good, nearly all others are short, narrow and irregular and full of windings and corners." Agra had more the appearance of a "country town" especially when viewed from the point of "eminence". The prospect it presented was "rural, varied and agreeable. Nobles planted trees in gardens and courts for the sake of shade; mansion of *rājās*, lofty stone houses of *baniās* or gentile merchants had the appearance of old castles buried. Such a landscape provided particularly pleasant sight in the background of hot and parched country."

While giving a long description of the four Vedas, astronomy and other sciences of India, Bernier adds with a white man's pride that: "If the renowned sciences of India consisted of all extravagant follies as detailed by himself, mankind has indeed been deceived in the exalted opinion they have long entertained of the wisdom of the Indians", perhaps, he never realized that greatness of India would once again be crystal clear when placed in sharp contrast to the post-British evaluation.

The festivals like Daśaharā, Dīwālī, Holī, Śivarātri were celebrated by both the communities. Omalay is of the view that Muharram procession was like Jagannāth Yātrā or Daśaharā though the view is not correct as Muharram was organized on this pattern elsewhere also for centuries. In the Mughal sources, European travelogues and works like Waqai Ajmer Ranthambhore, detailed accounts of pilgrimage, worship and significance of bathing is found. The procession of images is beautifully depicted. Akbar was fond of water of the Ganges which was brought for him and stored in clay jars covered with red cloth tied on the top. The Kumbha, Ardha-kumha, the *nahān* and other such special occasions have been described in a candid manner by Manuccir, Tavernier and others. Bernier too received his drinking water quota of *gaṅgājala* every morning along with bread, meat, etc. from the Mughal officals.

The fertility of the soil is appreciated time and again "straw is not eaten by the animals in those parts/Dasht, Qipehaq because it is injurious to them, and the same applies to the land of India; they eat nothing but green herbage, because of the fertility of the country".

The sectarian bigotry apparently prevalent in other areas could not take firm hold in India but stray instances of this nature are sometimes noticed. Akbar had criticized Shah Abbas and Abdullah Khan Uzbek for undertaking sectarian wars but he knew that imperialist ambitions ignited them. India had seen the rise of Sunni and Shia kingdoms but strong sectarian prejudices do not seem to have existed. The Afghan ruler Sher Shah had been blamed for such prejudice, the Mughal rulers had a more enlightened and broad outlook. Although sectarian murders took place but these always had political overtones and such rare happenings brought the wrath of the emperor. The mutual caustic comments and taunts were often traded as the account of Badauni also proves.

The marriages between the two communities were not so rare Badauni and other sources refer to them. The communal tensions caused mostly due to economic reasons were not there as the jobs for the non-muslims were guaranteed in the fiscal sphere in which they excelled and monopolized, and these were enough to sustain them.

As in most of the countries during medieval period, strange beliefs and practices existed in India from varied kinds of sacrifices to externals of religion which had been discussed by Alberuni, and other travellers. Equally interesting is the account found in the indigenous work

Khulasat-ut Tawarikh of Sujan Rai Bhandari.[24] Writing about the various traditional notions and superstitious thought, he says:

> The amali Shagara is a rare and very astonishing practice. It is believed that the sickness which overtakes a man and downs him, e.g. skin diseases, the perpetual fever or diarrhoea, piles, stone in bladder, cough, maimness, paralysis, epilepsy, ecstatic catalepsy, delirium, madness, wounds, gangrene, cancer, swelling, blindness, palsy, and such other diseases occur due to the bad actions of an individual during his previous life. It is the duty of the person in this case to pray to God who alone can relieve him of such retributions. Another commonly practised faith was to know about the future and good and bad happenings in store for an individual through the process of breathing. Besides, several other forms of magical spells and incantation charms, talisman, zaicha, horoscopes, mystical characters for ensuring profits, winning hearts, making the difficult task easy. Simia and *tadkhil-i-ruh* (natural magic grid, entering of one spirit into another's body), Kimia, i.e. alchemy and act of turning the ashes from copper, etc. into gold and silver have also been mentioned.

The famous Tajik poet Sadriddin Aini had given interesting information about the Indian diaspora in Dushanbe. Apart from the moneylenders, there were *jawahar farush* also who were consulted by the *amir*s and rulers of Bukhara when the purchase of precious stones was being done and this Indian was called to evaluate the exact price to be given to the sellers. In this matter, the words of this Indian were final. Such was the love of literature that in his home there was a library consisting of Persian and Indian books which he often allowed Aini to use. The description of his love for studies shows that even petty traders too could be fond of learning. Another Tajik poet, Mirza Tursunzade, was also enamoured of India and like Turkmen poet, he too wrote a poem about Indian dancer, Tara Chandra Chaudhury, whose beauty and artistic and graceful movements had really charmed his soul. His poem *Rudi Gang* (the river Ganges) expresses his deep appreciation for the holy river. The poem Mihmani Maghribi shows how closely the poet had observed and felt the anguish of Indians. He writes:

> It is high time that this *zar parast*, black-hearted guest who had resorted to nothing except tyranny leaves the country of India because they exploited it for two hundred years but remained to be like outsiders.

The appreciation and admiration the people of West and Central Asia had for the Indians and their culture is well reflected through the numerous translations of Indian works whether it was literature on Hindu religious texts, books on grammar, astronomy, astrology, logic, medical sciences, geometry, *kathās*, dramas, poetry and so on. These translations of Sanskrit works into Persian, Arabic, Uzbek, Kazakh, Turkmen, Kirghiz, languages are still extant and continue to survive as a symbol of India's close relations and shared cultural heritage with Eurasian lands.

Notes and References

1. Fakhruddin Banakite, *Tarikh-i-Banakiti*, Tehran 1348, pp. 1-295.
2. Banakite, pp. 311-223.
3. *Tarikh-i-Banakiti*, pp. 311-32.
4. Ibid.
5. Ibid.
6. Ibid.
7. Ibid.
8. Ibid.

9. Babur, *Bāburnāmā*, text 272, by Beveridge, New Delhi, 1989, English tr. p. 484.

10. Ibid., 291 English tr., p. 519.

11. Ibid., 291 English, tr. 520, pp. 623-24.

12. Surendra Gopal, *Indians in Central Asia in the 16th and 17th Centuries Proceedings of 52th Indian History Congress*, New Delhi, 1992, p. 229.

13. Jahangir, *The Tuzuk-i Jahangir* English tr. Alexander Rogers ed. by H. Beveridge, Munshiram Manoharlal pp. 384-85.

14. Ibn Arab Shah, *Ajaibul Maqdur fi nawadir-i timur,* English tr. J.M. Sanders, *Life of Timur,* London, 1936, p. 99.

15. Iliyas Nizamudddinov, *iz istori Syed ni Aziatsko Injiskikh atnashenija Tashkent,* 1969, p. 196.

16. *Mashrab eo Vremiya, rukapic* (Z.G. Mashrab and His Times) p. 309.

17. John Huighen van Linchoten Hakluytus Posthumus or Purchas His Pilgrimes, containing a history of the world in sea voyages and lands travelled by Englishmen and others, by Samuel Purchas (vol. x, Glasgow, MCMV, pp. 255-58) Bernier, 232;. Minhajus Siraj Aljuzjani, Tabaqati Nasiri, Eng. tr., Raverty, 2 vols., Calcutta, 1881, rpt. 1970, vol. 1, pp. 598-99; Shahabuddin Al Umari, Masalikul Absar fi Mamalikul Amsar. A fourteenth-century Arab account of India under Muhammad bin Tughlaq, tr. Iqtidar Husain Siddiqi, and Qazi Mohammad Ahmad, 1971, pp. 35-36.

18. Z.G. Razaev, *Shukat Bukhari,* Tashkent, 1961, pp. 20-22; also see Iliyas Nizamuddinov, izisotrii, *Sredni aziatsko Injiskikh at nashenija,* Tashkent, 1969, p. 126.

19. Browne, *A Literary History of Persia*, Cambridge, 1953, vol. 4, p. 165.

20. Hasan Nisari Bukhari, *Mirzzakkirai Ahbale,* Patna, 1973, pp. 100-08.

21. *Full Works of Makhtum Quli,* M-L, 1980, p. 4.

22. Ibid., p. 84.

9. [illegible]

11. [illegible] pp. 23-24

12. Sukumar [illegible] Proceedings of [illegible] Indian History [illegible] New Delhi [illegible]

13. [illegible] H. B[illegible]

14. [illegible]

[illegible]

[illegible]

19. [illegible] Hyderabad, 1964 [illegible]

20. [illegible] 163

21. Hasan Nisar [illegible] Patna, 1973, pp. 107

22. [illegible] VI-I, 1980, p. 4.

23. Ibid., p. 54.